李白

诗中日月 酒中仙

凡先生——著

天津出版传媒集团
天津人民出版社

图书在版编目(CIP)数据

李白 : 诗中日月酒中仙 / 凡先生著. -- 天津 : 天津人民出版社, 2022.1
ISBN 978-7-201-18121-9

Ⅰ. ①李… Ⅱ. ①凡… Ⅲ. ①李白(701-762)—传记 Ⅳ. ①K825.6

中国版本图书馆CIP数据核字(2021)第278293号

李白 : 诗中日月酒中仙
LIBAI:SHIZHONG RIYUE JIUZHONGXIAN
凡先生 著

出　　版　天津人民出版社
出 版 人　刘　庆
地　　址　天津市和平区西康路35号康岳大厦
邮政编码　300051
邮购电话　(022) 23332469
电子邮箱　reader@tjrmcbs.com

责任编辑　王昊静
策划编辑　李　根
装帧设计　三形三色

印　　刷　三河市兴国印务有限公司
经　　销　新华书店
开　　本　880毫米×1230毫米　1/32
印　　张　8
字　　数　145千字
版次印次　2022年1月第1版　2022年1月第1次印刷
定　　价　45.00元

序

今人不见古时月，今月曾经照古人

是谁在风烟冷月下，吟唱千古传诵的诗篇；是谁在江湖恩怨里，饮下凡尘世俗的浊酒；是谁在山色风光中，绣口吐出半个盛唐。

我们应该记住一个叫李白的诗人，记住他的豪放旷达，记住他的飞逸潇洒。伫立在时光的渡口，随着历史的风向，跨过岁月长河，去寻找一段千年前的红尘故事。

他生在风沙肆虐的荒漠孤烟里，血液中的流浪因子注定了他此生无法停留的宿命。年少时便仗剑去国、辞亲远游，将一壶浊酒仰头饮下，和着离别的眼泪，乘一叶扁舟到达了陌生而遥远的地方。

之后便结交豪杰，南穷苍梧、东涉溟海，顺着滚滚长江水势一路而来，穿巴山巫峡，过洞庭金陵，留下了大量脍炙人口的诗篇。最终他醉倒在长安酒肆中，面对奸佞当道，朝向黑暗，也只能领着“赐金放还”的诏令远走长安。

兴酣落笔摇五岳，诗成笑傲凌沧洲。他用浪漫多情的才华写尽了山水的幽谧沧桑，瀑布的奔腾不息，城市的繁华热闹，万千景象落在笔尖，化作了一幅幅纵横浩荡的画卷。

长风破浪会有时，直挂云帆济沧海。在不断求仕的路途中，他不为官场黑暗所侵染，不被世俗贪念所浑浊，以清风涤荡灵魂，用心血谱写诗篇，吟出了天下大势，唱出了山河万里。

他是诗人中的侠客，刀光剑影，流年辗转，持剑啸苍松，将万里疆土踩到脚下，挥一挥衣袖便掀起一派惊涛骇浪，饮一壶浊酒便化解恩怨情仇。江湖浩荡、山川纵横，他意气风发，用长剑便能刻画赤壁的风云、洞庭的烟波。

他有狂妄的资本，让力士脱靴、贵妃捧砚、御手调羹，笑尽天下豪杰，讽遍文武百官。只可惜大唐已奄奄一息，玄宗被酒肉美色迷惑，奸佞一手遮天。高傲如李白，也不得不臣服在命运脚下，忍受“赐金放还”的耻辱，在自我炽热中被灼伤。凄凄然，是该叹息山河社稷的沉沦，还是该可怜梦想败落的自己？

他终是明白了，月有圆缺，朝代亦有更迭，但他这一颗狂放不羁的心不会停止跳动。于是他又重新踏上行程，将自己的名字写进了历史恢弘的展卷中，和日月同辉，与山河同在。

我总以为像李白这样一个洒脱自在的人，应该活得无人能及，但从他的诗篇中亦不难找到伤春悲秋的故事。那一句句触目惊心

的哀痛，一字字掷地有声的无奈，都令我难以下笔去撰写，我害怕在追溯别人前尘往事的过程里，被别人浩瀚壮阔的辉煌淹没，被别人不经意的悲伤刺痛。

我们每个人的一生都是用无数个日日夜夜堆砌而成的，在漫长又短暂的生命里，没有人可以疾言厉色地批判别人，也没有人愿意用卑微的视角去仰望别人。

很多年前，就喜欢李白的诗，那时候总会期待，能够梦回那个魂牵梦萦的朝代：能够在酒气弥漫的天涯与这位洒脱的诗人重逢该多好；能够将他手中的酒杯，腰间的宝剑，以及隽永狂放都收藏起来该多好。而梦醒时，千百年就这样漫不经心地过去了，相逢的故事还未说完，便只剩下一声珍重永别。大唐亘古的风将人们卷进了他俊逸的文字里，而我也正在寻找他的狂狷与自在。

自我动笔开始写他的那一天起，心中就有种无法言说的伤感。因为慢慢地了解他，才体味到他的痛苦与惆怅，以及怀才不遇的愤慨激昂。身逢盛世繁华，却内心孤寂，既渴望隐士逍遥，又追求仕途通畅，他的矛盾并不仅是道家与儒家的对抗，也是自由与束缚的斗争，他在无奈时也只能发出“行路难，行路难！多歧路，今安在”的慨叹，但他从未意志消沉，始终保持着昂扬奔放的态度，就算是“赐金放还”，就算是“流放夜郎”也不曾对世间的肮脏黑暗有丝毫妥协，这或许也正是他迷人的地方。

自古以来，诗人词家多若繁星，他们义愤填膺、悲痛欲绝、欢喜不已时都会留下诗篇，供后人品读，但是真正受人喜爱的却寥若晨星，李白便是这万千人中的仙葩，他的诗歌连同他一生的经历都被人捧为珍宝，小心翼翼地用一席月光作书封，一程山水作前序，装订成册，只为留住更多的美好。

何其有幸，于千万人中遇见了他，能执笔将他的满目风情写进书中。

希望有人会经常问我关于李白的一切，希望一切都不再迷惘，一切都不再悲伤。

“何为思念？”

“月光、美酒、宝剑。”

“可否具体？”

“长赋、短歌、诗篇。”

“可否再具体？”

“李白。”

“汝识李白？”

“当然。他是落入红尘的剑客，是酒入豪肠的狂徒，是绣口一吐就是半个盛唐的诗仙。”

目录
contents

第五章 清酒弦歌，空叹云月

第六章 壮士心未死，再无报国门

第一章 巴蜀有狂客，号尔谪仙人

李白就是这样，不惧风雨，不畏人言，在乱世飞舞的尘埃中，不沾红尘烟火，却总能在跌跌撞撞中，沾上一身的酒气和月光。他未曾清新脱俗，也不曾是个强者，他只适合做一只孤独的大雁，夜晚在鲜花盛放的山间，天亮又去了字里行间。

魂梦与君同

伫倚在时光的渡口，随历史的流向，打捞起尘封千年的旧事，诉说那相隔遥远的朝代里，扑面而来的月光、美酒、剑影与诗篇。

仿佛看见那个俊朗的身影，从这千古盛世中执剑大醉而来，用他俊逸的才华、苍茫的诗风和狂傲的个性，张口吞吐出一个恢弘磅礴的大唐。

他就是李白！他是一朵生于盛唐的青莲，他的血液里凝铸着浪漫的大唐遗梦。

李白降生在唐武后长安元年（公元 701 年）的一个夜晚。那一夜，太白长庚星从天而降，携着月光和酒气一同跌入到西域碎叶镇里，随即便有一声清脆的婴儿啼哭声打破了漫漫黑夜。

待李白的父亲李客醒来，看到自己的孩子生得明眸皓齿、面如冠玉，又听闻妻子言及“惊姜之夕，长庚入梦”，这正如汉高祖刘邦出生时“尝息大泽之陂，梦与神遇”，孔子“生而首上圩顶”等帝王圣人的传说，他内心的喜悦溢于脸庞，便依梦所托，给刚刚降生的第十二个孩子取名李白，以太白为字。

当然，这只是有关李白名字由来的传说，不免有被神化之嫌，其真实的出生状况并没有史料考证，就算是有记载的籍贯身世，也是疑云重重，争论不休。

而李白自己也很少谈及家世，与他善谈的酒与侠道相比，言及近亲便闪烁其词，一笔带过，但尽管如此，还是有史学家考究到了其中的蛛丝马迹。

如《新唐书》中记载：“李白，字太白，兴圣皇帝九世孙”。这一记载大致是综合了李阳冰的《草堂集序》与范传正《唐左拾遗翰林学士李公新墓碑并序》所言撰写的。

李阳冰是李白的从叔，他撰写的《草堂集序》，其中关于李白的身世之言，当是出自李白口述。同样，范传正的墓碑序是李白逝去后其孙女委托所作，两人所撰如出一辙，自然也就成了可信的依据。

但不幸的是，李白作为沦落民间的皇宗世孙，其命运是早已注定的。他的祖先因犯了大罪，致整个家族都被驱逐流放到西域，过着背井离乡、隐姓埋名的生活。所以李白从出生后，就与家族的罪孽有着千丝万缕的关系。

李白的父亲李客，将光耀门楣的所有希望都寄托于尚在襁褓之中的李白身上。而这个时候，小小的李白并不知他不平凡的一生，就如同群星环绕的月亮一般，带着豪迈浪漫的光芒，点亮这繁华显赫的盛唐之末。

神龙元年（公元705年）冬，武则天驾崩，天下大赦，流民归乡不咎，李客从蜀地得到消息，内心躁动不安，但又欢喜欲狂。

他曾无数次在大漠的孤烟里思念，也曾无数次做着同一个梦，他想要穿越风沙和数不清的山川关隘，回到那片属于李姓皇宗的土地上，再见那里的一山一水、一草一木。现在机会终于来了，他当即便贱卖了碎叶旧居，做了一个改变整个家族命运的决定。

他们要离开这个风沙肆虐、难享太平的边疆小镇，回到那个无数英雄折腰驰骋、日夜思慕的大唐王朝去。

李客一行历经跋涉，步履维艰。他们缓缓地推开了大唐关闭的重门，来到了蜀中绵州，尘封的故土气息如同冰河破裂，连同那沉浸百年的诗韵芬芳一并奔涌而来。

巴蜀，这个和西域完全不同的地方，江流湖海、群山万树、五谷丰登，繁荣至极。而幸运如李白，就在这绵州青莲乡悠然自得地成长着，他并不知道，这段短暂的时光是他人生

里难得的悠闲。其父李客本就是个富商巨贾，高卧松云，不求闻达，家中虽不及皇室宗亲时期的雍容华贵，但依旧可以“不逾一年，散金三十余万”，可以过一世富贵的生活。

李白的诗歌之所以能在盛世成为不朽，诗情画意的巴山蜀水和堆金积玉的家庭环境都为他提供了得天独厚的条件。这使得李白在这段惬意的时光里化作一株青莲，沐浴着斑斓红尘的光华，汲取着空灵山水的养分，肆无忌惮地生长着。

春花秋月，流年不负。与时光擦肩而过，惹红尘三千，幽梦一帘，仿佛一瞬间李白就从稚嫩孩童长成一个青春洋溢的少年。这时的李白就已按捺不住离家游历的冲动，他如此写道：

犬吠水声中，桃花带露浓。
树深时见鹿，溪午不闻钟。
野竹分青霭，飞泉挂碧峰。
无人知所去，愁倚两三松。

诗中所遇山川形胜，太平安宁，只是巴蜀繁华的一角，与西域胡地的风沙漫天、人畜难存有着天壤之别。

在按照时间顺序编排的诗集中，这首脍炙人口的《访戴天山道士不遇》被放在了第一篇，通常来讲，这便是流传下来的李白最早的诗篇了。

根据清代黄锡珪《李太白年谱》中的记载，李白在十八九

岁时，曾在匡山大明寺中读书，寺中真人号东岩子，以养百兽为乐，研仙修道，恃才傲物，是当地有名的隐士，当时李白便跟随东岩子读书习艺，风骨日渐长成。

转眼之间，李白年满二十，此时的他满腹经纶，出口成章，与师尊东岩子放歌舞剑，饮酒寻欢，漫谈天下大事，而这首诗正是李白学有所成，下山历练，经过戴天山时所写。

从这首诗中我们还看到了李白另一个嗜好——寻仙求道。李白为什么信仰道教，要去寻仙问道呢？

其实，早在东汉末年，沛国人张天师就带弟子在西蜀鹤鸣山修道，创立了“五斗米教”。到隋唐时期，李姓皇室宣称自己是老子的后裔，将道教奉为国教，大肆兴建道观，蜀地正是传播的中心，如青城山，峨眉山都是著名的修道场。

而且李白的父亲是道教信徒，学习过道教典籍，研修过道教思想；李白又师承东岩子，得他倾囊授道，与他朝夕相伴。李白自幼耳濡目染，“好为神仙之事”，一心向往逍遥自由，也是情理之中的事情。

李白自青年时期便开始寻仙问道，所访山林大多因有高人隐居。比起《访戴天山道士不遇》的怅惘，李白之后求访道尊如愿则是完全不同的心境，他在《寻雍尊师隐居》中写道：

群峭碧摩天，逍遥不记年。
拨云寻古道，倚石听流泉。

花暖青牛卧，松高白鹤眠。
语来江色暮，独自下寒烟。

诗中到处都有道行高深之意，譬如“逍遥”“青牛”“白鹤”，此时的李白与雍尊师高谈阔论，显然是领略了道家内在的精髓，相比起来，第一次出门游历，寻访戴天山高人就显得有些相形见绌。

那让我们回头再看一下年轻的李白第一次投石问路，寻访戴天山会是一番怎样的情形。

那是一个阳光和煦的清晨，李白独自拜访山中道者，早有耳闻道者身居清幽之地，承天地灵气，拂袖清风，踏歌而行，今日所闻所见正是一片声色俱佳的世外桃源。缘溪逐行，潺潺的水声，伴着偶有的犬吠之声，两岸盛放的桃花，带着清晨晶莹的露珠，浓艳又耀眼。这等超尘的幽静悠然，使李白流连忘返，不知道时光已匆匆流走。

一路穿越溪水山林，从清晨走到了正午时分，这才刚刚走到深山腹地，四处葱郁的树木，投下斑驳的剪影，扰乱了双眸，将目光瞥向深林之中，竟看到麋鹿在林间警惕地望着自己，它们高傲俊逸，正如仙风道骨的隐士，在钟声杳然的正午，寻觅着山中片刻的寂静。

在李白的思想里，寻仙问道，便是千辛万苦，跋山涉水，最终都会累得其所。果然，李白向远处眺望，终于见到了道

院所在。整个道院如人间仙境般，隐藏在沉沉的青霭之中，野生的竹子在道院门前肆意地生长，瀑布飞流像是挂在天边，浑然是一幅桃源景象。

可惜的是，道友不知去往何处，心中既是早有准备，也不免叹息，再三起身又坐下，倚着松树，不愿离去。

李白的浪漫源于山川大泽，他的一生都在漂游，自五岁开始就身陷流浪的漩涡中。看淡了世间薄凉，听倦了漫漫山河的浮沉起落，每一次败落重振，每一次鼎盛消匿，周而复始，无休无止，这造就了他不谙世事的侠客生活，才有了日后俊逸不羁的浪漫诗仙。

幸运的是，李白并没有因漂游不定感到身不由己，他的祖先们曾经在西域的土地上牧马放羊、弯弓射雕，无比狂野豪迈，因此李白的骨子里也流淌着豁达潇洒的血液，他如一匹驰骋千里的宝马，也似山林深处的闲云野鹤，不是跋山涉水，策鞭扬尘，便是隐匿深山，煮酒论道。

故此才有了戴天山寻访道士而不遇的经历。尽管结果不尽如人意，但戴天山无限美好的风景也带给了李白视觉上的冲击，本诗中充满着年轻人的朝气与孜孜以求的探索精神，其洒脱豪情亦有初现。

少年有风骨

经受了千年的儒风熏染，文人墨客似乎只把吟诗作对当成一种风雅，李白却把自己释放在诗篇之间，向世人展示着浪漫自由的人生。

他，以山为笔、以水为墨，神采飞扬，又逸兴满怀。我想，也许只有他才懂山水之意，而山水也诠释着他的灵性。

开元六年（公元718年），初春时节，诗人说“春水碧于天，画船听雨眠”，春天里都是动人的故事，歌台雨榭，烟雨庭院，才子佳人，浅笑嫣然。

而十八岁出门远游的李白，心不在游山玩水，也不是为了在大好的红尘里遇见心仪的姑娘，而是为了去那长平山拜访

“夫妇隐操，不应辟召”的逸人赵蕤。

赵蕤，字太宾，号东岩子。自幼好学帝王之术，世称“博学韬衿，长于经世”，是唐朝纵横家。读百家书，博于韬略，著有《长短经》，本书是一部集百家精粹、权谋政治、国家兴亡的谋略全书。因此赵蕤之名红于当世，只可惜他视功名如粪土，被唐玄宗多次征召，都是辞而不就，在长平山脚下琴泉寺过着隐居的生活。

李白对这位逸人极为推崇，认为赵蕤乃是真正的学术大家，正是自己精神上寻觅许久的伯乐知音。

功夫不负有心人，李白游历巴蜀，终是找到了赵蕤。李白自幼便有济世安天下的抱负，对赵蕤所著《长短经》爱不释手，日日捧读，而赵蕤虽是山中隐者，对在巴蜀之地声名远扬的少年李白也是有所耳闻的。

一个是飞在穹顶之下振翅万里的大鹏，追月逐日，破浪乘风；一个是长在巴蜀水乡傲然的青莲，遗世独立，风骨冰清。两个人一见如故，相谈甚欢。

对于李白而言，赵蕤既是恩师，又是知己。李白上山一年有余的时间里，二人吟诗作对，赏月听雨，舞剑博弈，把酒言欢。

赵蕤喜爱豢养飞禽，尤其擅养奇禽，养到什么程度呢？只

要赵蕤一声口哨，那数以千计的飞鸟便会盘旋在后山葱郁的高空中，有的还会绕着他的肩头和手掌肆意飞舞。

李白深知赵蕤乃山林高士，世间奇人，于是，自觉自愿地帮赵蕤豢养后山这些鸟类，同时还帮他整理装订详述帝王权术的《长短经》，研习为官之道。

赵蕤也丝毫不吝啬，将他的毕生所学倾囊相授，李白天赋极高，又师承赵蕤。因此李白集儒雅之气、道家之精于一身，其性格又如江湖豪侠一般。

更重要的是，赵蕤深知李白就是“金鳞岂是池中物，一遇风云便化龙”里的金鳞，是驰骋千里的宝马，定可以在大唐的土地上矗立起不朽的丰碑。他教导李白，如果想要建功立业，一定不要同寻常人一般通过科举高中，最直接的方法是通过荐举或制举，这是施展才华的最好机会。

浮生苦短，光阴荏苒，一年之期在即。离别前的那个夜晚，李白和赵蕤并肩行走在长平山幽静的小路上，两边的桃花如玉如雪，两个人的影子，被月光拉得很长，模糊的样子像是一句没有韵脚的诗行，二人没有言语，听着溪水鸟鸣，仿佛置身于久远的不愿醒来的梦境里。

只可惜梦终会醒来，而那些悠闲的岁月，会如一坛老酒，埋得越久越醇美。

第二天，青春烈火烧得正旺的李白，拜别亦师亦友的赵蕤，带着自己的抱负，开始了长达五年的蜀中漫游。踏遍名胜古川，走过雄关城邑，每到一处便有一篇脍炙人口的诗歌，而《登锦城散花楼》正是这其中的代表之作。

日照锦城头，朝光散花楼。
金窗夹绣户，珠箔悬银钩。
飞梯绿云中，极目散我忧。
暮雨向三峡，春江绕双流。
今来一登望，如上九天游。

那一天清晨，火红的旭阳从穹顶铺盖下来，朝霞将散花楼染成了金色，楼上的窗棂夹着锦绣的门户，珍珠缀饰的门帘间悬挂着玉钩，整个散花楼看上去气势宏伟，使李白心旷神怡。

遇到此番美景，李白迫不及待地爬到了楼顶，放眼望去，极目云天，气象动人，一眼万里的蜀中富庶繁华，群山交相辉映，河流纵横捭阖，这种归属感可以让一切忧愁不快都烟消云散，随风逝去。

可以说，蜀中生活不仅带给了李白诗歌创作的素材，更铸就了李白豪放激扬的性格，让他在仕途坎坷的尴尬局面里绝地

重生。当然，这些对于年少时的李白来讲也只是一个模糊的影子，他直爽率真，对美景如痴如醉，这一点或许李白自己也清楚，像巴蜀这样人杰地灵的地方，想必再也找不到第二个了。

李白待在散花楼里，手举酒杯，畅快地度过了一天。日光渐渐被昏暗的暮色剪去，黄昏时分的潇潇细雨飘洒向三峡，满江的春水在雨色中环绕着双流城，此景似是“旦为朝云，暮为行雨”，触动着李白的心弦，他抬头看这自上而下的雨滴漫过了檐边，将手中的酒一饮而下，适才感叹道：“今天我来此登楼而望，简直就是在九重天之上游览。”

李白对清净淡泊、缥缈神游极为向往，并不甘心在世道中浮沉，只能暂时纵情在山水美酒之中，忘却片刻的烦恼。

每每如此，李白都会在酒酣之际想到先人司马相如。

作为中国文学史上杰出的辞赋大家，司马相如一向推崇道教思想和神仙之说，同样为蜀中人，李白自幼深受司马相如影响，“余小时，大人令诵《子虚赋》，私心慕之”。这种推崇的情感直接影响了李白早期的创作风格，像《明堂赋》《拟恨赋》《大猎赋》，无一不是受到了司马相如的影响，内容词藻富丽，结构宏大，读起来有一种“沛然莫之能御”的气势。

而李白不仅景仰司马相如的文采，更多的是羡慕他不以科举进仕，而是凭借《子虚赋》《上林赋》破格被汉武帝封为郎

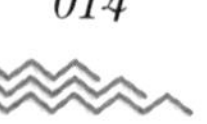

官。这种加官晋爵的方式被赵蕤反复提及，李白也一直希望能以司马相如的方式辅佐君王，成就大业。

只可惜，李白一生在诗歌造诣上登峰造极，千古无人匹敌，但是在仕途上却是蹉跎失意，正如他写“大鹏飞兮振八裔，中天摧兮力不济”，唯有悲壮，唯有无可奈何。

才高如李白，桀骜如李白，自负如李白，却也有败给命运的时候。

孤雁鸣长空

人的一生可能会做许多相似或是不同的梦，在梦里追花逐月，吟诗作对，做着世上所有美好的事，可现实往往事与愿违。多少人被冰冷的现实惊醒，多少人被来时的风景牵绊，越是渴望怡然自得，越是身不由己。

所幸的是，李白本就是个不寻常之人，他在山林，是一位年轻得道的高人；在俗世，却又是一位放浪不羁的狂客。他煮茶赏梅，也宿醉不归，他无依无靠，同样也没有任何牵绊。他是一朵不会做梦的流云，飘到哪里，哪里便是归宿。

二十岁的李白已经游历过了许多地方，见过巍峨的山，奔腾的河，温柔的土地和孤独的人。蜀地如同慈祥的母亲，将自己的所有交给了这个才高八斗、剑眉星目的青年，而他也不负所望地成长到了无人企及的高度，如同璀璨的星海里夺目的北斗。

开元八年（公元 720 年）落叶纷飞的时候，李白开始了出蜀东游的行程，正如孤雁，只要羽翼丰满到足够抵抗风雨坎坷的时候，便会张开翅膀，任由风暴席卷呼啸。李白自幼就打算将韶韶年华全部赌给自由，“行万里路”是他人生最初的标签。

而《峨眉山月歌》是李白出蜀时最有代表意义的诗篇，同样也是李白最早的一首写月诗。

峨眉山月半轮秋，影入平羌江水流。
夜发清溪向三峡，思君不见下渝州。

此时正值深秋时节，李白乘船向三峡进发的途中，在船上看见峨眉山间吐出半轮新月，月光洒入流往岷山的平羌江中，尽管平羌江水流涌动，但月光偏偏纹丝不动，不由得想起生活了二十年的巴蜀家乡。

虽是“仗剑去国，辞亲远游”的英雄少年，怀有“寰区大定，海县清一”的政治抱负，但此去归期未定，对家乡不免恋恋不舍。只好将思念寄托给月亮，让这半轮秋月寄情千里，随着平羌江的水流回到家乡。可谓语短情长。

诗中连续出现的五个地名，也正是李白此行先后经过的地方，先是从峨眉山出发，一路经过平羌江，清溪驿，三峡，往渝州而去，渐次为我们展开的蜀江夜行图，浩浩荡荡，绵延千里，《瓯北诗话》中叹道："四句中用五地名，毫不见堆垛之迹，此则浩气喷薄，如神龙行空，不可捉摸，非后人所能模仿也。"

寄情明月山水，为李白以后写咏月诗埋下了伏笔，而《唐诗广选》中也极力地夸赞这首诗称："如此等神韵，岂他人所能效颦？"虽有些夸大其词，但也不乏是对少年李白才思的肯定。

李白此行的目的地正是成都。唐代的成都，位于四川盆地西部，河网纵横、物产丰富、农业发达，是西南地区的交通要塞，素有"天府之国"的美誉。

赞誉成都之美的诗篇众多，杜甫曾写："曾城填华屋，季冬树木苍"，与李白的"九天开出一成都，万户千门入画图"各有千秋，杜甫多写实，平实雅淡，像块璞玉，需要人用心、细心才能体味，而李白更注重磅礴的气势和绚烂的笔触结合而出的意境。

李白神思九天，俯瞰天府之国。美到极致的成都被李白冠以"锦绣"二字，想必也只有自己哺育的孩子才能用文字来概括形容。锦绣成都，因为李白而更加闻名于世，也足以表

明李白对成都用情至深。

初游成都，李白像是缓缓地推开了通往新世界的大门，如同江流入海，令李白眼界大开，竭力消化着成都带给他的震撼。

李白先前得到了赵蕤的指引，说是苏颋罢相为礼部尚书，出任益州大都督府长史，此人是盛唐时的著名文士，与燕国公张说齐名，并称“燕许大手笔”，其诗篇文风高俊，韵味悠长，是当时的文坛泰斗，同时又身居高职，刚正不阿，深得皇帝信赖。

李白相信，凭借自己的年轻有为，一定能够得到苏颋的垂青，到时候自然可以在政坛之上大展身手，真正做到“济苍生，安社稷”。

但在去拜访苏颋之前，李白要先做好准备，于是李白登上峨眉山，在峨眉山远绝尘嚣的环境里，写下了一首自己十分满意的诗篇《登峨眉山》：

蜀国多仙山，峨眉邈难匹。
周流试登览，绝怪安可悉？
青冥倚天开，彩错疑画出。
泠然紫霞赏，果得锦囊术。
云间吟琼箫，石上弄宝瑟。

平生有微尚，欢笑自此毕。
烟容如在颜，尘累忽相失。
倘逢骑羊子，携手凌白日。

登上峨眉山的李白，放空了自己，将一片赤子之心和这天地相融，沉浸在烟霞云霭中，表面似是领悟到了仙人的指引，实则是暗示着李白既向往出世，又担忧不被世人认可，所以只能暂时将自己置身于秀丽磅礴的峨眉山巅，饱览山光，才能让内心的功利之心淡化。

李白的这首五言诗结构层次十分严谨，入声质韵，平平仄仄，是李白诗篇里不可多得的工整佳作。李白为了拜访苏颋，也算是竭尽全力，下了峨眉山后，便将这一首《登峨眉山》呈给了苏颋。

不久之后，苏颋看到了李白呈上的诗篇，十分欣赏他的文学才华，便召见了李白，并对李白大加赞赏道："此子天才英丽，下笔不休，虽风力未成，且见专车之骨。若广之以学，可以如比肩也。"

这样的评价算是中肯，李白便如那出淤泥而不染的青莲，带着清新脱俗的光环，夺目又高傲。

可惜，苏颋只是赞赏李白的文采，可能是因文人相轻的嫉妒之心，又可能是因时机尚早，年轻的李白需要更多的人生

磨砺，所以苏颋并没有为李白指出一条通向光明仕途的道路。

尽管李白的第一次自荐并没有想象中的那么成功，但也让他积累了不少经验。他将灵魂深处的豪放和温情肆意释放在灵气馥郁的巴蜀之地中，或与刚刚结交的朋友煮酒吟诗；或入山林深处，与道士谈天说地，与野鹤自言自语。

李白好比进入了一场短暂的冬眠，累积在内心的所见所闻被迅速地消化、分解、吞噬，最后变成了丰富的阅历。

李白就是这样，不惧风雨，不畏人言，在乱世飞舞的尘埃中，不沾红尘烟火，却总能在跌跌撞撞中，沾上一身的酒气和月光。

他未曾清新脱俗，也不曾是个强者，他只适合做一只孤独的大雁，夜晚在鲜花盛放的山间，天亮又去了字里行间。

谁敢欺年少

昨晚又下起了雨，绵绵不停的雨意味着明天又要经历一场别离，无论是和谁告别，都显得沉重万分，这是生活的一部分，也是一个人孤独的开始。

世俗的浪子，没有理由停下脚步，李白就是这样的浪子，他注定了要天南海北地行走，一把剑，一只萧，一个人和一匹马。所幸在这江河湖海之间不必骑马，有一个摇桨的船夫陪伴也不会过于寂寞。

李白惬意地观赏三峡秀丽清幽的风景，七百里延绵不绝的三峡两岸，高山层峦叠嶂，绿水奔流往东，花香鸟语，真如北魏地理学家郦道元在《水经注》中所描写的那样“自三峡七百里中，两岸连山，略无阙处。重岩叠嶂，隐天蔽日。自非亭午夜分，不见曦月”。

郦道元一生好学不倦，博览群书，游览过无数的山川大泽，搜集了许多风土民情，才铸就了不朽的地理作品，在他的眼中，三峡仿佛是一轴瑰奇的山水画，令人神往。

而此时的李白还没有郦道元的心境，对于三峡他只有由衷的敬畏之心，因而未曾对它着墨。况且他此行的目的地是千里蜀江行旅途的最后一站“渝州”，三峡只是途径之地，自然没有过多的心思欣赏。

朝发白帝，暮到江陵。果不出一日，李白便顺利到达了渝州城。

渝州以各种小吃闻名于世，同时也是《仙剑奇侠传三》中雪见和景天初次相逢的城市，仙侠故事中的渝州城很美，真实的渝州同样美到令人动容，峡险、水柔、泉美、洞奇、石怪、谷幽、竹秀，有如天开图画。

渝州城外环绕着的大巴山、巫山、武陵山都是极具灵秀之美的名山，唐朝另一位诗人杜甫独爱这座城市，他用大量的诗句来描写渝州的山水，其中一首《夔州歌十绝句》（其一）让后人领略了当时渝州城内外的风景。

中巴之东巴东山，江水开辟流其间。

白帝高为三峡镇，瞿塘险过百牢关。

此时的李白并不似杜甫那样感怀伤悲，对于美好的风景他向来只汲取欢喜，而不倾注感伤，每到一座城市，便换一种心情，也是他“行万里路”的一部分。

李白此刻的心情舒畅万分，拜访渝州刺史李邕便是此行最终的目的，他依然要通过荐举的方式谋求官职，以此达到“修身齐家治国平天下”的远大抱负。

李邕，人称李北海，唐朝著名书法家，其行书碑文在少年时就已成名，风格大气磅礴，顿挫起伏，笔力惊人，被世人赞叹，杜甫曾作诗赞美曰：“声华当健笔，洒落富清制。”但李邕继承了父亲死板正直的性格，不屑权贵阿谀，更看不惯狂妄自大，尽管他将文人骚客视如上宾，礼遇有加，但像李白这样的性情之人，想必在他身边并不能得到称赞。

李白开始并不这样想，他觉得这是一个千载难逢的机会，好不容易等来这样一个机会，他必定不能轻易放弃，哪怕他漫长的人生路上布满着荆棘泥泞，他依然要背着沉重的行囊，与那苍茫天地狂妄，与那万里河山争艳。

当时，拜谒府衙刺史或者文坛前辈，必先递送行卷。所谓“行卷”，是古代科举习俗，可以简单称作一种科举文体，后来演变成士林之间的风习，重在文词的优劣高下。

李白按照规矩将自己的诗作送给了李邕，但结果可想而

知。李白身受赵蕤纵横百家思想的熏陶，恃才傲物，不拘小节，言谈高亢放纵，李邕并不喜欢，甚至痛恨这种人，便以公务繁忙为由，命手下接待李白。

李白见状便知这个渝州刺史对自己没有一点礼遇的意思，甚至带有轻视，他自然也对李邕充满敌意，大有“此处不留爷，自有留爷处”的狂放气焰，临别之际写了这首态度高傲的《上李邕》，以示回敬。

大鹏一日同风起，扶摇直上九万里。
假令风歇时下来，犹能簸却沧溟水。
世人见我恒殊调，闻余大言皆冷笑。
宣父犹能畏后生，丈夫未可轻年少。

开篇前四句便勾勒出一个力擎沧海、撕风逐日的大鹏形象。李白不止一次用大鹏自比，既是对自由的渴望，也是其经天纬地思想的象征，而在这里则有些贬低李邕的意思。

鹏鸟又名鲲鹏，传言在万里高空中是一种体形巨大的鸟类，拍拍翅膀便能直上云天九万里，遇水便化作身长数千里的鲲鱼，能在浪头之间遨游。《庄子·逍遥游》中最先记载了鲲鹏的形象：“北冥有鱼，其名为鲲。鲲之大，不知其几千里也。化而为鸟，其名为鹏。鹏之背，不知其几千里也；怒而

飞，其翼若垂天之云。”

李白年轻气盛，又深受道家“无为而无不为”的思想影响，心中充满了浪漫的幻想和宏伟的理想，既然“天地不仁，以万物为刍狗；圣人不仁，以百姓为刍狗”，李白自也不会客气，接下来的四句诗，便是对李邕毫无保留的痛斥，指责李邕的怠慢。

大概的意思是：当时在场的凡夫俗子见我发表一些奇谈怪论，听了我宏大伟岸的抱负皆冷笑不已。孔圣人还说：“后生可畏，焉知来者之不如今也？”你一个小小的渝州刺史难道会比圣人还要高明吗？男子汉大丈夫怎能轻视年轻人！

看！这就是桀骜的李白，他对李邕轻慢态度的回敬，针针见血，丝毫不留情面，这就足以看出青年李白的气势和胆量。“不屈己，不干人”，笑傲权贵，平交王侯，正是李白的真正本色。

两次荐举，两次碰壁，李白终于醒悟，这乱世浮沉中，并不是有一身才华和一颗滚烫的报国之心就能被重用，潇洒如竹林七贤，他们看似不拘礼法，整日饮酒高歌，事实却是纵有才华雅量，渴求功名，也终不得出仕。

历史在前，如同世俗的智者，他沉默寡言，却能看穿一切，他见证着无数急于求成的人一败涂地，也见证无数浴血归来的英雄封侯拜相。真正的隐士，是褪去战袍，烧掉功名的人，他们归隐是看淡了人生百态，他们出仕是为了拯救苍生社稷。

李白突然厌倦了这样的生活，他不愿做世间的一粒尘埃，也不愿只是做一个诗人，他的人生要么轰轰烈烈地死去，要么避世绝俗地归隐，这才不算辜负了苍天所赋予的生命。

秋叶落了最后一片，李白终是离开了繁花似锦的渝州，告别了三峡两岸不住啼鸣的猿猴。来的时候，他不曾对谁说起过，走的时候亦无声无息。这样孑然一身地行走，或许可以走得轻松自由些吧。

李白脱下了世俗的衣裳，重新穿上了道袍，他回到了大匡山，寄居在庙宇之中读书修行。这进进出出许多年，登过许多名山，访过许多高人，但都不及大匡山上这座破旧的庙宇，这是梦开始的地方。他依旧记得，门外成片的桃花林，乘凉的摇椅，破碎的瓦片和山间的小路，这些都那样熟悉，那样亲切。

李白有感而发，写下这首《冬日归旧山》：

未洗染尘缨，归来芳草平。一条藤径绿，万点雪峰晴。

地冷叶先尽，谷寒云不行。嫩篁侵舍密，古树倒江横。

白犬离村吠，苍苔壁上生。穿厨孤雉过，临屋旧猿鸣。
木落禽巢在，篱疏兽路成。拂床苍鼠走，倒箧素鱼惊。
洗砚修良策，敲松拟素贞。此时重一去，去合到三清。

窗外灰蒙蒙一片，空荡的天空落下几片薄凉的雪花，大匡山十几年不曾下雪，这一下雪便让人不由得无限伤感，李白此时倚窗伫立，他内心深处的孤独无法化解，苦闷亦无人能懂。

第二章 世人燕雀，我为鸿鹄

他既是披荆斩棘的剑客，也是笔墨丹青的诗人，他可以将峥嵘的岁月尽赋笔下，也可以舞动宝剑，斩碎明月的光。飘零的孤雁从此变成腾飞的大鹏，李白的人生开始走向了真正的狂傲不羁和豪放宏大。

青衣仗剑

白驹过隙，春去秋来，在大匡山的三年，仿佛是做了一场梦。梦醒时，晨光从山的东头打破宁静，树叶簌簌落下，落在李白单薄的肩头，缥缈又沉重。

南国秋风寒，吹皱了一段破旧的清欢。风景依然美如画，山巅的杜鹃，山腰的红枫，都美得让人沉醉。每日晨起练剑读书，伴着古寺悠长的钟声，在这片寂寥的天地间，李白显得遗世独立，凌乱孤独。

三年的光阴，不长不短，却可以看见漫长又乏味的心路历程。初来时，他是一个不谙世事的青年；再见时，却沾染了一身白霜，俨然化成了“老者”。一千两百多个日日夜夜，春秋暮晨，仿佛轮回般撕心裂肺，痛不欲生。

那个与李白年龄相仿的王维弱冠之年就进士擢第，从来就是少年英才，他骑着高头骢马，在世人不断的赞叹褒奖中回到家乡，似乎所有的荣耀与光芒都在这个卓尔不凡的少年身上。

而他李白纵然拥有旷世的才华，翩然的风度，也不过是守着一座空山古庙，感叹人生的狭隘。一盏苦茶，一杯清酒，一把宝剑和笔下玲珑风雅的诗歌，没有功成名就，没有琴瑟和鸣，那这样的生活还有什么继续下去的意义呢？

李白是一个自负的人，是一只搏击长空的雄鹰，他不会屈服于命运的摆布，他此刻压抑的情绪，必须得到释放。

李白从惆怅失落中清醒过来，尽管愤愤不平，但终究不是一个无头无脑的人。他规划了自己的人生，为自己执剑出山，遨游八方做了两件事。

第一件事，李白将自己近年来撰写的旧作，拿来细细品读，将自己觉得“风力未成”的诗作挑出来，在佛龛前点了一把火，烧得干干净净。作为一个高产高质的诗人，他的青年时代肯定有一些值得激赏的佳作。这一烧却尘埃落定，化作乌有，虽然可叹可惜，但也正是这一烧，将李白内心昂扬的斗志点燃了。一个风华绝代的伟大诗人从熊熊火焰中重生而来，必定会在诗坛中卷起惊涛骇浪。

将往事付之一炬后，李白做的第二件事便是辞亲。中国自古便有“百善孝为先”的训语，李白深受儒学思想的熏陶，对

卧冰求鲤、百里负米的感人故事甚为推崇，所以在执剑出蜀，遨游八方之前，他必须回青莲乡，同父母亲人道别。

李白的成就得益于他的生父李客，从迁徙到繁花似锦的大唐境地开始，到李白读书习剑、寻仙访道、干谒诸侯为止，在这段岁月里，李客始终扮演一个启蒙者的身份，为李白的行为思想奠定了优秀的基础，为他日后的一鸣惊人磨砺了羽翼。

李白从不为亲人着墨挥毫，并不是因为他对至亲毫无感情，只是在他眼中，大唐出现颓势，烽烟乱世必将血流成河、尸横遍野。偏偏像他这样朝不保夕的可怜人，对至亲唯一的保护方式便是绝口不提，所以才造成后人只能根据只言片语的记载去猜测和揣摩。

相守时短，别离时长。李白早是见惯了别离之人，不是不悲伤，只是不需要热泪盈眶，也不需要奔走相告，收拾好行囊，挥一挥手，便算是道别。他又回到了大匡山，或是为了沉淀心情，或是为了再见友人，个中具体我们不得而知。

终于，在九月早秋的某个早晨，天还未亮，李白便起身出发，寒夜凄冷，他循着无瑕的月光，回头看那承载了无数回忆的大匡山，难掩心头的不舍和悲伤，在夜色中踟蹰而行。

人会因为长久居住在某地，而对此产生深厚的情感，逗留时厌倦，离别时不舍，身在远方时思念，这便是“家”的概念。每次回到大匡山，李白都有一种候鸟归巢的温暖，让他

可以放下沉重的行囊，忘记风餐露宿，美美地睡上一觉，天亮时，吃一碗早粥，读一卷书，让人无比惬意。

李白以为，这一次离开便再也不会回来，这是一场意义隆重的诀别，他顾不得着急赶路，看看远处漆黑的山峦，又看看近前藤蔓从树上垂下，随风摇曳，枝条轻轻拂过栏杆，令人心旷神怡。李白情不自禁，轻声呢喃，《别匡山》一诗便跃然出世。

晓峰如画碧参差，藤影风摇拂槛垂。
野径来多将犬伴，人间归晚带樵随。
看云客倚啼猿树，洗钵僧临失鹤池。
莫怪无心恋清境，已将书剑许明时。

李白的诗歌如若没有“狂风吹我心，天地任我游”的豪放，那一定是某个场景或是某个人触动了他的情肠，这一首自然属于后者。他用尽华丽的辞藻，如“看云客倚啼猿树，洗钵僧临失鹤池”将匡山美景描写得淋漓尽致。可惜纵然美好，纵然不舍，也终要离开了，不是他不喜欢这里，只是他已经决心出山闯荡，谁也不能阻挡他将文韬武略奉献给国家的雄心。正如“莫怪无心恋清境，已将书剑许明时”这句所言，虽然李白去蜀辞乡之际，对故乡无限依恋，但用世之心更高于一切。

正如李白所想，写完这首诗，此后的四十年，他再不曾见到他的父母亲人，再难见到曾经嬉笑游荡的山野河畔，他的童年、他的过去统统留在这里，他只带走了一颗渴望建功立业、安民辅国的心，孤零零地开始了自己的闯荡人生。

急湍勇进的河流里，扁舟顺流直下。李白一路重游成都，又登峨眉，他早有耳闻峨眉山顶著名古刹万年寺有位法号广浚的僧人。

广浚精通音律，尤擅抚琴。传言凡是听到广浚抚琴的人都赞叹，其琴声行云流水、天马行空，令人心旷神怡。李白神往已久，特地寻访而来。

海内存知己，天涯若比邻。李白与广浚的相识，如千古流传的伯牙子期，两人萍水相逢，却恨相逢太晚。

李白生平所见之人甚多，能够称得上知己的也不过寥寥几个，广浚算其中之一，两个人经常一弹一吟，广浚这边琴声刚落，李白这边已有诗篇落入纸张，好不默契。

广浚的琴声宛若天成，万年寺上上下下都早有耳闻，倒也不足为奇，反而李白展现出的绝顶才华让众人为之惊叹，这里面有一位法号怀一的高僧，我们不得不说一说。

初唐诗人崔颢曾作了一首《赠怀一上人》，将怀一法师的身份，落发为僧的缘由写得委实详细。

怀一法师是广浚的师傅，与初唐诗人陈子昂是刎颈之交。

落发之前是豪门子弟，胸怀天下，想以身为国，但往往天不遂愿，挚友陈子昂冤死狱中，令他对时局心灰意冷，于是便上了峨眉山落发为僧。怀一法师不但精通世情佛理，而且诗文俱通。

李白一生都在追求道术，怎能料到与佛也有千丝万缕、说之不尽的关系。怀一法师告诉他，每个人的心中都有一个佛祖，每日诵经撞钟，可提醒世人要懂得自我约束和谨慎选择。生活如果是平淡如水，那就学会耐住寂寞；如果是轰轰烈烈，就要懂得谦卑低调。

李白的确不是一个好的参禅之人，他好动好问，也嗜酒如命，但是也不能否认他的悟性，仅用了数月，他就可以让空灵的禅境摒除内心的嘈杂烦恼，这无疑是人生境界的一次升华。

我们仿佛可以看到，那个锋芒毕露的少年不再执剑练武，不再饮酒风流，而是手捧经卷，在青灯古佛前，聆听广浚的琴声和远处传来的钟声，慢慢入定，神思意远。

匆匆而来，又要匆匆而去。李白终于忍不住当俗家子弟的寂寞寡欢，于是向两位高僧道别，收拾好行囊，准备踏上漫漫路途。

临行前，怀一法师赠给他陈子昂的遗作《陈拾遗集》十卷。

陈子昂的诗风骨峥嵘、苍劲朴实，而李白向来以华丽浪

漫、雄奇飘逸著称，所以这份遗作与李白的诗风并不相契，但是李白还是郑重地接过这份礼物，答应怀一法师来日定回寺中探望，之后便转身遁入了三千红尘之中。

天地之大，任何相遇都是幸运的故事，任何离别都有伤感的瞬间，李白不是佛门中人，自然看不透随缘，只能留下两行清泪和心中的执念。

谁承想，这一去便是永别。

辞亲远游

有人说，天涯的距离就是两颗心的距离，所以每次离别都显得举足轻重。在风烟弥漫的尘世，友情对于李白来讲，是支撑，是依靠，是每每想起都会触动内心温软的情感；而朋友甚多的坏处之一是，离别总如噩耗般接踵而至。

后世人人都说李白擅长写送别诗，在他现存的九百多首诗歌中，送别诗占六分之一，送别的对象也纷乱不一，从当朝官宦，到布衣僧侣，他的社会关系如同蜘蛛网般错综复杂，诗中写到求学、谋政、郊游等等，成为我们认识李白生命历程的重要依据。同时他的送别诗突破了唐代之前的传统风格，以独到的自我见解和风格，呈现出一幅幅感人至深又美不胜收的画面，令无数后人争相传颂。

这便是李白，一个充满传奇色彩，却在红尘中长久逗留的奇人，他的生命和诗篇交融在一起，所经历的一切都是他灵感的来源。

开元十三年（公元 725 年）的秋天，“雨暗残灯棋散后，酒醒孤枕雁来初。”如杜牧所写，江南的秋天，杏花落尽，枫叶飘零，连绵不断的阴雨和寒夜带来了无声的哀怨与惆怅。

这个季节在诗人眼中，是孕育作品的温暖河床，也是黯然销魂的悲情冢。偏偏李白是与众不同的诗人，他把秋天当作老天最杰出的创造，没有炎热，没有寒冷，秋月丰满得如同少妇，五谷酿的美酒香醇可口，还有什么可以杞人忧天，故作悲伤的。所以李白并不着急赶路，他走走停停，先后游览了巴南、巴中等地，对当地的民歌甚是倾心，于是现学现卖写下了《巴女词》一诗。

巴水急如箭，巴船去若飞。

十月三千里，郎行几岁归。

此诗从题材到语言与民歌几无区别，形式朴素简洁，语言明快，一些简单的词语组合在一起，却生动形象地表现出独守商妇的内心活动，这正是李白此时艺术风格的体现。

这种艺术风格的形成，由来已久。从李白两次荐举不利，

回归大匡山后，焚书除旧，渴望布新开始，就如同一颗抑郁的种子，在种种噩梦般的现实面前生根发芽，他似乎长成一个沉默寡言的老者，看淡了人生，对千帆过尽完全释然和淡定。但李白自己可能并不知情，所谓“当局者迷，旁观者清”，唯有读懂他的诗句，才能明白他内心的疾苦。换句话说，这种风格对于浪漫成性、风流成瘾的李白来讲，是件相当糟糕的事情。

可能是因为长久的孤独，也可能是仕途的不顺，让李白学会了淡漠，学会了疏离。他时常会望着月亮，刻意让清冷的月光透过树叶洒在他的肩头，他觉得只有这样，宁静与温和才会高悬在他的内心世界里，不管他走到什么地方，都还有一轮明月相伴，也不会显得太落魄。

李白并不是一个多愁善感的人，他只是一个集儒、道、释、墨于一身，理想世界和现实生活极其复杂的矛盾体，他立志匡时济世，却也渴望闲逸归田；他希望有人陪他煮酒论道、交杯换盏，在风月旖旎的夜色中聊一聊人生、谈一谈抱负。但他从来四海为家，居无定所，所以他的一生并不如意，知己多，离别也多；得到的多，失去的也多。

李白终于在游玩中认识了挚友吴指南，这位蜀中才子与李白同好，常出访名山大川，为人仗义好施，不拘礼节，两个人一拍即合，同游蜀地，共走天涯，打算先入三峡，顺流而下，访巴东各地。

此时三峡险峻的风貌再次映入李白的眼中，林深雾绕，水急山峭，苍猿长啸，哀转久绝。这一次虽有挚友陪伴左右，二人一路上饮酒高谈，未生寂寞，但多年的回忆似要将李白活生生地吞掉，李白不断回望，一物一人都历历在目，难以释怀。

江山如此多娇。在长江南岸，与虎牙山隔江对峙，自古有楚蜀“咽喉”之称的荆门，随着船出三峡，缓缓映入眼帘。那铺天盖地的群山万壑终于消失殆尽了，开阔的江面一望无际，奔腾的江水也归于平缓，好比快进的镜头突然恢复正常，李白似乎感受到空间静止的刹那，像是闯进了无休无止的永恒中。

直到看见夜色渐重，水天化为一色，才发现江面如同从青天坠下的明镜，又似蜃景般虚幻缥缈。只可惜美景不长，秋风乍起，江面浩荡，明镜吹皱成万千涟漪，蜃景化作无数星光，美景轰然倒塌，李白此时怅然若失，又高昂激越，他执剑立于船头，素衣扬风，宛若帆影；月光似纱，轻盈妩媚。不为送别任何人，可巴蜀的一草一木和滔滔江水不辞万里地将自己送别！

李白忍不住感慨，见水落泪，望景伤情，这挥之不去的感思，化作了这首《渡荆门送别》：

渡远荆门外，来从楚国游。

山随平野尽，江入大荒流。

月下飞天镜，云生结海楼。

仍怜故乡水，万里送行舟。

这首诗是李白生平第一次写壮别诗，他以万里江水寓意离别之痛，以雄奇壮阔寓意青春朝气，结构严谨，内容紧凑，情景交融，一气呵成，将内心的万丈豪情毫无保留地宣泄了出来。

这首诗后来的成就之高，非杜甫的《旅夜书怀》不能比。

细草微风岸，危樯独夜舟。
星垂平野阔，月涌大江流。
名岂文章著，官应老病休。
飘飘何所似，天地一沙鸥。

与李白的豪情壮志不同，杜甫更多的是写残酷的现实中，自己的孤苦伶仃和颠连无告的凄怆心情，表现出自己宏大的政治抱负难以施展，宛若天地间飘零的沙鸥，纵使羽翅丰满，也难破风万里。

时间总会见证一切，譬如善与恶，爱与恨，熟悉与陌生。而过多地伤春悲秋只会让人踟蹰不前，此时李白豁然开朗，他出蜀东游，是为出仕积蓄力量，所以他不必担心去往未知的地方。在这个极尽繁华的开元时代，李白一直相信，自己会如同流星般化作漫天流光，横空出世。

白帝城边足风波，
瞿塘五月谁敢过。
荆州麦熟茧成蛾，
缲丝忆君头绪多。
拨谷飞鸣奈妾何。

——《荆州歌》

这首《荆州歌》大概是李白初到江陵时写下的诗篇，当时唐玄宗李隆基励精图治，任人廉能，文教复兴，使得天下大治，无数文人骚客如雨后春笋般涌现。

那时候唐诗继承了汉魏民歌、乐府传统，精炼了文字和音节，讲究工整、平仄、不菲薄、不虚妄。从初唐结构相对狭小的宫体诗开始，到盛唐时期，众多的流派风格的崛起，诸如田园诗、边塞诗等流派相继出现了杰出代表。而李白作为浪漫主义的“领头羊”，他的诗雄视千古，无论五律七律、五绝七绝、古风歌行皆有着很高的艺术成就，正如韩愈赞扬的“李杜文章在，光焰万丈长”。

年少的诗仙拨弄着江南满树的琼花，摇曳着流年光影的布衫，提着一壶清酒，挂着一把宝剑，和好友吴指南并行观赏江陵的美景。

江陵即荆州，南临长江，北依汉水，西控巴蜀，南通湘

粤，号为“东南重镇”，自春秋战国到五代十国，都视其为必争之地。农桑发达，经济繁盛，人才荟萃，名流辈出，尤以街道两旁错落别致的飞楼涌殿、华拱画梁、顶覆铜瓦为美景之最。巍峨的城墙自东向西，迂回建造，居高望远，宛若巨龙匍匐，甚是威严！

这天，日光倾城，微风拂面，李白游览江陵之东著名的纪南城。在农家小院中，他遇见了一位少妇。少妇双眸似水，肤如凝脂，正如“水是眼波横，山是眉峰聚。欲问行人去那边？眉眼盈盈处。”这个农户家的女子温婉贤惠，衣袖挽起，纤细的手指不停地抽出蚕丝。

桃红轻染，虫燕呢喃，杨柳拂堤，碧水粼粼。少妇心忧出门在外，将要归来的丈夫，似这手纷乱无章的茧丝，时日越是逼近，心情越是沉重，千头万绪，不知该向谁诉说。

而远处的布谷鸟啼血飞鸣，似是要戳穿少妇的内心，只是可惜丈夫身在千里，哪里听得到这般爱的呼唤。

李白见过很多商妇，有幽怨惆怅的，有思夫心切的，而今天见到的是情深义重的，每一个商妇都性格鲜明，偏偏李白可以将她们的形象刻画得栩栩如生，每写下一段故事，就意味着要多承受一次她们郁结心头的思念，写得越多，心越脆弱。

此时李白虽不见得高兴，但也没到潸然泪下的程度，何况他的视线里出现了一个熟悉的身影，此人年龄与李白相仿，眉若剑锋，满面霞光，头顶七星冠束发，身披青云白鹤道袍，

身长七尺，挺拔如松，正是李白蜀中认识的道友元丹丘。

从“畴昔在嵩阳，同衾卧羲皇”来看，元丹丘曾与李白在嵩山之阳隐居过一段时间，两人同为学道谈玄之人，一个好游名山，善写诗篇；一个研修仙术，隐居多地。两人能够“他乡遇故知”，多是天定缘分，令李白万分高兴，一扫之前的阴霾。

不仅如此，元丹丘告诉李白，帝王之师司马承祯要去南岳衡山开观收徒，广传道法，此时正好路过江陵。李白星目迥然，欣喜感慨道：“真李白之福也！”

李白对司马承祯仰慕许久，赵蕤和元丹丘不止一次提起过这个神话般的人物。

司马承祯，字子微，法号道隐，乃晋宣帝司马懿之弟司马馗之后。道教上清派第十二代宗师。司马承祯自少笃学好道，师承嵩山道尊潘师正，通上清之经、长生之法、黄白之术。他四海云游，遍及名山道观，后隐居在天台山玉霄峰，自号“天台白云子”。

武皇帝闻其道法超然，曾亲降手敕，数次召见，都隐而不出；唐睿宗年间曾远赴长安，解经论道，释意阴阳术与治国道，颇符睿宗心意，遂赐以宝琴及霞纹帔。开元九年（公元721年），唐玄宗派遣使者将其迎入宫，亲受法箓，封为帝王之师，并亲笔赋诗《王屋山送道士司马承祯还天台》为他送别。

紫府求贤士，清溪祖逸人。

江湖与城阙，异迹且殊伦。
间有幽栖者，居然厌俗尘。
林泉先得性，芝桂欲调神。
地道逾稽岭，天台接海滨。
音徽从此间，万古一芳春。

若单单是道术上的成就还不足以让李白对司马承祯如此崇拜，司马承祯不仅道术高深，而且诗文辞赋皆为大家风尚，他的诗风飘逸雄浑，一笔书法更是龙飞凤舞，力透纸背，是百年难遇的奇才。他门下弟子众多，人才辈出，诸如“紫阳真人”、玉真公主等。

李白激动万分，来不及与元丹丘叙旧，一心扑在拜谒之事。第二天清晨，李白束发缠腰，带着精心准备的行卷到真人卧榻的元妙观中拜谒。

清晨刺眼的光亮打在眸子里，李白一瞬间有种虚幻缥缈的感觉，这种奇妙之感在李白看来是天命所归，他认为此次拜谒必将改变人生，这是独属于李白的自信。

令李白惊愕的是，刚到元妙观便看见络绎不绝的人群，将玉皇殿、三清殿和连接两殿的走廊天井全部占据了，这般人声鼎沸，虔诚求道的场景想必也只能在唐朝看见。自古当权者都以儒学作为国学，而偏偏唐朝李氏追认老子李耳为李家的祖先，以道术为最高思想，造就了无数人争先恐后地寻求长生、

黄白之术。李白作为道教的忠实拥护者，自然一马当先，看到这般场景竟心生欢喜，最少证明了自己追求的乃是人间大道。

李白第一次见到司马承祯时，司马承祯已是年近古稀的老者，鹤发童颜，道袍加身，举手投足间仙风拂面，李白惊叹之余伏地行礼，叩拜道："弟子太白，拜见真人。"面前是道家的传奇人物，如何能让人不敬畏？

连日来，司马承祯的住处来客络绎不绝，宾客满座，但所求无非黄白之术，所谈无非俗套虚文，他只好勉强应付。正当他感觉疲倦之际，李白出现了。司马承祯放眼一看，此子眉若剑锋，面如冠玉，一双眸子好比璀璨的星空，令人不由得想多瞧几眼，再加上他对李白早有耳闻，知道蜀中李白，诗词歌赋，乃大家风尚，又寻山访水，颇得道术精髓，不由得对李白大为称赞道："君家有仙风道骨，可与神游八极之表。"

能够得到司马承祯的赞美，李白不由得欣喜若狂，但李白终究是李白，泰山崩于前而色不变，麋鹿兴于左而目不瞬，他不会因为欣喜而失态，反而和司马承祯一问一答，相谈默契。

司马承祯一席话，让李白茅塞顿开，热血沸腾。辞别后，李白回到住处，一连数日都难以入眠，心中凌霄之志飘飘然，鹏程之心更加坚定。

又一夜，风声乍起，雨势颓然，李白枕着江陵城外湍流的江水，却始终无法入睡，这已经是拜谒回来后的第二天了，每日如同梦游般坐定，烈酒一杯一杯饮下，借着大醉，神游天

外，一会儿想起《神异经》中有大鸟唤作希有，“南向，张左翼覆东王公，右翼覆西王母”，又想起《逍遥游》中扶摇腾风，翻云破浪的鲲鹏，他恍然看到司马承祯化作希有，而自己变成鲲鹏，两只异兽惺惺相惜，逐日凌云，遂作《大鹏遇希有鸟赋》，后来因长安遇挫，被唐玄宗赐金放还，但并没有因此意志消沉，于是又将《大鹏遇希有鸟赋》加以润色，才形成我们如今看到的《大鹏赋》：

余昔于江陵，见天台司马子微，谓余有仙风道骨，可与神游八极之表。因著大鹏遇希有鸟赋以自广。此赋已传于世，往往人间见之。悔其少作，未穷宏达之旨，中年弃之。及读晋书，睹阮宣子大鹏赞，鄙心陋之。遂更记忆，多将旧本不同。今复存手集，岂敢传诸作者？庶可示之子弟而已。其辞曰：

南华老仙，发天机于漆园。吐峥嵘之高论，开浩荡之奇言。徵至怪于齐谐，谈北溟之有鱼。吾不知其几千里，其名曰鲲。化成大鹏，质凝胚浑。脱鬐鬣于海岛，张羽毛于天门。刷渤澥之春流，晞扶桑之朝暾。燀赫乎宇宙，凭陵乎昆仑。一鼓一舞，烟朦沙昏。五岳为之震荡，百川为之崩奔。

尔乃蹶厚地，揭太清。亘层霄，突重溟。激三千以崛起，向九万而迅征。背业太山之崔嵬，翼举长云之纵横。左回右旋，倏阴忽明。历汗漫以夭矫，羾阊阖之峥嵘。簸鸿蒙，扇

雷霆。斗转而天动，山摇而海倾。怒无所搏，雄无所争。固可想象其势，仿佛其形。

若乃足萦虹蜺，目耀日月。连轩沓拖，挥霍翕忽。喷气则六合生云，洒毛则千里飞雪。邈彼北荒，将穷南图。运逸翰以傍击，鼓奔飙而长驱。烛龙衔光以照物，列缺施鞭而启途。块视三山，杯观五湖。其动也神应，其行也道俱。任公见之而罢钓，有穷不敢以弯弧。莫不投竿失镞，仰之长吁。

尔其雄姿壮观，坱轧河汉。上摩苍苍，下覆漫漫。盘古开天而直视，羲和倚日以旁叹。缤纷乎八荒之间，掩映乎四海之半。当胸臆之掩昼，若混茫之未判。忽腾覆以回转，则霞廓而雾散。

然后六月一息，至于海湄。欻翳景以横翥，逆高天而下垂。憩乎泱漭之野，入乎汪湟之池。猛势所射，馀风所吹。溟涨沸渭，岩峦纷披。天吴为之怵栗，海若为之躨跜。巨鳌冠山而却走，长鲸腾海而下驰。缩壳挫鬣，莫之敢窥。吾亦不测其神怪之若此，盖乃造化之所为。

岂比夫蓬莱之黄鹄，夸金衣与菊裳？耻苍梧之玄凤，耀彩质与锦章。既服御于灵仙，久驯扰于池隍。精卫殷勤于衔木，鶢鶋悲愁乎荐觞。天鸡警晓于蟠桃，踆乌晰耀于太阳。不旷荡而纵适，何拘挛而守常？未若兹鹏之逍遥，无厥类乎比方。不矜大而暴猛，每顺时而行藏。参玄根以比寿，饮元气以充肠。戏旸谷而徘徊，冯炎洲而抑扬。

俄而希有鸟见谓之曰：伟哉鹏乎，此之乐也。吾右翼掩乎西极，左翼蔽乎东荒。跨蹑地络，周旋天纲。以恍惚为巢，以虚无为场。我呼尔游，尔同我翔。于是乎大鹏许之，欣然相随。此二禽已登于寥廓，而斥鷃之辈，空见笑于藩篱。

李白回想起之前的种种，曾意志消沉过，也曾失意怅惘过，悲喜交加，宛若大梦了一场，如今出蜀一年有余，看过了许多风景，结交了许多友人，但总感觉人生百态中少了一点什么，如同一株长在深山中的老梅，的确经历过风雪寒霜，也看过山下风景万千，唯独内心寂寞无主，香气也只能自己品尝。

直到遇见了司马承祯，他似一面照耀古今的镜子，也似漫长黑夜微亮的灯火，只几句话便点亮了李白的内心，升华了李白缺失的精神世界。原来他既是披荆斩棘的剑客，也是笔墨丹青的诗人，他可以将峥嵘的岁月尽赋笔下，也可以舞动宝剑，斩碎明月的光。飘零的孤雁从此变成腾飞的大鹏，李白的人生开始走向了真正的狂傲不羁和豪放宏大。

生死天涯

三月江南，草长莺飞，温柔富贵。李白领略完江陵之美，那颗骚动不安的心又开始活跃起来。时光只会搁浅在老人的眼中，所以正值青春的李白不想虚度这般大好光阴，更不愿意长久停留在一个地方，他必须启程了，无论走到何处。

李白和吴指南来到了江夏。这座恢弘的城市，有览之不尽的历史遗迹，其中最著名的莫过于黄鹤楼和赤壁。闻名古今的赤壁之战，令无数英雄折戟沉沙，三国鼎立的局面由此形成。后世无数文人骚客面对滔滔江水，逐浪排空，想象着当年种种，不由得热血沸腾，便挥毫泼墨，写就无数经典。如杜牧的《赤壁》，如苏轼的《念奴娇·赤壁怀古》，千古传诵，风靡后世。而作为诗仙的李白自然也不会错过，提笔便是一

首《赤壁歌送别》：

二龙争战决雌雄，赤壁楼船扫地空。
烈火张天照云海，周瑜于此破曹公。
君去沧江望澄碧，鲸鲵唐突留馀迹。
一一书来报故人，我欲因之壮心魄。

游完赤壁，便是游览享有“天下江山第一楼”之称的黄鹤楼。此楼坐落在城台之上，台下绿树成荫，台上烟波浩渺，气势苍茫，仿佛与天相连。文人雅士，巨商富贾都爱这里，爱这里如天上似人间，爱这里垂手可摘星斗。李白自然不能免俗，远远望着黄鹤楼便被震撼到了，登入楼中，久远的历史和美丽的传说扑面而来。

传言曾有道士在此地辛氏酒店的墙上画了一只会跳舞的黄鹤，店家因此生意兴隆。十年后道士重游此地，用笛声招下黄鹤，乘鹤飞去，辛氏遂出资建楼。虽然传说虚无缥缈，但并不影响它的名气，历代名士崔颢、白居易、贾岛等都在此地留下诗歌、词作、楹联、碑记和文章，其中不朽古今的莫过于崔颢的《黄鹤楼》：

昔人已乘黄鹤去，此地空余黄鹤楼。

黄鹤一去不复返，白云千载空悠悠。

晴川历历汉阳树，芳草萋萋鹦鹉洲。

日暮乡关何处是？烟波江上使人愁。

李白一生恃才傲物，从未低头。但墙壁上笔走龙蛇、雄浑苍茫的字迹，令李白叹为观止，心头悸动之余，口中亦是念念有词："眼前有景道不得，崔颢题诗在上头"，说罢，提起一壶烈酒便往嘴里灌，烈酒下肚，黄鹤楼上一片寂静，李白不顾他人颜色，径直走到楼顶，眺望着江水奔腾，听着渔歌阵阵，方才平静下来。

黄鹤楼上不乏有才之人，他们心比天高，出手阔绰，李白都不看在眼里，他不恭维权贵，不谄媚富贾，所以他在这偌大的黄鹤楼只结识了一个法号行融的僧人。

李白从不信佛，他骨子里不羁的性格，怕是会打扰到佛门的清净，但佛祖慈悲为怀，普度凡世，洗涤灵魂，像李白这样倦累的行者，在悲悯的佛面前，是可怜的。所以佛不断让人去帮助他，像怀一、广浚、行融这样的僧人，都是因缘而遇，李白就算此生心中无佛，也无法逃脱佛缘。

与行融相处的时间极短，但不妨碍李白用诗篇来赞美行融，他想：梁代僧人汤惠休常和鲍照游玩，峨眉史怀　和陈子昂互为知己，这两位道行卓绝的高僧，结交的是如同凤凰、

麒麟一般的旷世才俊，而行融也是得道高僧，有英气风骨，他亦愿与我交往。想到此处，李白激动不已，提笔赋诗赠送行融。

梁有汤惠休，常从鲍照游。
峨眉史怀一，独映陈公出。
卓绝二道人，结交凤与麟。
行融亦俊发，吾知有英骨。
海若不隐珠，骊龙吐明月。
大海乘虚舟，随波任安流。
赋诗旃檀阁，纵酒鹦鹉洲。
待我适东越，相携上白楼。

夜色如水，灯火隔江对望，渔民载歌载舞，李白告别行融后，和吴指南乘大船乘流而下，沿路美景倒流如注，水势湍急，不日便登临苍梧，《上安州裴长史书》中说："南穷苍梧，东涉溟海。"便是李白来过的铁证。

苍梧山，即九嶷山，南接罗浮，北连衡岳，峻峰深涧，奇岩坦坡，山光水色，独具神姿，被誉为"海内四大名灵"之一。

李白对于这样神乎其神的地方向来是要一探究竟的。登临送目，极力眺望，莽莽群山，宛若千帆竞发，呼啸张扬，让

李白恍惚有种“万里江山朝九嶷”的震惊之感，口中喃喃有词“明月不归沉碧海，白云愁色满苍梧”。

耳边响起的歌谣那样遥远，像在天边，像在眼前，李白觉得这是道音贯耳，静静地聆听。

后人评价李白，说他诗中带有仙气，氤氲袅娜，神秘莫测，想来也与“苍梧之游”有莫大的关系吧。

离开了苍梧，李白和吴指南沿路去往有“云梦”“九江”之称的洞庭湖。

一路走来，风风雨雨，坎坷辛苦，走得越多，身心就越疲惫。人的一生何其短暂，生时如夏花般绚烂，死时如秋叶之静美，待到与整个世界离别的时候，再也不必去在乎拥有什么，因为什么都带不走了，吴指南就是这样一个悲情的人。

八百里洞庭湖，河网纵横，湖泊星罗棋布，山脉形似卧龙，美景不胜枚举，但此刻李白却再也没有心情游览，挚友吴指南来到洞庭湖，便一病不起，全身筋骨抽搐，情貌狰狞，痛苦不堪，谁也没想到疾病如山崩地裂般来势汹汹，仅一日，吴指南便与世长辞。

李白紧紧抱住好友的尸体，长号数声，声声痛心入骨，声声震耳力竭，血泪长流，染红了锦衣，令过往路人都悲伤不已，黯然落泪。

他如何能想到经历了这么多岁月的磨砺，终究还是抵不过

命运的摆布，他感到痛苦长驱直入，锥心蚀骨，要将整个人都拉扯撕裂开来。

在《上安州裴长史书》中李白这样写道：

……又昔与蜀中友人吴指南同游于楚，指南死于洞庭之上，白禫服恸哭，若丧天伦。炎月伏尸，泣尽而继之以血。行路间者，悉皆伤心。猛虎前临，坚守不动。遂权殡于湖侧，便之金陵……

我们不断地寻找，不知道哪里才是最后的归宿，也许我们每个人，从哪里来，就要尘归何处，最初的地方往往就是记忆永远停留的地方，这样想想，其实死亡也并没有那么可怕。

但是这世间最令人悲痛的莫过于生离死别，命运安排了相遇，便会策划离别，但究竟是来日方长，还是人间永别，谁也不能预测。命运的手在每个人背后推搡，人的生命如同开满枝头的花，有的仅存刹那，有的长长久久，但终要凋零，终要枯萎，谁也无法避免。

李白并不知好友会以这种决绝的方式离开，他总以为离别不过三两年，再相见的时候，美酒佳肴、觥筹交错，还能一起游山玩水，一起下棋写诗，后来才知道，原来这些都是一厢情愿。李白一生追求仙道，渴望长生，但真的长生又有何用，

亲朋好友都早早化作尘土，一个人的苟活，怕是连做梦都是孤独的吧？

该如何面对死亡，该如何应付漫长的孤独，该如何祭奠他璀璨光彩的年华，这些残酷的问题，从此一直伴随着李白，在他以后的日子里，每想起这段往事，便会痛到不能呼吸，来来去去，被折磨得形销骨立。

夜色向晚，月临洞庭。李白拖着疲惫的身体，带着好友的尸骨一路奔走，昼夜不歇，他的痛苦就算是喝最烈的酒、写最痛的诗都不足以抵消分毫，只能任由悲伤一刀一刀刻在心头，剜心泣血，痛不欲生。

直到有一夜，李白痛苦的声音引来一只吊睛白额猛虎，还未等李白多想，那猛虎狂啸一声，宛若天地震颤，令悲伤中的李白清醒了过来。李白好任侠，喜纵横，行走江湖多年，有一身本领，面对猛虎丝毫不惧，提着宝剑竟与那猛虎对峙起来，一人一虎，气势汹汹，剑拔弩张，直到天亮那猛虎败下阵来，跑回山林中，李白那一颗紧绷的心这才松了下来。

李白如梦方醒，这才恢复意识回想之前种种并为以后作打算。人死终究是尘埃落定，尽管李白永远也忘不了，他们初次见面时，傍依山水的道观，明月点亮的庭院，他们清樽对酒，他们弹琴舞剑，他们就那样谈天地变化，谈政治权术，往事历历在目，却再也无法回头了。

“到了该放下的时候了。”李白这样对自己说。

他要让自己尽快好起来，重新拾起远大的理想抱负，继续走完远游的路程，寻找合适的机会建功立业，就算不为了国家兴亡，就算只是为了自己，也要在历史洋洋洒洒的轴卷上，留下一抹印记。

他将吴指南安葬于洞庭湖边，以宝剑凿字，刻下墓名，随后又是仰天长啸，将心中的不快统统吐出来，这才重新踏上路途，顺着洞庭湖的方向往金陵赶去。

一念山水

每个人都需要一个合适的地方安放自己的灵魂，也许是一座寂寞的城；也许是一棵安静的树；也许是朱红长廊下浅浅的微笑；也许是寒风凛冽里温暖的喘息。红尘往事、千人千面，谁也没有资格耻笑别人，把自己活成想要的模样，才不枉来这红尘走了一遭。

李白深知，他的命运被打下了流浪的烙印，就算停下了脚步，也注定不会有一个温暖的家庭，所以他将情感藏在诗篇里，将灵魂放在山水间。这山水风云就是李白一生的故事，若能读懂山水的故事，就能了解李白。

离开了洞庭湖后，李白一路来到了江西庐山。

七月流火，酷暑难耐。一袭素白锦衣随风摇曳，在江南

炎夏滚烫的光照里时隐时现。此时李白背手而立，腰间悬挂的宝剑，仿佛是云海中翻涌冲出的龙身，浩然之气氤氲不去。而他此刻所踩着的这片土地，千百年来都是那样的与众不同，每一个曾登上庐山的人，都被这如仙境般的奇美景色所深深吸引。

不仅仅是李白爱慕这样秀丽的庐山，千百年来，无数文人名士慕名而来，在这个地方留下了浩如烟海的丹青墨迹。

东晋陶渊明独爱这里的山，他一生都在以庐山为背景进行诗歌创作，时至今日，“归去来兮”还在山谷之间回荡；宋代苏轼唯爱在山中哲思，他的“不识庐山真面目，只缘身在此山中”，流传广泛，万年不朽，成为探索庐山神秘诡谲的云雾深处最有辩证哲理的名句；唐代白居易偏爱这里的桃花，“人间四月芳菲尽，山寺桃花始盛开”是他对山花烂漫的疑惑和赞美；而李白狂爱飞流直下的瀑布，唯有千古不断、从天而降的瀑布才能抒发他盖世的才气，《望庐山瀑布》不负所望，是诗篇中不曾坠落的旗帜，让人时刻仰望。

素闻庐山瀑布被视为绝胜，悬天坠地，犹如双龙倚天，俯坠潭中，激起的水花霎时化为漫天云雾，在倾城日光下，仿佛有座顶天立地的香炉冉冉升起了团团紫烟，诡谲神秘，震撼人心。

李白慕名而来，一路顺着山景，悠然欣赏，无论是虫鱼鸟

兽，还是花草树木，都在李白游赏的目光里愈发生动。

此时晴天一碧，万里无云。越是登临，翻腾的紫气越是浓郁，直到李白的目光瞭望，咫尺之间不能辨物，他只好用耳朵来聆听山间美景，似有雨声萦绕耳边，由少渐多，时大时小，时聚时散，一刹那是倾盆震耳，一刹那又滴答无声。李白深知庐山奇景变化无常，天气忽晴忽雨，没想到竟如此莫测，他心中大喜，沿着声音，缓缓向上走去。

雨声越来越大，化作雷鸣之声，李白也越来越激动，他激动他就要解开心头的疑惑，他激动他就要一见飞泻千里的美景。他顾不得云雾浩瀚，弥漫山谷，脚步飞快，穿过苍林雾海，一道瀑布宛若白色绢绸般悬挂在山前。因山崖层崔嵬孤突，参差不齐，瀑布也是一波三折，泻入山涧，激起碎琼乱玉万千，有一种“初到恍然，别造一世界者”的震撼之感。

许久许久，直到李白的衣衫被水雾湿了大半，他才回过神来，听到那磅礴的声音缥缈于天地之间，顿时重增其放，豪气冲天。他抽出腰间宝剑，开始大开大合：一招神龙入海，波涛不断；一式烘云托月，寒芒飘雪；一舞清风满怀，天地无声。剑起水花激荡，剑落化为云烟，李白边舞剑边歌唱。

歌声在山间回荡，他仿佛看见了吴指南挺拔的身躯。吴指南在瀑布的尽头冲他微笑，笑容温煦，如同四月的阳光，李白想伸手去抓，吴指南却化作漫天水光，消失在眼前。原来，

情到深处，便会魂牵梦萦，不分虚实。

忧伤遍地生根，李白惜景怀人，内心一片荒凉，他舞累了，走累了，面对美景如斯，却只能独自观赏，无人相伴，也无人倾诉。

时光将一个人打磨，锋利的棱角被磨平，过往的回忆被抹除，李白就算再不心甘，也终会败给时光，千百年来，没有人能拗过它。

松色如暮，黑暗从天边席卷而来。李白的目光依旧凝望着瀑布，由晌午到日暮，他见证了庐山瀑布每一段时间的变化，他觉得夜色下的瀑布最让人痴迷，衬托在满天星光下，让人恍惚以为银河从天上泻落到人间。

李白想到此处，仿佛灵魂出窍般神游庐山，俯瞰庐山全貌：山顶紫烟缭绕，星河密布；山间白练悬挂，喷涌飞泻；山下激流奔腾，声势浩大。这般美景似是人间仙境，李白震惊之余，诗如泉涌：

西登香炉峰，南见瀑布水。

挂流三百丈，喷壑数十里。

欻如飞电来，隐若白虹起。

初惊河汉落，半洒云天里。

仰观势转雄，壮哉造化功。

海风吹不断，江月照还空。
空中乱潨射，左右洗青壁。
飞珠散轻霞，流沫沸穹石。
而我乐名山，对之心益闲。
无论漱琼液，还得洗尘颜。
且谐宿所好，永愿辞人间。

一诗作罢，李白顿生“万里一泻，末势犹壮”的纵横壮怀，奔腾的情感如同骏马绝尘，抑制不住，于是又歌道：

日照香炉生紫烟，遥看瀑布挂前川。
飞流直下三千尺，疑是银河落九天。

遂成就《望庐山瀑布二首》。

李白作诗从来都是任意挥洒，此时他写海风、穹石、飞流、银河，写得纵横无界，大开大合，转折如意，挥洒自如，一气呵成，将浪漫的风骨展现得淋漓尽致，又不失深婉含蓄，壮哉！美哉！

古往今来，写瀑布之人鳞次栉比，唯有李白的这首，夸张而又自然，新奇而又真切，写得堪称万古无双，无怪乎苏轼会说：“帝遣银河一派垂，古来唯有谪仙词”。苏轼不仅仅是

一位著名词人，同样也是一位见解独到的鉴赏者，能够得到他的称赞，李白写瀑布的诗定是已达到前无古人的境界。

庆幸唐朝的盛世辉煌，庆幸山河的万里苍茫，庆幸时光的须臾变化，终是让李白重新找到了属于自己的浪漫与夸张，仿佛一只浴火重生的凤凰，涅槃而来，冲破云霄雾霭，在天地间纵横捭阖，风云不尽。

月色撩人，夜不能寐。领略了庐山秀美后，李白将心事托付给了明月和美酒，在皎洁的月光下，李白一次次用美酒抒解内心的痛楚，洗涤自己的灵魂。他知道此生不虚此行，也知道真正的幸福时光依旧躲在乱世背后，不肯露头。

他一直为建功立业，为家族的荣耀而努力着，但人生经历不尽如人意。生命里的无奈、失望、悲伤、彷徨，都令李白痛苦不堪，仅凭一颗乐观豁达的心终究无法抵挡。所幸今夜还有美酒相伴，喝得大醉后，才能肆无忌惮地狂笑，那才是自己真正的模样。

第三章

已为异乡客，欢愉不可得

失败总是让人绝望、消沉、颓废，就像是败给冬天的虫鸟，只能躲在阴暗的角落里自我取暖。李白失败的次数实在是太多了，一次又一次的失败对于高傲的他来说，像是竹鞭笞在脊背，令他痛不欲生，他只能用烈酒来麻醉身体，用家庭的温暖来包裹内心。他想，或许只有将自己不断地放逐，才能得到灵魂上片刻的救赎。

金陵城下流芳歇

于无声处倾听凡尘落素，才会渐渐懂得生命即旅行，谁也不知道走到何处是终点，也不知道有多少时光可以滞留挥霍。我们要一直走下去，并不是因为要去的地方风光葳蕤、山水怡人，而是因为前路未知，有太多的故事等待我们去经历，太多的约定等待我们去奔赴。

都说岁月妄自蹉跎，每个人每天都在不同的故事里演着别样的人生，长久安稳的人都梦见自己天南地北地闯荡，左脚踩着北方的大雪，右脚踏过江南的烟雨。可每个俗世的浪子却都渴望归隐山林，不再接受远方的呼唤，不再追问路还有多长。

人的欲望如同饕餮，这才有了矛盾的人生。李白也是矛盾的，他矛盾在理想世界与现实世界极其复杂的关系上，他兼

具了儒家出世和道家避世的思想，他既希望用所学投身官场做事，又想离开这恼人的凡间，兜兜转转，到最后竟连自己都不知道最后的归宿，这才是他的悲哀。

一切都在相继发生着，但二十五岁的李白还不担心被命运击倒，他意气风发，风华正茂，有大把的时光可以挥霍，他沿着江东顺流直下，不过几日，便已远远望见了天门山。

天门山，分为东梁山和西梁山，两山从长江中拔地而起，宛若两扇欲开又未开的大门，令一泻千里的长江折转北去，形成了“碧水东流至此回”的奇特景象。因此，天门山成了征南讨北的必经之地，大大小小的水上战争大多发生在此地，诸如春秋时期的“吴楚长岸之战”，唐武德年间，杜伏威副将辅公祏由梁山至博望连接铁索以锁断江道，战船沉入水底，儿郎埋骨于此，他们被山风日日夜夜地吹拂，被江水岁岁年年地祭奠。

横江欲渡风波恶，一水牵愁万里长。李白独自立在船头，百感交集。他深知，过了这座巍峨的“山门”，就是歌舞升平的金陵，而背后的景色纵然再美，都将变为过去，这注定是一场悲伤的别离。

但此刻眼前是碧水青山、白帆红日，脚底下是浑阔茫远的滔滔水势，他无法生出丝毫忧伤难过的情绪，作为一个过尽千帆的游子，既然能够与这一场盛世美景欣喜相逢，那么悲

伤之事就暂且搁置吧。

李白放声高歌，他希望让歌声带走思念，让山风传递哀愁，这样自己才可以兀自洒脱，在无限宽广的天地里自由驰骋。

天门中断楚江开，碧水东流至此回。
两岸青山相对出，孤帆一片日边来。
——《望天门山》

歌声毕，小船就此驶过了天门山，不远处乃是当涂小城。

当涂虽小，但历史渊源久远。西楚霸王项羽便是自刎当涂对岸的乌江畔，留下了悲怆千古的史事。

项羽是失败的，他失去了天下，失去了爱人，甚至丢掉了性命。但他又是成功的，他用生命诀别苍生，拜别天下，赢得了千百年的称赞。英雄倒下了，他的灵魂却剥离了肉体重新站了起来，这是霸王独享的荣耀与辉煌。

李白羡慕项羽，羡慕他的豪情洒脱，羡慕他的绝世爱情，更羡慕他的功成名就。回望自己便只余失望，失望天地之大没有立身之处，失望青春当年没有施展抱负。

当千言万语都无法表达李白此刻的心情时，唯有沉默不语才是最好的表达。每个人都是风烟尘世的过客，李白一路寻芳览胜，走走停停，心中所期不过是千山万水，心中所想也

不过是国家社稷。

美酒醉人，明月醉心。在当涂逗留不过短短几日，李白便深深地爱上了这座小城，他爱这里的英雄故事，爱这里的江上冷月，更爱这里的自酿美酒。

他在琼花飞舞的时节离开了当涂，打算赶赴一场温柔的花事。他梦中的金陵，有风流倜傥的公子，有眼波流转的美人，有歌榭楼台、烟雨画船，有芭蕉庭院、长堤连绵。在吴歌起伏的夜晚里，能听到低声的呢喃；在泼茶赌书的日子里，能翻阅古老的诗篇。

李白为此寻梦而来，六朝古都的美景同样也张开了怀抱，迎接这位千古风流的诗人到来。

江南佳丽地，金陵帝王州。金陵真如梦幻一般，丹青氤氲，曲水流觞，仿佛谁在泼墨，将一幅水秀山灵的画卷，在天地间缓缓地铺开。城东状若游龙的钟山，城西势若猛虎的石头山，城北碧波粼粼的玄武湖，城南莺歌燕舞的秦淮河，以及城中的胭脂河、梅花山，果然不愧为虎踞龙盘之都，富贵温柔之乡。

这些能够在任何地方都能独当一面的风景，聚集在一起所形成的冲击力，摧枯拉朽地摧毁着世人内心的壁垒。如南唐后世里，那个妄自多情的李从嘉，沉溺在金陵城日日夜夜的绮丽之中，视社稷为儿戏而丢掉了万里江山。从另一个角度来讲，金陵之美的确有倾倒众生的魔力，李白不过是芸芸众生里渺小的尘埃，他初到此地，便不可收拾地爱上了这个地方，他想饱览金陵所有美景，但是此时还不行。这一次来金陵最重要的是在封禅大典之前，拜谒王侯名臣，为自己寻找出仕报国之路。

所谓封禅大典，是历代帝王为巩固统治，沟通天人之际，祈福风调雨顺、国泰民安的隆重盛典。自秦始皇开始，到宋真宗结束，是贯穿于原始社会和封建社会延绵相续的传统礼仪。

而唐玄宗举办的封禅大典无疑是历朝历代最为隆重盛大的。开元盛世下，四方安定、国运昌隆、极致繁华，唐玄宗于开元十三年率文武百官、皇亲国戚以及外邦使臣，往长江以北的泰山前行，并下令各州府举荐人才，前往泰山观礼，李白寻求的就是这样一个接近帝王将相的机会。

李白下了船，一路走进城中，只见酒旗飞舞荡漾，古街蜿蜒入巷，杨柳斜倚高墙，车水马龙，琳琅满目，令人目不暇接。李白心猿意马，一路走，一路做着内心痛苦的挣扎，但无论如何都要将谒见王侯的事摆在第一位。

不知不觉间，李白走到桥头，一家青瓦竹墙，造型古朴的酒店立在桥头上，门前挂着几个灯笼，每个灯笼上都写着“酒”字，大气磅礴，龙飞凤舞，颇有大家风范，李白决定就在此

处歇脚，细心甄选出几篇最为得意的作品，作为通往仕途之门的行卷。

但人生的路，并不是想走何处，就通往何处，更不会因为人的不同，而待遇不同。世间万象，众生平等，对于李白来讲，他做得了诗人，做得了侠客，他的人生辉煌璀璨，如同亘古不灭的长灯，在历史的画卷里燃烧着，但他唯独做不了政客。他的仕途是一条闭塞不开的河，是一座无法跨越的山，无论怎样游荡，无论怎样翻越，都难以成功。在这个漫长的过程中，他或许早就预料到了结果，但依旧乐此不疲地为之努力，这才是真的豁达。

封禅大典在即，金陵繁华的背后，实则是暗流涌动：大小州府四处搜罗奇珍异宝，怪石古木；自命才气凌绝的文人书生，剑客武士都精心准备了行卷以谒诸侯；达官贵人更是忙于筹备，企图将自家的儿郎送到泰山脚下，一睹圣上真容；各种茶馆酒肆流言四起，为大典增添了神秘色彩。

李白手捧行卷，奔走数日，从最开始的自信满满，到“十谒朱门九不开”的无可奈何，他终是明白了一个道理：在看似繁花似锦的盛世里，依旧有奸佞当道，这些滋长在黑暗里的蛀虫，每日每夜都在啃食富饶广阔的疆土，直到毁灭那天，帝王们才会发现整个国家腐烂败坏得只剩下一个空壳，那时候为时已晚啊。

可怜那些心怀建功立业之心的寒门子弟，在科举拜谒的路上越走越无力，所付出的努力如同石沉大海般杳无音信。

干谒无功令李白十分失望，但总算还有金陵的山水胜景弥补他内心的遗憾，李白总是这样，在失望无以复加时，他将万千心事寄托给山山水水，调一笔黑白的水墨，温一壶上好的清酒，和着几首诗词歌赋，聊以自慰。

转眼已是二月天，是琼花飞舞的季节，是官宦的千金、公子怀春踏青的季节。三千粉黛将金陵城勾勒成山水画，兰花木桨蜿蜒进了小巷，这座温情如水的城市，和李白结下了说不尽的缘分。

几个月下来，李白流连于风花雪月，美景名胜，夜晚就寄身在烟花深处，饮酒纵情，写诗作赋。他一掷千金的豪情成了大街小巷饭后的谈资，他的诗词文章更是在秦淮河上到处传唱，红尘之中的歌伎都以能多诵读李白之诗为荣，她们早已看透了世间情爱，却难以抵挡李白的倾世才华。

金陵的确是一个浪漫旖旎的地方，每个来到这里的人都渴望遇见一个如出水芙蓉般风姿卓越的女子，共赴一场刻骨铭心的爱恋。千百年，红尘之人皆不能免俗，血气方刚的李白也终于不再躲避对情爱的向往，他承认，这段风平浪静的时光里，他是如此快活逍遥，感慨万千，遂写了《长干行》(其一)：

妾发初覆额，折花门前剧。郎骑竹马来，绕床弄青梅。
同居长干里，两小无嫌猜。十四为君妇，羞颜未尝开。
低头向暗壁，千唤不一回。十五始展眉，愿同尘与灰。
常存抱柱信，岂上望夫台。十六君远行，瞿塘滟滪堆。
五月不可触，猿声天上哀。门前迟行迹，一一生绿苔。
苔深不能扫，落叶秋风早。八月蝴蝶黄，双飞西园草。
感此伤妾心，坐愁红颜老。早晚下三巴，预将书报家。
相迎不道远，直至长风沙。

李白的叙事诗总是以商妇自居，古代的商妇多孤独悲哀，她们的爱情坚贞而持久，专一又深沉，她们对丈夫的思念如同春蚕吐丝，凄切幽怨，缠绵感人，令李白有了思念挚爱的心痛。

李白想，这世间情爱种种，总是令人割舍不下，爱到了深处，便是甜腻，也是一生的束缚。他向往自由散漫的生活，如果爱上一个人，便再也不能四海为家，任性漂泊。他因此感到惆怅，这应该是李白的青春里留下的最美好的伤痛。

他深夜打马，独自骑往凤凰山方向，马蹄声“嗒嗒”，溅落了一地杨花，他登上了高耸入云的凤凰台，想起《江南通志》里凤凰台的传说：“宋元嘉十六年，有三鸟翔集山间，文彩五色，状如孔雀，音声谐和，众鸟群附，时人谓之凤凰。起台于山，谓之凤凰山，里曰凤凰里。”

这座与黄鹤楼齐名的楼台，尽管再也无法看见乘兴而游、尽兴而返的凤凰，但依旧是饱览“大江前绕，鹭洲中分”的绝佳胜境。李白极目远眺，心旷神怡，不由得想起登临黄鹤楼时所见崔颢的诗篇，心中感慨万千。想他年轻有为，驰志千里，敢与天争斗，偏偏在那样诗情画意的地方输了底气，因而他感到屈辱和不甘，他心怀豪气，定是要“一拳拳倒黄鹤楼，一踢踢翻鹦鹉洲”，与崔颢一比高低，才肯善罢甘休。

此刻李白感受着凤凰台上扑面而来的历史气息，仿佛能清晰地看到吴越争霸的那天，暮色四合，残阳如血，战鼓嘶鸣，旌旗猎猎。狼烟里，将军手提滴血的刀剑，火焰烧红了冰凉的长戟。平沙茫茫无边，白骨湮没江河，长歌哀号，哭声震野，这是何等悲壮的场面？

李白感受着历史的沉重，胸口沉闷不已，他庆幸自己生活在千古不遇的盛世里，又同情那些金戈铁马的岁月里万民的哀苦。

轮回的传说里，总是有瞬息万变的东西，就算是这浴火重生的凤凰都有仙去的一天，更不要说烜赫一时的富贵荣华。无论多么繁华的时代在历史的长河里不过是沧海一粟，不会留下太多的痕迹。这些李白都懂，但懂又有什么用？

李白望着浩浩荡荡的江水，诗从心生，作了这一首“与崔

颢黄鹤楼相似，格律气势，未易甲乙”的《登金陵凤凰台》：

凤凰台上凤凰游，凤去台空江自流。
吴宫花草埋幽径，晋代衣冠成古丘。
三山半落青天外，二水中分白鹭洲。
总为浮云能蔽日，长安不见使人愁。

李白的诗歌从来不会辜负任何人的期待，他在这首诗中所表现出的雄浑壮阔，让人恍然有种统筹四海于一瞬之间的错觉。先以山河为线索，随景铺情，天然成韵。忧谗畏讥的“浮云”惆怅和不见“长安”的无奈凄凉，都被巧妙地勾连在一起，不愧“古今题咏，惟谪仙为绝唱”的赞誉。

这个诗意纵横的青年，从开始写诗作赋，到名扬千古，也不过用了须臾的岁月，他的故事没有多传奇，也没有多悲惨，他也是这天地间渺小的蜉蝣，但是我们却可以循着他的诗句，走进他的内心世界，在悠然的景致中，触摸他最柔软也最坚定的信念。

这一夜，没有酒，也没有月光，只有一颗寂寥的心，承受着繁华深处的孤独，无处安放，也无法躲藏。

别意离愁谁短长

生命须臾一瞬犹如林间红花，总是匆匆而来，匆匆而去，只留下一抹的惊艳，令诗人泼墨，词人伤感。

暮春时节，花事终了，繁华落幕的刹那，原来已经走了很远。蓦然回首，从前的日子，隐没山林，煮酒泡茶，平淡而充实。如今走得太匆忙，和一群酒肉之交，声色犬马，流连风月，却再也找不到快乐的感觉。

人总会成长，有的人本心不变，有的人相差甚远。李白却总是在孤独里成长，如同这场金陵旧梦，曾多少次带走了恢弘壮阔，又多少次建起了亭台楼阁。时光的本身就是轮回，这个世界该失去的都会失去，该重来的都会重来。谁曾见证过万物兴盛，谁又陪它败落衰亡？谁曾听说过碧落黄泉，谁

又同它九九归一？

文人总是悲观的，也总是矛盾的，他们希望事物长盛不衰，他们同样希望事物毁于一旦，他们都曾站在历史的遗迹里，写下人生的大起大落，写下生命的波澜壮阔。这些时候，他们大多叹息不已，黯然神伤。李白就是这样一个文人，他浪漫成性，豁达豪迈，却也不会失去文人的伤春悲秋。

如同这样一个夜晚，微风吹起了落叶，江面泛起了浪头，六朝古都的明月总是很美，照着古墙古街，也照着李白孤独的心。李白一路欣赏着金陵美妙的夜色，独自登临西城高楼，俯瞰楼下风光，城垣的影子倒映在江面上，摇摇晃晃，岸上星火点点，茫茫不见。李白想，原来白日里再如何车如流水马如龙，夜晚都静谧得如同死寂。这样的夜晚，独属于自己，也未尝不是妙事一桩，于是诗到心头，写下《金陵城西楼月下吟》：

金陵夜寂凉风发，独上高楼望吴越。
白云映水摇空城，白露垂珠滴秋月。
月下沉吟久不归，古来相接眼中稀。
解道澄江净如练，令人长忆谢玄晖。

金陵西楼，又叫作“孙楚楼”，因西晋诗人孙楚曾来此登

高吟咏而得名。这个孙楚才气卓绝，辞藻华丽，但性格霸道横行，不得人赞誉，世人评价他：“天才英博，亮拔不群”，所以仕途多舛。李白想到这里便一阵心酸，所以诗中尽是人世浑浊，愤世嫉俗的暗示。

李白于沉思默想中，很自然地怀念起他所敬慕的南齐诗人谢朓。李白一生仰慕之人寥寥可数，他们要么是经天纬地的文人，要么是仙风道骨的隐士，比如辞赋大家司马相如，帝王之师司马承祯。

而谢朓乃是南齐诗人的无冕之王，自然也备受李白崇拜。谢朓的五言诗，诗风独特，声律和谐，音调圆润，是永明诗体的鲜亮旗帜。他为人孤直，傲岸不屈，曾被南齐藩王倚重，也曾不幸被排挤到金陵，写下壮丽的诗篇，那种苦闷怀才不遇，愤怒谄媚挡道的心境，李白最能理解，所以他在诗中怀念先人，同样也感慨知音难寻。

原来，在漫长的历史长河中，总有相似的故事，总有一群人才思敏捷，胸怀大志，却都因为报国无门、仕途不顺而选择寄情山水田园，这种惊人的相似，用李白的话说，就叫作“今古一相接”，只不过他人都有过辉煌，而李白却什么也没有。

金陵之旅是令人失望的，尽管这里风光无限，但没有仕途可言的地方便不再值得停留了。李白的心像一匹驰骋的骏马，任何停留对于他来讲都是桎梏，会束缚住他天马行空的思想，

也会困住他纵横睥睨的眼光。

开元十四年（公元726年），又一个金陵的春天，青烟漠漠，杨柳依依，雨水沿着古老的屋檐滑过墙壁的苔藓，酒旗迎风飘动。转过墙角，在青石板的小巷里，清逸洒脱的诗人撞上了迎面而来打伞的姑娘，情意绵长，仿佛盛开在枝头的丁香，让人魂不守舍，让人如痴如狂。

只可惜，这般良辰美景却有说不尽的忧伤，每到离别的时候，眷恋都会弥漫开来。对于李白而言，唯有烈酒才能消减这种突如其来的疼痛。李白嗜酒，并不是没有理由的，每次临行之前他都要喝到酩酊大醉，或是月下独酌，或是结伴同饮。金陵之别自然也不会例外。

风吹柳花满店香，吴姬压酒唤客尝。

金陵子弟来相送，欲行不行各尽觞。

请君试问东流水，别意与之谁短长。

——《金陵酒肆留别》

在夜深人静的时候，李白和一帮金陵子弟相聚在轻歌曼舞的酒肆里，骀荡的春风，卷起了垂垂欲下的杨花，香气扑面，袭入店中。春酒新熟，酒家姑娘笑语盈盈，荡漾在夜色中，令人如沐春风，陶醉迷离。

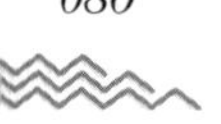

今夜就要一醉方休，就要高歌一曲，不必担心未来，不必思念过去。众人欢腾，捧杯畅饮。酒至酣处，便分不清是酒香，还是门外的花香，分不清便不再计较，这便是年轻人该有的样子。他们轻狂气盛，对任何事物都兴致盎然，所以任何一个地方都难以留住他们的脚步。人生且长，该走的路一定要走完。

但此刻面对美丽的江南风物和朋友们的盛情挽留，李白还是难以割舍。曲终人散之际，李白那颗寂寥的心从世间的喧嚣中沉寂下来，只能面对门外的滔滔江水，举着酒杯落下一句："请你们问问这东流不复的江水，离愁别绪和它相比究竟谁短谁长？"

别了，金陵！

天下没有不散的筵席，相聚离散此去彼来，其实不过是来时路上遇见，共同走过一段路程，去时道一声珍重。经年之后，或许会再见，或许已永诀，但都成了过往云烟。

烟花三月，船下广陵。李白将只属于金陵的红尘往事抛在身后，随着湍急的水势淹没在回忆里，他此行的目的地是有着"淮左名都，竹西佳处"之称的扬州。

十年一觉扬州梦，赢得风流薄幸名。扬州的美是典型的南方美，与金陵的雍容华贵不同，扬州的美风流成韵、邈若仙境，如同一位身姿丰润的水乡女子，婀娜的身段，让人心怀

荡漾。那纤细迷蒙的瘦西湖，宛如女子腰间轻扬的玉带，似是带着一份期盼与眷恋，无限地向前蔓延；那颓废凄凉的二十四桥，从远处望去，如玉带飘逸，似霓虹卧波，仿佛看见了那个吟着“二十四桥明月夜，玉人何处教吹箫”的杜牧凭栏而望，面对着一湖清水诉说着淡淡的忧愁。

李白自然也被这般美景折服，他走到扬州便掉进了它的典雅柔情中，如同一坛梅子酒摆在眼前，只闻幽香便醉得不省人事。

李白走在店肆林立的街道上，欣赏着扬州独有的亭台阁榭、雕梁画栋、怪石假山，聆听着喧嚣吵闹、风声呼啸，看着琼花落满绿瓦灰墙，这一切美得不可方物。

李白蹲下来，轻轻抚摸着光滑如玉的青石板，感受着在这上面遗落的历史痕迹，他恍然大悟隋炀帝为何独对这扬州城垂涎三尺，为见琼花飞舞，甚至不惜动用全国之力开凿运河。

这座古老的城市承载了太多的故事，积淀了太多的历史。李白似乎看见了，那座如山的龙舟在两岸垂柳依依中缓缓驶来，惊落了一树嫣然的琼花，隋炀帝和他的妃子们饱览胜景，开怀大笑的样子，似乎将运河修建的艰难都笑进了东逝的流水里。李白不得不感叹，历代帝王的玩赏都是建立在百姓的苦难之上，扬州再美，终究还是有些浮华金粉的味道，让人心生畏惧。

因为运河的存在，扬州变成了一个巨大的销金窟，巨贾外商纷沓而来，虽未改变它骨子里的古典与柔情，但其繁华之色丝毫不输给金陵。小巷长街中店肆林立、商贾如云，亭台楼阁里风流韵事，数不胜数，人们每日每夜轻歌曼舞，笙歌饮酒，沉醉其中，不能自拔。难怪南朝人会说："腰缠十万贯，骑鹤上扬州"。

李白初来扬州，报国心切，暂时还没有心情游览风景。他手持行卷，四处拜谒达官显贵，只为谋求一条出仕之路。奈何封禅大典结束不久，达官贵人们的心思又掉进了纸醉金迷之中，李白的行卷再动人，又怎能比得了金钱的诱惑呢？

李白在无数次的失败里终是疲倦了，他如同一只孤独的秋雁，在狂风暴雨中挣扎，累了竟连栖息的地方都找不到。他心灰意冷，为了排遣内心的忧郁苦闷，他几乎没有在扬州多做停留，便继续沿着江东，来到了姑苏城中。后来李白甚至戏称此次游玩为"东涉溟海"之游。

李白抛却了行卷，一心想要见一见春秋时吴越两国的心脏腹地，以此凭吊当年吴越之争的惨烈，凭吊吴王夫差和越王勾践的斗智斗勇，也凭吊一夜白头的伍子胥和闭月羞花的浣纱人。

日落乌栖，他登上了巍然耸立的姑苏台，吴宫的轮廓和宫中美人西施醉态朦胧浮现眼前，那般奢华无度的荒淫令整个

姑苏都醉生梦死。自朝至暮，又自暮达旦的过程仿佛是吴国的辉煌与兵燹，令李白心痛惋惜。只是他身为故事之外的人，悲痛再多也注定无法改变什么，只能沉重地写道：

姑苏台上乌栖时，吴王宫里醉西施。
吴歌楚舞欢未毕，青山欲衔半边日。
银箭金壶漏水多，起看秋月坠江波。
东方渐高奈乐何！

这首《乌栖曲》笔调婉转，收敛含蓄，只是因为在这样有着悲痛历史的地方，实在难以写出他大多数作品中所要表现的恣意磅礴、雄奇奔放。他本想单纯地缅怀英灵，但是却想到自己仕途不顺，大唐繁华也开始衰败，他的笔锋不由得开始尖锐冷峻起来，借着吴王的醉生梦死，来托讽唐玄宗的沉湎声色，也诘问自己的荒诞生活。

临水听风，风卷残云。李白继续乘舟东下，一路游览吴越古地，他的脚步跨过了无数的历史遗迹，仿佛每一步都能感受到那些满怀豪情、赴死疆场的号啕，也能感受到马革裹尸、血流成河的悲壮，他为此写下了著名的《苏台览古》《越中览古》这两首诗，分别从吴国和越国的角度，寄寓了他的吊古伤今之情。

时光都已走远，回望也只有唏嘘。若非如此，李白也不会在感伤时写下一篇篇震古烁今的诗词。他感叹，这盛世难留，那颓势难挡，可惜他有一身报国本事，却只能看着千古江山，慢慢化作几抹愁云青烟。

想来想去，叹来叹去，李白也无法看破这世间之象，索性便把目光从名胜转向溪旁的采莲女，她们的眼神清澈，仿佛一泓碧波，闪烁在李白眼前，她们如同出水芙蓉，天然清雅，毫无做作。一颦一笑如电流般穿过了李白的心田，一抹酡红竟然染到了他的双颊，李白有了心动的感觉。他想：这软红万丈，果然是众生无法逃掉的劫数啊。

可怜美好总是短暂的，风吹莲叶，将李白沉醉的梦吹醒，李白只觉怅然若失。那样一场梦中的缠绵花事，竟会如此清晰动人，仿佛隔着遥远的岁月，仍能看见吴越女子采莲溪边，谈笑风生，相互嬉闹。那样清新脱俗，风情无限，不由得令他想到《诗经·周南·关雎》中所写"窈窕淑女，君子好逑"，此情此景大概就是这个意思吧！李白心中酸楚，口中吟道：

若耶溪傍采莲女，笑隔荷花共人语。
日照新妆水底明，风飘香袂空中举。
岸上谁家游冶郎，三三五五映垂杨。
紫骝嘶入落花去，见此踟蹰空断肠。

谁也不曾想到，几乎不写情诗的李白，会对这种题材有如此细致的拿捏，下笔间情意绵绵，而毫无堆砌之嫌，流转自然，浪漫如风，使采莲女的形象和江南美景交相辉映，正如王夫之评论的那样："诗文至此，只存一片神光，更无行迹矣！"这足以证明他亦是情诗高手，只不过情场多愁绪，他并不想过早地深陷其中而已。

此次吴越之行，虽未令李白开怀，但总算消除了他怀才不遇、壮志难酬的愁思，在内心中重新建立起了对光明事物的热爱和向往。他决定重新回到扬州，看一看崔颢曾流连的烟波江上，杜牧曾醉倒的秦淮酒家，聆听二十四桥上的玉人吹箫，感受微风吹拂之下琼花起舞，仙姿卓越。

葳蕤的风光像一幅水墨晕开的画卷，缓缓地铺开在眼前，而李白之前却被失望蒙住了双眼，未能与这山水云烟邂逅，也未能临风把酒，仰首驻留。

夜雨寒灯催梦醒

多少流民无片瓦，江南四月雨凄凄。江南的这场雨下了有些时日，像是四月不肯离去的寒冷，苟延残喘，又昼夜不歇。雨中偕行的飞燕轻轻地飞过屋檐，远处迷蒙的炊烟又飘向了琼花纷飞的山村，山抹微云，空水漫漫，可是谁失落的一场扬州梦？

李白终于折回扬州，邂逅了这场清冷的细雨。都说一个浪漫的人无论走到哪里，都会与风光秀丽不期而遇，所以说李白就这样在不期而遇里走过了很多年，世俗的风尘洗染了他的内心，让他可以风情万种，也可以寂寥无声。

杨柳拂风，细雨纷纷。这个时候的李白也会像故事里的男女那样，撑着油纸伞走过青石板小路，干净儒雅的样子像一

个文弱的书生，但我们都知道，与他儒雅形象不同的是，李白有一颗十足的侠客之心。

他任侠的思想是自幼就形成的，他的侠义是骨子里带的，每次他从史书中读到荆轲、聂政、专诸、剧孟等豪侠的名字，都能感受到他们视死如归的气魄和撼动山河的壮举。这种慷慨悲歌深深地吸引着李白，所以他经常对别人说："儒生不及游侠人，白首下帷复何益。"他认为豪侠的人生比书生要更有意义，因此走马横剑，出没山林，轻财好施，挥金如土。尤其是在扬州这样一个巨大的销金窟中，他动辄纵酒行乐，动辄接济贫穷，花销之大甚至到了"不逾一年，散金三十馀万"的地步。

这些"败家"行为对于他来讲，或许只是为了结交天下英雄人物，抑或为了自己的功名理想，无论是什么意图都不重要，重要的是他这种扶危济困的行为非但没有让他侠名远扬，反而给他的生活造成了严重的影响。

开元十四年（公元 726 年）秋，李白大病一场，在床上昏昏沉沉了许多日子，他感觉到自己的身体如同被置在冰窖中，邪风恶寒不断摧残他的意识。他多么渴望这个时候能有个人来照顾自己，沉睡时给他煎药擦脸，醒来时陪他侃侃而谈，不幸的是那些酒肉朋友只会陪他纵酒寻乐、风花雪月，在他脆弱不堪的时候，只给他带来了绝望无依，万念俱灰。

人在生病的时候会感慨许多，会怅惘、会难过、会思念之前的种种美好，李白同样也不例外，他突然感觉自己的内心前所未有的孤独，寂寞冷清的草房没有锦绣罗帐，没有父母的殷勤呵护，更没有友人的嘘寒问暖，李白第一次感受到被人抛弃的悲凉。一夜之间，他似乎便懂了世态炎凉，原来所有的一切都不过是一场黄粱美梦，梦醒了，就如秋宴散场，人去楼空，清冷凄凉。

日子一天天地流走，病情也一天天地好转。夜色如霜，寒灯只影，李白终于可以下床，倚着木窗抬望久违的明月。这么多年过去，他早已不再是青春少年，风雨教给他坚强，红尘教给他世俗，所有的往事也都在那一场大病里被冻僵，唯独思乡如同这一轮明月一般从未变过，永远那么深沉，永远那么清晰。

此时秋风骤起，灯火摇曳，窗外的月光好像泛起了一层寒霜，连同李白的内心也蒙上了阴霾，他感慨，家在何方？是黄沙万里的碎叶，还是少年成长的青莲乡，抑或是习艺修身的大匡山。无论是哪个地方，都承载了他太多太多的回忆，只可惜道路漫长，只能在梦里回到这些地方。

李白胡思乱想，也许故乡早就将他遗忘，他却心心念念地想念着故乡。这样想来，心事就变得更加荒凉，一时间万籁俱寂，李白禁不住思念，提笔蘸上水墨，在桌案的宣纸上写

下这首传诵千古，中外皆知的《静夜思》：

床前明月光，疑是地上霜。
举头望明月，低头思故乡。

此诗由心而成，没有精工华美的辞藻，没有奇特新颖的想象，只通过照不尽离人的明月和动作神态的刻画，写出了内心因为思念所产生的错觉，所谓“大巧不工”，浑然天成，却意象万千，回味无穷，令每一个天涯游子都感同身受。

李白取出宝剑，轻轻地擦拭剑锋，摩擦剑刃时所发出的清脆声响像是广浚弹奏的曲子，令李白又想起了故乡里的亲友，尤其是那位亦师亦友的赵蕤，更是令他倍感思念。他记不得有多少年不曾见到赵蕤了，只怪光阴飞逝，功业未成，就算有心也无颜再见故友，他只能鸿雁传书，将所有的心事用这种方式说给赵蕤听。

吴会一浮云，飘如远行客。功业莫从就，岁光屡奔迫。
良图俄弃捐，衰疾乃绵剧。古琴藏虚匣，长剑挂空壁。
楚冠怀钟仪，越吟比庄舄。国门遥天外，乡路远山隔。
朝忆相如台，夜梦子云宅。旅情初结缉，秋气方寂历。
风入松下清，露出草间白。故人不可见，幽梦谁与适。

寄书西飞鸿，赠尔慰离析。

这个夜晚注定无眠，前面提笔写下的是“千古思乡第一诗”的《静夜思》，后面又接着抱病写下这首情真意切，层次井然的《淮南卧病书怀寄蜀中赵征君蕤》。作为一个天才诗人，李白终于开始崭露锋芒，逐渐走向盛唐诗坛的最顶端。

诗才斐然，出口成章，对于他人而言，的确值得自我吹嘘，但对于一心渴求建功立业的李白来讲，这些又有什么用呢？不过是他用来排遣失意，寄托思念的手段；不过是后世用来缅怀的凭证。此中悲事，只有他自己能懂，旁人若是能懂，怕是要掩面落泪，泣不成声了。

是时候离开了。这个千年繁华的扬州城，注定是他的伤心之地，是他命中注定的恩怨纠缠。他想多年之后，或许还会旧地重游，但却再也找不到此时的感受，索性斟杯清酒，盛满离人的眼泪，以后只要想到此处，便取一杯饮下，这样也算是不辜负美景，也算是对岁月有个交代。

大病初愈的李白迫不及待地沿汉水北上云梦大泽，只为圆梦少年时读司马相如《子虚赋》，所留下的种种幻想。那个七大泽中最小的云梦，在李白的思想中就如蜃景一般，神秘莫测，虚幻缥缈。如今身临其境，望见方圆百里的山峦盘旋迂回，宛若巨龙匍匐，龙脊峭拔、龙首入云，致使日月无光、星

辰隐没，山下连着江河川流，纵横交错，形成浩瀚之势，令李白为之动容。

李白的一生都在追随司马相如的脚步，他去司马相如去过的所有地方，模仿他的《子虚赋》写下号称“第一行卷”的《大鹏赋》，但偏偏无法学会司马相如的虚静待君，以赋上位的手段。李白注定是一个孤高自傲的人，他不会谄媚奉承，更不会卑躬屈膝，而在他的身前有多少名门贵旺，有多少贪官污吏，都在虎视眈眈地等待机会，就仅凭他的一腔热血，必定不会轻易地成功。

也许是上天眷顾，又或许是命运垂怜，他身边有一个称作“孟少府”的好友，为他指出了一条明路——言安州都督马公甚喜李白的诗文才情，去安州必将大放异彩。

事实也正如孟少府所言，李白不仅在安州得到了赏识，还收获了伉俪爱情。

愿到白头老有依

这纷乱不休的红尘，一面是凝聚不散的时光，一面是未知的彷徨，而李白就站在红尘风雨飘摇的渡口安静地眺望，眼前是时光褪尽了薄凉，回眸又陷入尘世的迷瘴。然而总有一个人恰如其分地出现，摇一尾南塘的竹船，拨开迷蒙的雾霭，缓缓向这位气宇轩昂的诗仙撑桨划水而来。

这个人正是许氏，她娴静聪颖，蕙质兰心，面容姣好，虽不及倾国倾城之色，但也算眉弯似月，柳腰樱唇，并且通晓音律，善工诗词。她的祖父曾是当朝重臣，博涉艺文，兼修国史，后年老辞官，举家隐退安陆。其父乃是安陆员外郎，仕途畅达，家境殷实，如此门楣自然要有一个才貌双全的男子才能配得上。

恰恰李白这时乘船而来，抵达了安陆。所谓“金风玉露一相逢，便胜却人间无数”这样的佳话或许真的是在巧合之下促就的。

李白此时并不知有上好的姻缘在等着自己，他初来安陆，感受着门庭若市、车水马龙的繁华，当得知好友元丹丘隐居此处，顾不得欣赏风景，一下船便径直去往元丹丘的隐居之所。

两个人一见面便开始月下酌酒，花前吟诗，诉说未见的时日里所有的辛酸欢喜。

比起知己相逢更令李白欣喜的是，元丹丘也正有意拜会安陆都督马公，而且两人早有交情。正是这种微妙的关系，令李白可以在马公面前表现自己，为自己出仕做足准备。

不日，恰逢马公置酒摆宴，遍邀名士，李白和元丹丘一同受邀参宴。酒宴之上，李白把酒临风，出口成章，三步一句，五步一诗，令在座大为赞赏，马公更是赞曰“诸人之文，犹如山无烟霞、春无草树，李白之文，清雄奔放，光明洞彻，句句动人。”

这一番赞赏令李白在安陆声名鹊起，常常有名门贵族前来讨教诗作，不时共邀饮酒作乐，通宵达旦。李白在这段时间里，终于体味到了万众瞩目的美妙，也逐渐恢复了往日的神采奕奕，风度翩翩。

这些名门贵族中便有许氏的父亲，许父也是有风骨之人，

他自是相中李白的才情，几次托人到李白住处讨诗，带回去的都是神情飘逸、风骨傲然的佳作。许父便亲自去会见李白，只见李白举止洒脱，相貌俊朗，才华横溢，绝不是那些文思粗陋的庸人所能比拟，许父内心大喜过望，便下决心要招李白为其东床快婿。

新婚时，明月照进了西厢，琴声流转了萧墙。所有美好的事物都有了芬芳，羞涩的两个人儿入了洞房。

我想古时候的爱情都是从揭开红盖头的那一刻开始的吧？那深情的第一眼，在迷离的烛光下似乎显得神秘而令人向往。李白感到自己这颗风流多情的心像是被上了镶金的铜锁，这一世的欢喜和落寞，终究有人愿意与他共赏。他含情脉脉地看着眼前的少女，凤簪斜入，将一头如瀑的乌发高高挽起，玉容之上因为羞赧而泛起了杏花红，仿佛今夜江南的美景只是她莞尔一笑的点缀。

“这么美的姑娘，该是我三生的积善吧？”李白这样想。

而许氏的眼中，柔情似水，秋波荡漾，她将那一心的忐忑和紧张都画进了眸子里，她看到眼前年轻的李白，丰神俊秀，金黄的纶巾将一头黑发扎起，那一双眸子流光飞舞，绣金长袍将他修长的身体遮掩。许氏只感觉自己无所适从，只得说一句，“坐下来吧”，然后迅速避开对方灼热的目光，或许二人都知道这一刻千言万语都不敌相视一笑。爱的滋味，就连

亭台楼阁，红烛明月似乎都变得暧昧了起来。

他喜欢这样的女子，善解人意，知书达礼，每个良夜春宵都温柔似水，无法抗拒。她也爱这样的男子，爱他的洒脱，爱他的豪爽，更爱他眼中盛满宠溺。这一切都是上苍最好的安排，那面古铜镜中姣好的容颜，便是今后每天最美的风景。月明花黯，那一帘幽梦，白衣白马，他是她胜利归来的英雄，她是他温柔乡里的姑娘。

尽管这段感情的开始是以李白入赘作为代价，甚至后世有人菲薄李白入赘只是为了政治的考虑，但这都不影响两人恩爱相处。自此之后的十年，被李白称之为“酒隐安陆，蹉跎十年”，并不是指李白生活不如意，正好相反，李白在这十年里，感受着许氏的知书达礼，才德兼备，更享受着这份来之不易的感情。他们一起读书写诗，会友摆宴，每一次浅吟低唱，每一次嬉闹欢愉都令李白沉醉其中，无法抗拒。

史书中为李白树立了一个不尽儿女情长的狂徒浪子形象，或许只有李白和他的挚友们才知道，他的爱是有多厚重，他不乏为爱妻留下一些诗歌，用来记述他们甜腻的婚后生活。

你们看呐，离别不过几日便让李白有种“如隔三秋”的难熬之感，趁着醉意便挥毫写出了一首《春思》，以思妇心理来表达内心的思念。

燕草如碧丝，秦桑低绿枝。

当君怀归日，是妾断肠时。

春风不相识，何事入罗帏。

相隔遥远的燕地小草像碧丝般青绿，秦地的桑树也已繁茂叶青，而妇人却只能望着远方，期待行役屯戍的丈夫早日归来，她多么想念平素里的恩恩爱爱，多么想念他拨弄着她的头发，对着铜镜里的自己甜言蜜语，日子越久，这种思念越深沉，像是要断肠一般疼痛。春风啊，为何每次都要撩拨别人的心事，为何每次都吹进罗帐刺激别人的愁思？

旧时俗话说："见多情易厌，见少情易变。"这首诗中的女主人公的可贵之处在于阔别而情愈深，迹疏而心不移，既表达了思念之情，又不乏忠贞之笔。这种离别之苦，或许对于新婚宴尔的李白来讲，必将用一个个不眠的夜晚来思念，方才可以消除，由此也足以看出李白内心的孤独和爱意。

李白还曾写过一首《赠内》，顾名思义便是写给妻子的诗，在他为数不多的情感诗里，这首显得尤为突出。

三百六十日，日日醉如泥。

虽为李白妇，何异太常妻。

李白在诗中以调侃之笔，活用东汉太常卿周泽一年“三百五十九日斋，一日不斋醉如泥”的典故自嘲，又有戏谑安慰妻子之意，幽默风趣，我们不难看出夫妇感情的笃厚。

两个人这样相处了大概一年，李白那颗骚动不安的心又开始活跃了起来，无奈他只好在碧山桃花岩上搭建一间竹屋，以便闲暇时与各方友人谈论道法，体味一个隐士的清幽生活。

在桃花岩上，李白的快乐是不受约束的，他可以仰天长啸，可以对水低吟，可以舞剑赏月，甚至可以饮酒唱和，花前狂歌。这是一个隐者的日常，但自然会有山野樵夫这等“俗人”对此不解，忍不住好奇地询问李白：“为什么你锦衣玉食，本可以过闲适日子，却要在这蛮荒处锄草耕地，过农家生活？”

李白并不能责怪世俗的无知，更不能抱怨知己的难寻，他的确是个隐者，却不为了遁世逃避，而是要等待时机的到来，像姜太公那样做一番“济苍生”“安社稷”的大事件，所以面对山野樵夫的质问，他也只能客气地微笑回应，不做任何解释。

李白望着远处群山环绕，曲水回萦，万壑渡来的风声不绝于耳，此时既感慨世人皆醉我独醒，又思虑迷离变化的诸事，不由叹息道：

问余何意栖碧山，笑而不答心自闲。

桃花流水窅然去，别有天地非人间。

——《山中问答》

转眼已是初秋，桃花枯萎纷落，溪水干涸断流，就连李白的心都随着秋天颓废了下来。一壶上好的酒，只有经过岁月的积淀才馥郁诱人，只是李白却再也没有耐心等下去了。

他一心想要做一个出仕者，漫步在云端之上，享受众人的膜拜，取得世间大多数人都无法取得的丰功伟业，却不料这本就是一个吞噬万物的深渊，越是自负的人陷得就越深，仿佛有人在背后用双手推搡着、催促着他。

李孟之交淡如水

“君子之交淡若水，小人之交甘若醴”，这是《庄子·山木》中所提到的交往之道，这种交往方式超越了时间和空间的限制，互相不苛求、不强迫、不嫉妒、不黏人，所以在常人看来就像水一样清淡。

李白与孟浩然的友情大概诠释了这种深意，他们同样天生大才，同样不拘一格；也同样政治仕途失意，如此相似的人生境遇令二人产生了惺惺相惜的真挚友谊，同时两个人也为彼此的文采斐然所折服，成就了一段千古传唱的旷世友情。

李白这一年二十六岁，年轻是他最大的资本，他还可以像骏马一样无所顾虑地驰骋。而孟浩然已经三十八岁，诗名远扬，但进仕无门，早早失意归隐，以饮酒作诗为乐。

他们两个人的相遇或许是月光与美酒，又或许是长剑与诗

篇，看似毫无关联，凑在一起却浑然天成，天衣无缝。就像有人说“有缘千里来相会，无缘对面不相逢”，这世间因果联系，人生情缘，都有注定，万物都逃不过命运的摆布，李白也不能例外。

在安陆生活的第二年，李白终于按捺不住性子，远走江夏。他这一生，从不畏万物沧桑，不争朝夕冷暖，不惧人生悲喜。他的心是有翅膀的飞鸟，哪怕前路迷途，哪怕寒风冷雨，他依然要选择远方，选择背上行囊驰骋翱翔。

江夏鹿门山，因孟浩然的隐居而闻名遐迩，人们称“鹿门高士傲帝王”，足以看出孟浩然在当时的影响力。李白走在山路上，感受着鹿门山的清幽宁静，心情难得如此轻松。他望着山中草木繁盛，峭壁苍翠，云遮雾绕，宛若仙境，好奇之心更加浓重，他不断地想象这位诗名显赫的山人到底会是个什么样子，是仙风道骨，还是如他一般洒脱不羁？

不是所有的初见都夹杂了忐忑不安和期冀，也不是所有的相遇都会一见如故，但李白初见孟浩然，却真的有似曾相识的感觉。在他的印象里，大概只有见到赵蕤时有过类似的感觉，赵蕤后来成了他的良师挚友，一直到许多年后仍然要通过鸿雁传书来表思念。李白相信，孟浩然一定也会是他人生中不可多得的挚友。

两人连日促膝长谈，把酒临风，更是相互交换作品，在天地间吟诵，那字里行间流露出的性情似乎要将两个人的灵魂

都纠缠到一起去。月到山头，酒过三巡，李白称赞孟浩然道：“兄长乃当代陶渊明，田园山水诗的领头羊，定可名垂千古，流芳百世。”

孟浩然也毫不吝啬赞誉之词，手扶李白之背道：“太白若有异日，定是大鹏展翅，飞跃九霄，掀起江湖风浪，俯瞰天地人间。”

美酒樽中置千斛，载妓随波任去留。二人欢言畅语，已是醉眼蒙眬，相视一笑，眼神中包含的情感似火正旺，李白便趁着酒意将心中的不快和盘托出，希望孟浩然能给自己出主意。孟浩然听后建议李白先出仕，后隐世，出仕可以借道曾经显赫的许家，直捣长安，面圣求仕，将自己的文韬武略在圣上面前展示一番，自然可以功成名就，为天下黎民奉献自己的热血和汗水。

两人一问一答，将李白多日以来的郁闷一扫而去，李白觉得孟浩然非但诗文纵横天下，就连政治见解也是独步大唐，便暗下决心，绝不负浩然之意，定要直去长安，一争辅弼。

临行之际，李白感慨万千，便赋诗《赠孟浩然》，满含热泪，扬长而去。

吾爱孟夫子，风流天下闻。

红颜弃轩冕，白首卧松云。

醉月频中圣，迷花不事君。

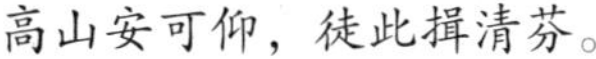

李白对孟浩然的仰慕，不似崇拜一个偶像，更像是敬慕自家兄长，这首诗全部都在推崇孟浩然风雅潇洒的品格，把孟浩然的高雅比为高山巍峨峻拔，令人仰止，尤其是“吾爱孟夫子”这句，就是二人友谊最有力的见证。经年之后，即使天涯两隔，只要想到此处，李白还是会忍不住思念起这位知交。

李白重情重义的性格，让他结交了不少好友，有纵横捭阖的赵蕤，有温润如玉的广浚，有共赏山水的吴指南，更有洒脱不羁的孟浩然，他们性格迥异，却都与李白凑在一起，成为莫逆之交。这也足够说明，李白有光芒万丈的人格魅力，让人不自觉靠近。

回到安陆后，李白又做了一件轰动安陆的大事件，他因醉酒后在街市骑马，误撞了长史李京之的车驾，李长史打算以罪责处罚李白。李白深知犯了大错，写了一篇言辞诚恳的认罪书，提名《上安州李长史书》，用了大量诚惶诚恐的句子，以表示自己认错态度的真诚。李长史虽有心怪罪，但是李白认错诚恳，便就此了了。

也正因为这件事，李白与孟浩然又巧合地遇见了。李白是为了躲避安陆百姓的闲言碎语，而孟浩然正东游维扬，途经江夏，刚好在黄鹤楼相遇。久别重逢，无尽的喜悦在两个人的心中久久不能平息。

二人登上黄鹤楼，临江把酒，开怀畅饮，直到日落枝头。李白立在大江边上，长风玉立，衣袂飞扬，眼中噙着泪水，目送孟浩然乘舟东去，直到再也看不到孟浩然的身影，惆怅不舍之情油然而生，便挥毫泼墨：

故人西辞黄鹤楼，烟花三月下扬州。
孤帆远影碧空尽，唯见长江天际流。

这首《黄鹤楼送孟浩然之广陵》之所以闻名遐迩，是因为李白以其天马行空的想象，展现出烟花春色和万里长江，画面之壮阔，意境之唯美，色彩之明快，令人深感飘逸灵动。情深而不滞，意永而不悲，辞美而不浮，韵远而不虚。

它不同于大多数的送别诗，没有少年的肝肠寸断，没有年迈的深情体贴，这或许才是两个风流潇洒的人该有的离别方式：不挽留，不造作，将心中苦悲永藏深处，只留下自由和愉快。

送别孟浩然后，李白仗剑而去，重回安陆。李白三进安陆，每一次的心情都大相径庭，从最开始的忐忑不安，到后来的世事无争，再到如今的重燃豪气和报国理想，这中间经历了漫长的岁月，但还好梦想和身边的人都在，便也没什么好恐惧畏缩的。

李白终究不会甘心做一个隐士，这一次，安陆的官员变动，让李白又看到了微渺的希望。

开元末期，唐玄宗一改原本的励精图治，专宠杨玉环，纵情享乐，荒淫奢侈，更采纳大臣张说的建议，将自己的生日，每年的农历八月初五立为“千秋节”，节日当天举办盛大的宴会和乐舞表演，与文武百官同庆同乐，耗资之巨大令万民百姓苦不堪言。

此时的安陆李长史，因谄言媚语在千秋节这个普天同庆的日子里迁升他地，继任的裴长史是一个文武兼备、爱惜才华的人，因此李白主动与他交好，多次手捧行卷拜谒裴长史请求荐举。可惜裴长史身边的人都嫉妒李白的才华，纷纷出言诽谤，正所谓“众口铄金，积毁销骨”，裴长史就渐渐地不再理睬李白了。

李白深知官场险恶，但也没想到会如此令人心寒。他遭人诽谤，怒火中烧，却也无可奈何，只能专门给裴长史写了一封信，为自己申辩雪谤，这就是著名的《上安州裴长史书》：

白闻天不言而四时行，地不语而百物生。白人焉，非天地也，安得不言而知乎？敢剖心析肝，论举身之事，便当谈笔，以明其心。而粗陈其大纲，一快愤懑，惟君侯察焉。

白本家金陵，世为右姓。遭沮渠蒙逊难，奔流咸秦，因官寓家。少长江汉，五岁诵六甲，十岁观百家。轩辕以来，颇得闻矣。常横经籍书，制作不倦，迄于今三十春矣。以为士

生则桑弧蓬矢，射乎四方，故知大丈夫必有四方之志。乃仗剑去国，辞亲远游。南穷苍梧，东涉溟海。见乡人相如大夸云之事，云楚有七泽，遂来观焉。而许相公家见招，妻以孙女，便憩于此，至移三霜焉。

曩昔东游维扬，不逾一年，散金三十馀万，有落魄公子，悉皆济之。此则是白之轻财好施也。又昔与蜀中友人吴指南同游于楚，指南死于洞庭之上，白禫服恸哭，若丧天伦。炎月伏尸，泣尽而继之以血。行路间者，悉皆伤心。猛虎前临，坚守不动。遂权殡于湖侧，便之金陵。数年来观，筋骨尚在。白雪泣持刃，躬申洗削。裹骨徒步，负之而趋。寝兴携持，无辍身手。遂丐贷营葬于鄂城之东。故乡路遥，魂魄无主，礼以迁窆，式昭明情。此则是白存交重义也。

又昔与逸人东严子隐于岷山之阳，白巢居数年，不迹城市。养奇禽千计。呼皆就掌取食，了无惊猜。广汉太守闻而异之，诣庐亲睹，因举二以有道，并不起。此白养高忘机，不屈之迹也。

又前礼部尚书苏公出为益州长史，白于路中投刺，待以布衣之礼。因谓群寮曰："此子天才英丽，下笔不休，虽风力未成，且见专车之骨。若广之以学，可以如比肩也"。四海明识，具知此谈。前此郡督马公，朝野豪彦；一见礼，许为奇才。因谓长史李京之曰："诸人之文，犹山无烟霞，春无草树。李白之文，清雄奔放，名章俊语，络绎间起，光明洞澈，句句动人”。此则故交元丹，亲接斯议。若苏、马二公愚人也，复何足尽陈？倘贤贤也，白有可尚。

夫唐虞之际，于斯为盛，有妇人焉，九人而已。是知才难不可多得。白，野人也，颇工于文，惟君侯顾之，无按剑也。伏惟君侯，贵而且贤，鹰扬虎视，齿若编贝，肤如凝脂，昭昭乎若玉山上行，朗然映人也。而高义重诺，名飞天京，四方诸侯，闻风暗许。倚剑慷慨，气干虹霓。月费千金，日宴群客。出跃骏马，入罗红颜。所在之处，宾朋成市。故时节歌曰：“宾朋何喧喧！日夜裴公门。愿得裴公之一言，不须驱马将华轩。”白不知君侯何以得此声于壤之间，岂不由重诺好贤，谦以得也？而晚节改操，栖情翰林，天才超然，度越作者。屈佐国，时惟清哉。棱威雄雄，下慑群物。

白窃慕高义，已经十年。云山间之，造谒无路。今也运会，得趋末尘，承颜接辞，八九度矣。常欲一雪心迹，崎岖未便。何图谤詈忽生，众口攒毁，将欲投杼下客，震于严威。然自明无辜，何忧悔吝！孔子曰：“畏天命，畏大人，畏圣人之言。”过此三者，鬼神不害。若使事得其实，罪当其身，则将浴兰沐芳，自屏于烹鲜之地，惟君侯死生。不然，投山窜海，转死沟壑。岂能明目张胆，托书自陈耶！昔王东海问犯夜者曰：“何所从来？”答曰：“从师受学，不觉日晚。”王曰：“吾岂可鞭挞宁越以立威名？”想君侯通人，必不尔也。

愿君侯惠以大遇，洞天心颜，终乎前恩，再辱英眄。白必

能使精诚动天，长虹贯日，直度易水，不以为寒。若赫然作威，加以大怒，不许门下，遂之长途，白既膝行于前，再拜而去，西入秦海，一观国风，永辞君侯，黄鹄举矣。何王公大人之门，不可以弹长剑乎？

诗歌讲究高度精炼，具有鲜明的节奏，和谐的音韵，富于音乐美，语句一般分行排列，注重结构形式的美。而散文多写经历，结构自由，不拘一格，表现手法可谓天马行空，灵活多变。这种迥然不同的写作风格，更使世人惊叹。

其实李白的一生写过很多散文，像干谒用的《大猎赋》《明堂赋》，像送别用的《送戴十五归衡岳序》，像游山赏水宜兴用的《赵公西侯新亭颂》，大多数都是名篇佳作，而这一篇《上安州裴长史书》无疑是他所有散文中的鳌头之作。

文章先论自己博学多闻，有鸿鹄之志；再论自己轻财好施、重情重义，绝不是那种违背道德的人。接着写自己的人生经历，从“五岁诵六甲，十岁观百家”的少年好学，到“仗剑去国，辞亲远游”的青年壮游，再到“云楚有七泽，遂来观焉”的圆梦之旅，接着又写名流俊彦对自己作品的评价，借他人之口，道出自己文章的非同寻常。然后盛赞裴长史地位高贵，英俊潇洒，才华横溢；希望裴公提携自己，同时也把要求昭雪的意思表达了清楚。

这一切的铺垫，都只不过是李白奉承讨好之笔，为了彰显

自己的个性，显露出一代诗仙的英风豪气，充分展示出其放荡不羁傲岸自负的个性特征。他在最后几句笔锋反转，不仅不再毕恭毕敬，而且表现出了他不卑不亢的狂人本色。言下之意明显就是，我有一身本事，如果你裴公仍然在我面前耀武扬威的话，那我也不必在此逗留，到时候你后悔都来不及！

如果这篇文章当时被同样傲岸的诗人龚自珍看到，那他一定会将李白奉为上宾，别说是举荐，就是倾尽钱财也要令李白一飞冲天，但是这种人历史上能有多少？

官僚们尽管赞誉李白的才情，但都反感他的狂态，裴长史自然也不例外。至此，李白在安陆“历抵卿相”的行动宣告失败。

失败总是让人绝望、消沉、颓废。他像是败给冬天的虫鸟，只能躲在阴暗的角落里自我取暖。李白失败的次数实在是太多了，多到自己都不愿去细数，一次又一次的失败对于高傲的李白来说，像是竹鞭笞在脊背，令他痛不欲生，他只能用烈酒来麻醉身体，用家庭的温暖来包裹内心，他想，或许只有将自己不断地放逐，才能得到灵魂上片刻的救赎。

这一消沉，就是整整十年。十年是岁月的鸿沟，是生命的界限，十年的时间能轻易地将一个人改变。譬如对苏轼而言，十年就是生死两茫茫，不想去思念，但终是无法释怀；对纳兰而言，十年就是踪迹了无痕，一旦失去，便只能是拾得一只翠翘有恨不能言；对李白而言，十年就是日日醉如泥，一

旦蹉跎，便没有风风雨雨，只有柴米油盐。

孟少府当年举荐李白来安陆求功名，怎会想到一个志存高远的人会变得如此意志消沉，他为李白虚掷青春、浪费才华感到惋惜，便痛心疾首地写了一篇致北寿山的“移文”，派人送给李白。

李白接到移文，心中感动一番，但还是忍不住为自己辩解，挥毫泼墨又写了一篇名作《代寿山答孟少府移文书》。李白巧借北寿山之口，诉说了自己的远大志向和高洁情操。同时在李白的字里行间，也可看出他对孟少府谆谆劝诫的感激之情。

李白的人生理想其实并不复杂，无非是希望干一番惊天动地的大事，然后功成身退，飘然归隐。但偏偏他生活的时代注定了这种人生设计的失败，他越是不顾一切，越是头破血流。

第四章
相逢江湖，侠骨丹心

人世中摩肩接踵的相遇，并不会在心底留下任何印记。或是带走了他人的一缕温度，或是被冷漠的眼神凉透，或是被微凉的秋风吹灭，大多数人都不会在意，而诗人在这个时候都会感叹世事荒芜，感叹浮沉寡欢。他们的神经敏感而富有想象，只要一挥笔便是长篇，只要一叹息便是歌赋，飘飘荡荡，传递了几千年。

弹剑终南山

长相思，在长安。

络纬秋啼金井阑，微霜凄凄簟色寒。

孤灯不明思欲绝，卷帷望月空长叹。

美人如花隔云端。

上有青冥之高天，下有渌水之波澜。

天长路远魂飞苦，梦魂不到关山难。

长相思，摧心肝。

——李白《长相思》（其一）

生命是一场又一场的相遇和别离，是一次又一次的遗忘和开始。可总有些事，一旦发生，便会留下痕迹；总有个人，

一旦来过，便念念不忘。

这世间最伟大的作者都无法写尽儿女情长，最伟大的演说家也无法说完地老天荒，所以我们不必苛求生活变成理想，也不必奢望努力就一定会成功，我们多数人都是任人摆布的棋子，落子后是输是赢，都没有任何区别。

开元十八年（公元730年）初夏，又是一个万物生长的季节，晚唐名将高骈也曾怀揣着一壶寂寥的愁绪，在江南的草长莺飞里，挥墨写下“水晶帘动微风起，满架蔷薇一院香”的名句。

然而三十岁的李白却再也没有心思欣赏江南的一草一木，他的心早已飘向了京师长安，那个“帝王为尊，百僚拱侍”的帝都是他一辈子的向往，是他未曾凋零的梦想，他渴望在那片巍峨的城墙中，一展经天纬地之才。

他一袭白衣，牵着白马，双目流光飞舞，腰悬三尺宝剑，从安陆出发，取道襄阳、南阳，直指长安。

长安，那是一条苍穹下威严的巨龙，默默守护着“长治久安”的土地，赤瓦青砖，朱阏碧墙，远处而来的风吹向民舍檐角，酒楼红灯笼的流苏轻柔地扬起，细细地抚过房屋边角，天边万道霞光伸向略带苍蓝色的天空并渐渐散开，屋檐与苍穹相接处，有一层紫色的薄纱飘飘如梦。

这是李白心中的长安，充满活力，充满激情，是端坐好的风华绝代，也是笔墨下不可磨灭的庄严。

李白渐渐相信，这样的地方，便是他一飞冲天的舞台，他蛰伏了三十年的理想像是决堤的洪水猛兽，开始在内心里作乱，他兴奋、激动、紧张、惶恐。

他游荡在宽敞的官道上，纵横宽阔的街衢，鳞次栉比的店铺和巍峨雄伟的宫殿，都令李白感受到它的森严，越走下去，他越是感觉呼吸凝重。这便是天子之都，浩荡皇城，李白从未像现在这样，讨厌自己布衣平民的身份。

长安从来就是一个巨大的名利场，随着盛世气象的日益宏大，也随着科举制的逐步开放，长安对天下士子的吸引力在不断增加。在李白之前，已经有很多才俊之士到过长安。其中幸运如王维、崔颢、王昌龄、储光羲、常建等，都高中进士，风光一时。而高才黜落者如孟浩然、王之涣、高适等，也都在长安这个大舞台上小试了身手。

所以，李白的到来并不会给长安带来一丝变化，这里不仅有“九天阊阖开宫殿，万国衣冠拜冕旒”的恢宏磅礴，更有“君不见，外州客，长安道，一回来，一回老”的世事斑驳，李白不过是三千红尘中的一粒尘沙，只能苦尝繁华背后的无奈伤感，有多不甘，便有多无奈。

他多想在这多如牛毛的达官显贵中找到自己的伯乐，只可惜当年在蜀中赞他“天才英特，可比相如”的许国公苏颋在开元十五年（公元 727 年）就去世了，这不仅是文坛的损失，对李白而言更是政治道路上的一大遗憾，不然初来长安，苏

颋必是李白干谒的第一人。

“命运不是风，来回吹，命运是大地，走到哪你都在命运中。”它总是巧合得天衣无缝，也总是残酷得睚眦必报。李白将此次干谒的第一人选，锁定在“燕许大手笔”剩下的那一位——燕国公张说的身上。

因为当时张说任宰相，权倾朝野，文武兼治，史称“雅重词学之士”，并热衷于提拔后进之士，如果干谒成功，李白之名必将传遍长安。

李白为此甚至不惜动用许家的关系，以布衣的身份成了张说府上的“座上宾”，他的风度、他的才华正要在这位任贤用能的宰相面前展现的时候，噩耗再度卷走了李白刚刚得到的一切，张说因为年老体弱，还未过完这年的冬天就撒手人寰。

自信能一鸣惊人的李白连表现的机会都没有，就被命运草草地下了定局。他好像一只被猎枪击中的飞鸟，从万里高空跌落在猎人眼前，从此失去了自由和与苍穹搏斗的权利，只是心高气傲的李白又怎么肯屈服呢？

后来，李白还是拜访了张说的府衙，接见李白的是张说的次子张垍。这个张垍在当时的文坛也小有名气，官居三品卫尉卿，且又是玄宗最喜爱的驸马，地位自然也非同凡响。李白抱着一丝希望，希望能得到张垍的举荐，更希望张垍在玄宗面前美言几句，那之后他的仕途必然坦荡光明，衣食无忧。

可惜张垍安排了李白寓居终南山，说是既可以修仙学道，

又可以认识玉真公主，李白虽心有疑虑，但还是听了张垍的安排，在终南山别馆住了下来。

终南山乃是全真教派的发祥地，在道者眼中是“天下第一福地”，楼台道院数不胜数，又地靠长安，地理优势明显，所以大多隐者和道士都愿在终南山潜修：一是为学习中心文化，无论是道法还是佛学，人多的地方便有不同的经验见解；二是想凭借隐居之举抬高自身声望、提升身价，以此来谋求官职。相传唐朝进士卢藏隐居终南山，借此名声大噪，后来果然被唐中宗请入朝中做官。

李白和大多数隐者一样，都抱着“终南捷径”的渺茫希望，在终南山夜以继日地等候着。终南山就像是一个牢笼，里面囚困着很多人，无论是沽名钓誉，还是真正的才高八斗，只要守在这里，就相当于失去了人生最珍贵的东西。

但凡事都有例外，像玉真公主，她本是武则天的孙女、唐睿宗李旦的女儿、唐玄宗的妹妹，这注定了她的一生可以逍遥享乐，但她却放弃了这些荣华富贵，选择修道求仙，并且利用修道传道的机会，遍游全国各地名山大川。这种性格几乎和李白如出一辙，同样的热爱道学，同样的游山玩水，唯一不同的是，一个是为了人生的志趣，而另一个为的是干谒出仕。

这样看来，李白是可悲的。他看似狂妄不羁，其实是身不由己，他可以为了出仕遍游名山大川，也可以为了干谒一等数年，这种想为大唐效忠的心情，在那个时代里，只有杜甫

能懂。杜甫自从认识李白后，陆陆续续为他写过很多诗，大多表现出的是对这位异姓兄弟的怀念，和对他一生坎坷的惋惜。

李白在玉真别馆一住就是数月，终南山整日烟雨朦胧，空气压抑沉闷，李白渐渐地发现了张垍的推脱之意。这玉真别馆别说是没有玉真公主，就是虫鱼鸟兽也找不到几个，李白置身在寂寞之中，悲苦之情在心底涌动。他是狂狷的诗人，唯有烈酒和诗篇才能抒尽平生意。他在此作下《玉真公主别馆苦雨赠卫尉张卿二首》（其一）：

秋坐金张馆，繁阴昼不开。
空烟迷雨色，萧飒望中来。
翳翳昏垫苦，沉沉忧恨催。
清秋何以慰，白酒盈吾杯。
吟咏思管乐，此人已成灰。
独酌聊自勉，谁贵经纶才？
弹剑谢公子，无鱼良可哀！

李白一边大口喝酒，一边挥毫泼墨，他的内心想着管仲、乐毅这等英雄豪杰，又感叹人生苦短，抒发自己怀才不遇之感，并含沙射影地表达了对张垍这等人物的厌倦。

此时多少功名利禄都不过一场云烟，多少春花秋月都不敌倚马仗剑，大好的年华，应当及时行乐，方才不负来人间一遭。只是太多的身不由己令李白心灰意冷，空有一沓行卷却无人问津。

他只能将希望都寄托给这位传言中的玉真公主，准备了很多诗词打算献给玉真公主。直到那日在道教圣地楼观台上，他见到了仰慕已久的玉真公主。

那一天阳光格外明媚，似是要将山林溪流都切碎，李白的身后是天地苍茫，云吞雾绕。只见玉真公主如从仙境中走来一般，满面霞光，目如秋水，眉走清风，脚过云烟，飘飘然真有神仙之姿。李白惊叹，叹之前自己盲人摸象，鼠目寸光，所谓精心准备的见面礼都被抛弃在脑后。李白欣喜若狂，他执着已久的事情或许又有了新的转机，心中有感便作了一首盛赞之诗《玉真仙人词》：

玉真之仙人，时往太华峰。
清晨鸣天鼓，飙欻腾双龙。
弄电不辍手，行云本无踪。
几时入少室，王母应相逢。

浪漫的李白在这首词中将现实世界与神仙世界融合为一体，对玉真公主进行了着力的美化，编织了一幅极具美感的神仙画面。这种浪漫、夸张的手法与李白写给一般官员的自荐书不同，他没有直接陈述自己的人生经历和才能，也没有直

接夸耀对方，而是用神化的世界来烘托玉真公主的神奇能力。

或许就从这首诗开始，李白开始了他长达半生的爱慕。这种爱慕超越了男女之间的情爱，更像是一种寄托，在世人眼中，李白或许更多的是将感情寄托给山水草木，他对人的情感只局限于友情，这种错误的解读本就是对李白的不尊重。无论是对妻子的感情，还是对父母故乡的感情，都可以看出李白是多么重情重义。

只可惜，此时的玉真公主犹如众星捧月，不乏溜须拍马之辈，也不缺强颜欢笑之流。李白是高傲的，他不屑与这种人为伍，他笔直的脊梁坚挺着的正是他的斗志和尊严，所以玉真公主并没有过多关注李白。

李白叹了一口气，知道这一次又输了，残酷的现实一次又一次地将他的希望敲得粉碎，他恍然想起了曾站在金陵山头，望着森严肃穆的城墙和城墙下芸芸万象，也曾吟出“功成拂衣去，归入武陵源”这样的诗句。那个时候，他稚气未脱，尚未体味到人世沧桑和人心险恶；那个时候，他面对山水，便能愉悦很久。而今坐困终南山，只能一次又一次地临岸叹息，失意执笔，感慨无限。

苦雨思白日，浮云何由卷。稷契和天人，阴阳乃骄蹇。
秋霖剧倒井，昏雾横绝巘。欲往咫尺途，遂成山川限。
潈潈奔溜闻，浩浩惊波转。泥沙塞中途，牛马不可辨。

饥从漂母食，闲缀羽陵简。园家逢秋蔬，藜藿不满眼。
蟏蛸结思幽，蟋蟀伤褊浅。厨灶无青烟，刀机生绿藓。
投箸解鹔鹴，换酒醉北堂。丹徒布衣者，慷慨未可量。
何时黄金盘，一斛荐槟榔。功成拂衣去，摇曳沧洲傍。

李白总是给后人带来惊喜，这首著名的《玉真公主别馆苦雨赠卫尉张卿二首》(其二)，是他为数不多的失意之作，诗风沉重苦闷，字字句句都在抒发自己无尽的痛苦，李白是真的被张垍伤透了，他决定离开终南山，回长安另谋出路。

那一日夕阳西下，暮色四合，李白伫立在终南山顶，借着一缕山风传递着感情。风萧萧，雨潇潇，人生自古情难了；情阑珊，意阑珊，尽付相思与笑谈；梦悠悠，魂悠悠，从此伊人在云端，终恨此生相见难。

回到长安，李白再也没有去找过张垍，而是穷尽办法去谒见其他王侯贵胄，但始终一无所获。李白的内心是无以言表的压抑，不知为何，他的脑海里挥之不去的是那个只远远看了一眼的玉真公主。

“尘缘从来都如水，罕须泪，何尽一生情？莫多情，情伤己。”李白总是在悲情的故事里黯然落泪。清冷的夜空和落寞的星子聚集纠缠在一起，唧唧虫鸣牵动着李白的思绪。

长相思啊长相思，思念人的夜晚总是漫长，微霜浸透的竹席总让人一次次辗转，孤灯昏暗，可是思情无限，人在长安，

心却飘到了九天云端，但愿这种情绪能被风儿传递，能传到伊人枕边，与那双顾盼生辉的眼睛，交相成最美的夜景，供人在悲苦中取暖。

李白结婚也有十年，初到长安谋求仕途的时候，他的内心既惶恐不安，又常常思念爱人。直到出走长安，见到玉真公主的绝世倾城之颜，方才让内心平静，只不过这种片刻的平静换来的是更为猛烈的思念，这种思念侵人蚀骨，继而弥漫成雨，化作山洪。

如《诗经·邶风·静女》中，那个年轻的男子等着心仪的女子，没有等到，抓耳挠腮之际，摆弄着女子送他的荑草，欣喜地吟唱道："自牧归荑，洵美且异。匪女之为美，美人之贻。"在他的眼里，荑草美得出奇，但这并不是荑草真的很美，而是美人送给他的，饱含着爱意。

李白选择了用夜景来渲染相思氛围，弹琴寄意、借曲传情、流泪断肠、望眼欲穿，这正是李白别具匠心的手法。伊人在远处时，他并未觉得相思苦短，而今所有一切都化作了梦，孤苦和思念反而来势汹汹，令人猝不及防。

人生亦有命

有人说过，想要一次没有负担的流浪，只为看一场姹紫嫣红，只为一朵春日的海棠。后来发现，人生不能只因欢愉而虚度大好的年华，要为了梦想勇往直前地奔跑，要为了爱情死心塌地地追随。人生在世，原该如此，心中有牵挂，手头有事情，脚下有土地，好像才对得起这段人生。

李白在长安待到暮秋，启程去邠州。坐在马背上，看苍茫的天地，候鸟南飞，草木枯萎；感叹四季更迭，岁月逝去，而自己的人生没有任何转折的惊喜。

他的灵魂还寄托在云山雾海中，他的梦想也高挂在九天寒宫里。他一生的身份太多太多，是一个手持拂尘的道者，是一个手握笔杆的诗人，是一个腰悬宝剑的侠客，是一个醉死

垆间的酒徒。他好似在演一出戏，稀里糊涂，兜兜转转，听着世人的叹息呢喃，看着人世浮沉变换，好似明白了、看穿了，其实不过是身陷桎梏罢了。

到了邠州，他得到邠州长史李粲的热情接待。李白写了一首《豳歌行上新平长史兄粲》，希望得到李粲的提携。诗里写道："寒灰寂寞凭谁暖，落叶飘扬何处归？"这两句让李白自己都觉得萧条冷落，但是在终南山、在长安的不幸经历，又不断地提醒他，让他低下了高傲的头颅，用尽一切办法讨好这位长史。然而这位长史只是欣赏他的才华，并无意帮助他实现政治抱负。

李白失望之余，只好离开邠州，继续寻找出路。那个冬天格外冷，寒烟衰草，晨风暮雪，李白心中不由得生出一种"乱山残雪夜，孤烛异乡人"的凄苦之感，一路跌跌撞撞，到达了坊州。

坊州司马王嵩对于李白的到来，可谓热情满满，不仅与李白一同登高把酒，对月赋诗，还介绍李白和阎正字相识。一日宴席上，王司马首先写了一首诗，阎正字马上奉和一首，李白自然不甘示弱，提笔便写了一首《酬坊州王司马与阎正字对雪见赠》：

游子东南来，自宛适京国。

飘然无心云，倏忽复西北。
访戴昔未偶，寻嵇此相得。
愁颜发新欢，终宴叙前识。
阎公汉庭旧，沈郁富才力。
价重铜龙楼，声高重门侧。
宁期此相遇，华馆陪游息。
积雪明远峰，寒城锁春色。
主人苍生望，假我青云翼。
风水如见资，投竿佐皇极。

这首诗虽在李白的众多作品中算不上上品，但诗的末尾：“主人苍生望，假我青云翼。风水如见资，投竿佐皇极”却大有深意，表达了李白对王司马之才德的赞美，更点明希望王司马引荐他，这样他便可尽力辅佐帝王以大济苍生。

王嵩为官多年，自然明白李白的心思，但是他并不想掺和这些事情，便开始揣着明白装糊涂，按照当时的规矩多给了李白一些盘缠，李白本该谢绝，奈何囊中羞涩，为此李白内心挣扎不堪，便写了《留别王司马嵩》：

鲁连卖谈笑，岂是顾千金。
陶朱虽相越，本有五湖心。

余亦南阳子，时为梁甫吟。
苍山容偃蹇，白日惜颓侵。
愿一佐明主，功成还旧林。
西来何所为，孤剑托知音。
鸟爱碧山远，鱼游沧海深。
呼鹰过上蔡，卖畚向嵩岑。
他日闲相访，丘中有素琴。

此诗可谓是引经据典的代表作，开篇三联接连用典，是想要告诉王司马自己心中的远大志向，后面穿插了自己想要建功立业然后归隐的情绪，间接表达了对荣华富贵的藐视，不免流露出伤感的情绪。

可以说，李白的写作风格就是他的人生写照，我们不难从他的字里行间总结出他的为人：豪迈奔放，孤傲自信，天真自然，全无矫饰。这种性格几百年来都难找到，偏偏落在一个渴求为官济世的人头上，这看起来就像是命运莫大的讽刺。

李白趁着冬雪消融，江山呈现一片大好之际，又一次回到了长安。此时的帝都，杨柳吐着鹅黄的嫩芽，琉璃瓦在阳光下一片金黄，耀眼夺目。

龙楼凤阙巍然于天地之间，致使江流绕道，山川回避；街衢大道上朱轮华毂，骏马驰骤；王侯将相依然如满天星斗高挂天边，谋仕者依然如浩渺尘埃多不胜数。历史不断地推陈出新，一个朝代湮没，一个朝代崛起，唯有长安城永恒地伫立在此，多少年都不曾变化。

李白故地重游，面对长安的一派太平盛世，心中百感交集。有谁能够知道，这烜赫的王朝如今早已乌云骤起，外邦侵扰，奸佞当道，可谓是内忧外患。百姓早已因长年累月的税收，表现出了末世的倦态，只可惜李白虽能看懂世事变化，却无法为它做什么，这是大唐的悲哀，也是李白的悲哀。

所谓屋漏偏逢连夜雨，李白四处碰壁，失望至极，回到长安整日无所事事，又恰逢上元节，上至王公贵族，下至贩夫走卒，无不欢呼雀跃，唐玄宗更不惜斥巨资搭建灯轮、灯树、灯楼等，各种花灯巧夺天工，精美绝伦，像是天上的银河洒落人间。

好一个热闹非凡的节日，但是李白却感到无处落脚，只好在冷清的客栈中，一人对灯狂饮，思绪不宁。直到酒尽人散，光沉响绝，李白才踉踉跄跄地向朱雀门方向走去。这一地的狼藉荒凉，是烟花灿烂之后的废墟，是灯火辉煌之后的残骸，同样也是李白内心重整旗鼓又销声匿迹的悲怆。

从此他躲避在川流不息的人群中，褪去了青衣发簪，藏起了延陵宝剑，混迹在斗鸡走马之中，感受着不一样的长安风俗。

不料有一日，李白与斗鸡徒发生了冲突，这些斗鸡徒多是些市井无赖，欺软怕硬，见李白独身一人，又是外乡来客，自然不惧，当即便伙同五陵豪士，组织成一伙玩命之徒，对李白大打出手。

李白也曾过着刀光剑影的生活，也曾行走在江湖的风浪之间，自然不会畏惧这等鼠辈宵小的威胁恐吓。他当即便捡起一条树枝，一跃而起，刺、斩、劈、挑，连贯而出，若蟒蛇吐信，若龙游太虚，一招一式都是凶狠凌厉，不留余地。只一盏茶的工夫便放倒几人，但奈何对方人多势众，又大多是羽林军，多少有些看家本事，李白很快就落入了下风。

就在这时，一个叫陆调的年轻人，仗义援手，骑着马冲开了人群，将围困的李白拉到马上飞驰而去。二人的相识极具戏剧性，此后也结下了深厚的友谊。

后来陆调任江阳县邑的县宰，李白写了首《叙旧赠江阳宰陆调》为他送行，他写道“好鸟集珍木，高才列华堂。时从府中归，丝管俨成行”，大肆赞美陆调为人仗义好施，为官清廉，深受百姓爱戴。又写：“我昔斗鸡徒，连延五陵豪。邀遮相组织，呵嚇来煎熬。君开万丛人，鞍马皆辟易。告急清宪台，脱余北门厄”，回忆这段陈年往事，谨记陆调的救命恩情。

送走了陆调，李白又开始独自一人临风对月，把酒舞剑，他时常昂首傲然，望着长安城内鎏金的屋顶，巍峨的宫墙，惆

怅不已。

在抵到长安之前，李白尽管屡次干谒无果，但心中的期望未曾有丝毫减弱，他一直相信朝廷广开门路，一定会给有才之士一条出路，他也一直相信，长安城就是任由大鹏展翅的万里高空，是鱼群的深邃海洋。但真的抵达时，他抬首觐向看到的却是满世界的陌生与荒凉，这一切都令李白失望至极。

李白本是个积极入世的人，才高志大，很想像管仲、张良、诸葛亮等杰出人物一样干一番大事业。但是他此时是气愤的，他亲眼见证着像张垍、贾昌之流在这个巨大的名利场中，不休不止地算计阴谋，纷争人事，而像自己这等才俊之士却寸步难行，此间心路历程，让李白备尝艰辛。

李白沉寂了许久，内心却好像有一道闷雷滚滚而来，他想起生于乱世的鲍照曾拟写《行路难》，以抒发世路艰难激发起的愤慨不平之情，可盛世之下为什么还有人要遭遇人间的不平，感受社会政治的黑暗，体味残酷无情的统治？

李白不仅心痛，更有无限的愤懑郁积到了爆发的程度，此时若不尽情宣泄，不放声咆哮，已不足以倾吐满怀的愁苦，李白想也不想便仰天咆哮起来。一首《行路难》（其二）一气呵成。

大道如青天，我独不得出。

羞逐长安社中儿，赤鸡白狗赌梨栗。
弹剑作歌奏苦声，曳裾王门不称情。
淮阴市井笑韩信，汉朝公卿忌贾生。
君不见昔时燕家重郭隗，拥篲折节无嫌猜。
剧辛乐毅感恩分，输肝剖胆效英才。
昭王白骨萦蔓草，谁人更扫黄金台？
行路难，归去来。

行路难！行路难！行路难！

为什么大道宽广如青天，唯独没有我的出路？

为什么权贵横行霸道，我却要卑躬屈膝？

为什么当世再也没有燕昭王礼贤下士，毫不嫌疑猜忌？

为什么！为什么！为什么！

李白将心中积郁的不甘、愤懑、屈辱化作了这一声声仰天长啸，竟震碎了千古时空，令后世闻之依旧振聋发聩。

诗人的不幸，就是诗坛的大幸！像杜甫、白居易、陶渊明，哪个人没有经历过痛苦的人生？哪个不是文坛巅峰触手摘星之人？他们的诗篇中流露出的不是忧伤，不是愤慨，而是不能报效国家的失落，是不展鸿鹄之志的悲壮。

人生在世，注定了要经受挫折委屈，所谓“天将降大任于斯人也，必先苦其心志，劳其筋骨，饿其体肤，空乏其身，行拂乱其所为，所以动心忍性，曾益其所不能”。他们生命中所遇见的不堪，都是升华人格，提高价值所必需的。

但是李白此时是无法理解的，毕竟长安城中的尔虞我诈和是是非非的确令李白措手不及，那建功立业的宏伟壮志究竟能否实现，没有人能够回答他。

他的人生仿佛注定了要残缺，上天总是给他渺茫的希望，如同行走在沙漠中看到的海市蜃楼，梦幻一场，到头来还是要接受现实的鞭笞，会痛心，会失落，甚至失去信仰。

只是由衷地希望故事之外的风景可以抚平李白内心的伤痕，希望踏遍山河的热忱可以抵消世间的风起云涌，希望那个狂妄不羁，洒脱俊逸的李白能够走出困境，披荆斩棘，乘风破浪！

愁为万里别

年华似水，总是匆匆。有些人奔走天涯海角，不是为了寻找秀丽风景，不是为了聆听峥嵘故事，而是为了遗忘过往，为了放逐灵魂。

李白离开长安的那一天，终于释怀了对长安的偏见。人一旦要离开，就会原谅眼前的所有，或是为了祈求一帆风顺，或是为了遗忘得更快一些。缘由看起来并没有那么重要，重要的是又要去流浪了，带着满身的伤痕，经历风沙的席卷，去一个未知又充满新奇的地方，这是疗伤最好的方法。

走出长安后，李白不敢回头去看，他害怕转身之后，又一次沦陷在长安的诱惑之下，直到他拖着沉重的脚步，穿云渡海走了很长时间后才敢回头去看。尽管这个时候再也看不到繁华的闹市，看不到古朴的城墙，甚至看不到仕途的希望，但他都要看一眼，毕竟那是一段故事的终结，同样也意味着重新开始。

离不重，不生红尘；别不浓，不惹伤心。后人姚合写："李白蜀道难，羞为无成归。"想必这是对李白这段时间里最完整的诠释。李白还清晰地记得出蜀之前曾在心里问自己："何日可归？"他给自己定下的目标是"使寰宇大定，海县清一，事君之道成，荣亲之义华，方可归！"这种功成身退的理想在当时看来是如此丰满，而如今败走长安，仕途未达，惨烈的样子像霸王血溅乌江，空留一声长叹"无颜见江东父老"，又像个做错事的孩子，委屈无奈，只好兜兜转转，到各地游荡。

离长安越远，心中的不快就越淡。这些日子游山玩水，仿佛又回到了蜀中岁月，那时候他没有任何顾虑，尽兴时与三两个友人煮茶把酒、临风对赋、对月吟诗，何等的意气风发；疲惫时便躲避到深山老林去，与德高望重的尊者谈经论道，布局天下，何等的逍遥自在。

想到这里，李白那颗不甘屈辱的心又开始躁动不安起来，原来自己曾那样志趣高远，无论是结伴隐居、携侣同游，还是觥筹交错，灯红酒绿，都洋溢着属于自己的青春热血，如今梦断长安，身受桎梏，该如何重整旗鼓，从头再来？

他需要思考！那双星光闪耀的眸子里，仿佛有一条不可逾越的蜀道天险，它的峥嵘，它的突兀，甚至它的威严都像是闭塞不开的仕途，曲曲弯弯，百步九折，竟比登天还难。

但他终究是热血男儿，豪迈与激情此时此刻在心底狂涌翻腾，他就直直地站在高楼上，从清晨到日落，用同一个姿态眺望西方，那个方向是他来时的路，他感慨不知不觉竟然走了这么远，他惊讶于蜀道天险，却不知何时竟也到达过顶峰。他恍然大悟，原来这个世上没有任何事能够难住一颗坚如磐石的心。

这种高昂的情绪在李白的心中瞬间化作了无数鲜活清晰的诗句，仿佛一支无形的笔在布卷上洋洋洒洒，挥毫泼墨，一首独步诗坛的《蜀道难》跃然出世了。

噫吁嚱，危乎高哉！蜀道之难，难于上青天！

蚕丛及鱼凫，开国何茫然。尔来四万八千岁，不与秦塞通人烟。西当太白有鸟道，可以横绝峨眉巅。地崩山摧壮士死，然后天梯石栈相钩连。

上有六龙回日之高标，下有冲波逆折之回川。黄鹤之飞尚不得过，猿猱欲度愁攀援。青泥何盘盘，百步九折萦岩峦。扪参历井仰胁息，以手抚膺坐长叹。

问君西游何时还？畏途巉岩不可攀。但见悲鸟号古木，雄

飞雌从绕林间。又闻子规啼夜月，愁空山。蜀道之难，难于上青天，使人听此凋朱颜！

连峰去天不盈尺，枯松倒挂倚绝壁。飞湍瀑流争喧豗，砯崖转石万壑雷。其险也如此，嗟尔远道之人胡为乎来哉！

剑阁峥嵘而崔嵬，一夫当关，万夫莫开。所守或匪亲，化为狼与豺。

朝避猛虎，夕避长蛇。磨牙吮血，杀人如麻。锦城虽云乐，不如早还家。蜀道之难，难于上青天，侧身西望长咨嗟！

整首诗歌共二百九十四字，四十六句，既具备古诗的笔意纵横，又不失散文的错落潇洒，几乎不受语言结构的束缚，克服了七言诗在形式上过于机械、刻板和模式上过于单调、单一的缺点，使得整首诗变得更加新颖灵动，呈现出异彩纷呈和无限多样化的趋势。正是这些多样化句式合理而又充分的运用，和李白所独有的雄奇广阔的想象，使《蜀道难》这首七言乐府诗显得五色斑斓，光华四射，超前迈古，充满蓬勃生命的律动和张力，成为最能代表李白诗歌艺术风格的千古绝唱之一。

在这首诗中，我们感受到了李白释放的如汪洋般的浩然之气，尽管他在诗中一再点明蜀道凶险奇绝，也一再劝告行人回头，却丝毫不显哀婉缠绵，消沉颓废，而是一唱三叹，让人领略到蓬勃振奋的积极情怀。开篇一句“噫吁嚱，危乎高

哉！”奠定了整首诗歌的气势，仿佛平地一声惊雷，在辽阔的天地间炸裂迸发，充斥着蓬勃的生命力，以及冠绝凌霄的气概，如清代诗评家沈德潜评此诗："笔势纵横，如虬飞蠖动，起雷霆于指顾之间。"只消一瞬便将情绪推到了最高潮，令人深感诧异的同时，又吊足了胃口。

接下来，都是诗人在回顾茫茫蜀地古史，慨叹蜀地山川的险峻，以及登临蜀道的艰难，用来烘托行人在面对蜀道时的恐惧心理，为蜀道营造了一种壮美而悲凉的氛围。

可以说在李白变化莫测的笔法中，蜀道给世人展现出了它逶迤、峥嵘、高峻、崎岖的面貌，诗中既不失司马相如辞赋的汪洋恣肆、浪漫雄浑，也能感受到屈原诗歌的雄奇瑰丽、文气浩荡。似是一幅色彩绚丽的山水画卷，又像是一曲高歌猛进的进行曲，一字一句都体现着它的价值。

《蜀道难》的问世注定要谱写如梦千年的传奇，它不仅是将李白带到了大唐文坛的顶峰，更推动着诗歌语言结构和韵律节奏的演变，使诗歌不再拘泥刻板，变得更加起伏跌宕、抑扬顿挫，增强了诗歌的感染力。当然这些李白并不会知晓，他唯一知道的是，内心积郁多日的烦恼失落终于一扫而空，那个站在天地间挺拔伟岸的身影又重新回来了，连同那股追求建功立业的斗志也一并燃烧了起来。

风起微澜，皓月当空。李白一路骑马奔走，经开封府，到

达宋城，游览了西汉梁孝王营建的梁园。

夕阳西下，梁园的残砖碎瓦被爬山虎覆盖，荒芜得不见一丝生气，红枫的霜叶将前路铺满，荒草丛生，向人们诉说着一腔幽怨。走过这片坑坑洼洼的断壁残垣，感受着它带给心灵的悲怆与沧桑，仿佛看到了一个伤口还在流血的士兵，奄奄一息，又不甘死去。但就算见到如此景象，李白此时的心中也没有不快，只是担忧大唐王朝会如梁园般衰落，于是他诗兴大发，作了一首《梁园吟》：

我浮黄河去京阙，挂席欲进波连山。
天长水阔厌远涉，访古始及平台间。
平台为客忧思多，对酒遂作梁园歌。
却忆蓬池阮公咏，因吟“渌水扬洪波”。
洪波浩荡迷旧国，路远西归安可得！
人生达命岂暇愁，且饮美酒登高楼。
平头奴子摇大扇，五月不热疑清秋。
玉盘杨梅为君设，吴盐如花皎白雪。
持盐把酒但饮之，莫学夷齐事高洁。
昔人豪贵信陵君，今人耕种信陵坟。
荒城虚照碧山月，古木尽入苍梧云。
梁王宫阙今安在？枚马先归不相待。

舞影歌声散绿池，空馀汴水东流海。

沉吟此事泪满衣，黄金买醉未能归。

连呼五白行六博，分曹赌酒酣驰晖。

歌且谣，意方远。

东山高卧时起来，欲济苍生未应晚。

李白刚从长安的失落中振奋起来，在诗中自然多表现出狂放激昂的情绪，他以“达命”者自居，对之前的蹉跎失意采取藐视态度。他本就可以登高楼，饮美酒，高歌遣愁，做个放怀、高视之人，但命运却不断推动他走向另一种生活，他懊恼忧思，失意落寞。

人生何其短暂，像那豪贵一时的魏国公子无忌，今日已经丘墓不保；一代名王梁孝王，宫室已成陈迹；昔日上宾枚乘、司马相如也已早作古，不见踪影。在岁月面前，一切都经不住考验，终究会如云烟消散在天地间。既然如此，倒不如抛弃乱世红尘，将心中的执念暂且放下，趁着春天新芽旺盛，也趁着年华大好、岁月尚早，多陪陪生命里那些弥足珍贵的亲人与朋友。

双泪落君前

人世中摩肩接踵的相遇，并不会在心底留下任何印记。或只是带走了他人的一缕温度，或是被冷漠的眼神凉透，或是被微凉的秋风吹灭，大多数人都不会在意，而诗人在这个时候都会感叹世事荒芜，感叹浮沉寡欢。他们的神经敏感而富有想象，只要一挥笔便是长篇，只要一叹息便是歌赋，飘飘荡荡，传递了几千年。

开元十九年（公元731年）深秋，气温剧降，风声骤起，落叶被卷起，画了一地枯黄。李白被这场秋风吹到了颍阳，登上嵩山余脉紫云山。

紫云山自古以来就是风水宝地，早在春秋战国时期鲜虞氏族的首领桓，带领鲜虞人选择了这块土地，苦心经营二十余

载，一举完成复国大业。李白本只是想游览山光，却得知挚友元丹丘暂居山中，便登山造访山居。

李白看到他住的地方北依马岭，连峰嵩丘，南瞻鹿台，北极汝海，云岩掩映，颇有佳致，如同凤凰非梧桐不栖，元丹丘也是如此，对于居住的地方都是精挑细选，非洞天福地不住，于是李白心生赞叹道："丹丘真乃仙人也。"

李白和元丹丘在这片山脉中过了一段"朝饮颖川之清流，暮还嵩岑之紫烟"的隐居生活，还为山居写了首诗，名为《题元丹丘山居》：

故人栖东山，自爱丘壑美。
青春卧空林，白日犹不起。
松风清襟袖，石潭洗心耳。
羡君无纷喧，高枕碧霞里。

从诗中我们不难看出李白心中的高人，大概就是在大好的春光里，空林独卧，白日高照也不起的懒人形象。在李白的眼中，他们之所以闲云高卧，是因为鄙弃了功名利禄，追求更高的人生境界所必须要经历的过程，这和他心目中追求功成身退、隐居山林的形象基本吻合，但是李白骨子里就不是一个清寂的人，他怎么甘心守着寡欢，过简单的日子呢？

岁月的河从未停歇过，就像李白那颗躁动不安的心，总是不断地翻来覆去，既对世界充满好奇，又造下归隐的梦，所以他一生都走走停停。他是真正的流浪者，不是因为生活窘迫，也不是要逃避现实，因他的血液在行走中会沸腾，他的梦想在行走中会丰盈，仅此而已。

李白告别了元丹丘，带着一封介绍信下了紫云山，马不停蹄地往洛阳奔去。此行的目的很明确，一是为了结交元丹丘的本家兄弟元演，二是打算在洛阳碰一碰运气，运气好或许能得到荐举，若是运气实在不济，也方便回安陆。

千年帝都，九州腹地。在漫漫历史长河中，洛阳始终立在河洛之间，它本是九州大地的中心，既承着北方的敦厚磅礴之气，也具备了南国水乡妩媚风流之质。自开天辟地之后，三皇五帝以来，二十二代帝王住在这里，执掌天下纷争，坐看天地造化。甚至可以说，每一块古砖，每一间房屋都是一段历史，那本是上苍虔诚的打造，恍惚之间便成就了千年不可动摇的传奇。

一座城的美如果没有亲身领略，就无法将它的全貌概括，偏偏洛阳不必如此，只是闻其多不能举的名胜，听其漫卷风云的历史，便能对这个地方神往许久，这是丰富而宏大的象征，是厚重而神圣的标志。

洛阳一定要去，去了就一定要欣赏牡丹。传说当年武则

天令百花连夜盛开以待她明朝游玩上苑，百花慑于皇威纷纷开放，唯独牡丹不从，武则天一怒之下将牡丹发配洛阳，却怎能料到洛阳会成就牡丹的美。每年的芳菲四月、春色融融，街巷园林的千株万株牡丹竞相开放，排山倒海惊天动地，令天南海北的赏花人蜂拥而来，只为那短短几天的轰轰烈烈。

只是可惜，李白来的时候正值深秋，牡丹园的牡丹，一株株朱唇紧闭，皓齿轻咬，丝毫没有开放的意思。李白深感遗憾的同时，又敬佩它不苟且不俯就不妥协不媚俗，它遵循自己的花期，就算贬谪千里也毫不抱怨，这是一种卓尔不群的姿态，李白很想学习这种品质。

李白按照元丹丘的指引，去了元演的府中拜访。元演在洛阳是有名的公子哥，为人仗义豪爽，与李白一见如故，二人很快便成了莫逆之交。李白放下了心中的执念，随着元演整日整夜地畅饮美酒，又过了一段“黄金白璧买歌笑，一醉累月轻王侯”的奢靡生活。

这一年早春的一个夜晚，喧闹了一日的洛阳城平静了下来，千家万户的灯火渐次熄灭，偌大的城市已经进入了睡梦中。然而就在这万籁俱寂的时候，不知从什么地方突然传出了一阵玉笛声，这凄清婉转的笛声随着春风在夜幕中听得越发清晰，将李白从睡梦中惊醒，他披上大衣，坐起身来仔细一听，竟是思乡的《折杨柳》曲调。

李白沉默地望着这漆黑无垠的夜空，思绪仿佛穿越了时空，回到了蜀中青莲乡，又一瞬飘向了安陆，他的所有牵挂都在这两个地方。他多想就此别过，回去看看自己的父母亲人，看看自己的妻子儿女，可无奈大业未成，回去又要怎样面对父母的期望，面对妻儿的挂念？

客居他乡的游子，心中的愁苦思念，都会在夜深人静的时候与热泪一并喷涌。李白也是如此，他坚强的外表下是一颗支离破碎的心，此时偏偏听到这样一支饱含离愁别绪的曲子。哪怕是一个铁石心肠的人内心深处都还有柔软的一面，更何况李白有血有肉，重情重义，又怎么会不起思乡之情呢？

每次李白心中有了无法排遣的情感，便只能托付给诗篇。他将夜里的所闻所想化作了这首《春夜洛城闻笛》，他希望诗篇写完后，便可以收拾好情绪，回安陆的家中看看。

谁家玉笛暗飞声，散入春风满洛城。

此夜曲中闻折柳，何人不起故园情。

云过平野，月落乌啼。李白向元演表明了自己想回安陆的想法，在临别之际，元演不惜金钱，设下盛宴为李白饯行。“嗜酒见天真”的李白，要是在平时，因为这美酒佳肴，再加上朋友的一片盛情，肯定是会一饮千杯，不醉不归。然而，这

一次他端起酒杯，却又把酒杯推开了；拿起筷子，却又把筷子放下了。他离开座席，拔出宝剑，在酒桌前便舞了起来，一边舞剑一边放歌，一首《行路难》（其一）在酒席上横空出世。

金樽清酒斗十千，玉盘珍羞值万钱。
停杯投箸不能食，拔剑四顾心茫然。
欲渡黄河冰塞川，将登太行雪满山。
闲来垂钓碧溪上，忽复乘舟梦日边。
行路难，行路难，多歧路，今安在？
长风破浪会有时，直挂云帆济沧海。

此时，李白的眼前是奢侈的金色，耳边是颓靡的笙歌，空气里是诱人的酒香。李白想，元演的确是一掷千金的公子，这样的饯别怎能不令人满含热泪，心怀感激，只是他并不知道饯别的伤感，连同不愿去想的愁苦也牵连了出来。心里好像裂了一个洞，这种痛苦逐渐放大，迅速麻痹了神经，夺取自我的意识，李白害怕又重新做回那个意志蹉跎的自己，这是他所不能接受的。李白举起白玉做的酒杯，将酒水一饮而尽，在酒劲的作用下，他好像又找回了狂傲不羁的自己，他听见内心在愤怒地咆哮：

我想要横渡那浩荡不息的黄河，却遇到了冰川冻住河面，

前行的船只就这样冻在河水里难进分寸！

我想要登临那俯视天地的太行山，却不想莽莽的风雪早已封住山路，翻山的念头就这样被严寒掩盖！

我想要安邦济世，建功立业，却不想盛世的官场也有尔虞我诈，君王是非难辨，我也只能无奈地叹息，就这样埋没在深山老林里种田养家。

仕途之路啊，为什么会这么艰难！

奈何我生逢大唐，却渴望乱世春秋，多想像姜尚、伊尹那样，用自己的方式得遇贤王，只是我面前的路崎岖不平，歧路又多，我究竟该走哪条？

酒精开始麻醉李白的神经，迷迷糊糊之间，他仿佛看到整个大地覆盖着茫茫白雪，候鸟南飞，行人绝迹，唯独一个穿着蓑衣、戴着笠帽的老渔翁，乘着一叶孤舟，在寒江上独自垂钓，嘴里喃喃着：“愿者上钩。”而在湖岸上是一位身披白裘的君王，他的眼神波及的地方都有灿烂的太阳和皎洁的月亮划过。寂静与威严的熔铸，像是希望之光洒在老渔翁身上，就连整片天地都亮了起来。

这种清醒与模糊的混乱，令李白又一次陷入了尖锐复杂的矛盾中去，但是李白毕竟是倔强自信的人，他绝不会在朋友举办的盛大离筵上表现出痛苦不堪。他的心中仿佛有一匹脱缰野马，正打着响鼻，摩挲着铁蹄，想要不顾一切地冲到田野

中去，这种激昂的情绪终于战胜了气馁、妥协，摆脱了彷徨苦闷，他相信就算前路迷障重重，但总有一天会到达理想的彼岸。也就在这种情绪的催生下，一句跌宕纵横、气势磅礴的千古名句应运而生：“长风破浪会有时，直挂云帆济沧海！”

我们似乎能够感受到滔天的气势从天而降，能清晰地听到李白那种不甘、倔强、自信和对理想奋力的追求在耳畔回荡，像是节奏短促，高昂乐观的曲调，让人驻足侧耳，赏心悦目。

李白不愧为当代诗坛的旗帜。这首诗在题材、表现手法上虽然受到了《拟行路难》的影响，却青出于蓝而胜于蓝。论表现力更加深刻强烈，论追求度更加积极主动，仿佛在李白的眼中所有的艰难险阻都不是问题，黑暗浑浊的政治现实也不足畏惧。

李白，他依然要背负沉重的行囊继续前进，这纷乱的人世给不了他想要的安稳，他必须自己去争取，就算四处碰壁，就算头破血流，那又能怎样？

孤鹏远行归

在诸多短暂而漫长的人生旅途中，也许就有这样一个风尘渡口，它可以承载着我们到达梦想的彼岸。但有的人耗尽一生寻寻觅觅，兜兜转转都无法找到这个渡口，而有的人从出生那天起就站在了渡口上。这就是命运，它可以无理取闹地恩赐，也可以心狠手辣地剥夺。

多少人生都是一场空，热忱的事情总是按照相反的轨迹发生，我们以为可以承受失望的重量，失望却总是将我们压垮；以为悲伤来的时候并不大张旗鼓，悲伤却总是山呼海啸，来势汹汹。

开元二十年（公元732年），又一个落寞的清秋，而大唐讨伐契丹的军队已经集结完毕，随时准备出征。唐玄宗为鼓舞

士气，带文武百官到洛阳以北地区出巡，诏令巡幸所至，地方官员可将本地区贤才直接向朝廷推荐。

这本是一个大好的机会，但不幸的是李白听到消息的时候，已经返回了安陆家中。这好比是一场无法辩解的仲裁，无情地在他面前宣判了结局。李白自问对得起自己，对得起天地，但为什么总是一次次错过，一次次失败？

答案不得而知，李白也不愿多想，他静下心来与夫人隐居在桃花岩，开山田，种果蔬，面对流觞曲水偶尔赋诗一首，友人来访便大醉一场，夫妻二人虽然粗茶淡饭，但总算是一段平淡而温馨的生活。

相夫教子，举案齐眉，这本就是古代女子最大的心愿。许氏终于不用再被思念折磨得形销骨立，而在李白的陪伴下愈见丰盈，不过一年的时间，她便为这个人丁单薄的家庭又添了一个女孩，李白见到这个新出生的小生命异常欣喜，为女儿取名平阳。

平阳百岁宴的时候，李白宴请亲友。一桌珍馐，一壶清酒，几个人在盛开的花丛中觥筹交错，开怀畅饮，酒兴颇浓。李白想不到在家中过这般生活会如此享受，而奋力追求了半生的理想，却让自己整日失意蹉跎、郁闷惆怅，他开始怀疑自己的选择，甚至连求取功名的心都淡薄了许多。

在安陆的日子让李白找回了真率脱略，他可以在朋友面前自由随便，也可以不顾及形象，与他们一同喝到酩酊大醉，

枕着酒杯沉沉睡去，这是久违的酣畅淋漓，在李白的印象中，这可能是一生中最难忘怀的欢宴之一了。

夜色渐凉，许氏拿来锦袍为李白披上，他却一把抓住许氏的手，两个眸子里闪着晶莹的泪光，喃喃地说着什么，另一只手推开了酒杯，蘸着酒水在桌子上写下这首没有韵律的《山中与幽人对酌》：

两人对酌山花开，一杯一杯复一杯。
我醉欲眠卿且去，明朝有意抱琴来。

这首诗歌不咎声律，又词气飞扬，一开始就有一种势不可挡、不可羁勒的气势，正符合李白快意洒脱不拘一格的性格，尤其是两句纯粹的醉话，更显得一派率真，令人寻味。

李白似乎真的想要效仿陶渊明，在这片桃花林里做一个悠闲的隐士，但一个消息传来，又让他沉寂许久的心躁动了起来。上苍总是在他安稳度日的时候，给他降下虚无缥缈的机会，让他继续在纷乱的红尘中奔波，最后得到的却是一场没有结局的徒劳。

那到底是一个怎样的消息又唤醒了李白入世的热情呢？

原来，他得知朝廷在十道设“采访使”一职，而担任襄州刺史兼山南东道采访使的正是喜欢提拔后进的韩朝宗。

韩朝宗就像当代伯乐般，举荐过崔宗之、李适、严武、蒋

沆等一批有志之士到朝廷任职，他的美名在文人墨客间流传已久，时人都夸赞道：“生不用万户侯，但愿一识韩荆州。”可谓对其尊重万分。因此，李白对韩朝宗抱有很大的期望，准备立即前往襄阳，争取得到韩朝宗的荐举。

临行前，许氏默默地将冬袍夏衣都叠整齐，一件一件装进行囊里，李白则安静地站在许氏的背后，望着妻子的背影黯然神伤。他这一生都在为了仕途奔波，他对得起自己，却对不起眼前这样一个温婉贤惠的女子，他每次离开少则一两年，多到三五年，他甚至不敢想象妻子在家中焦急担心的模样。

那一个个凄风苦雨、月凉如霜的夜晚，她总是望着远方思念，看着江流依然，落月留照，把江边花树点染得凄清如许，人间离情万种都在那花树上摇曳着、弥漫着。她心痛如绞，可就算是这样，她也未曾抱怨，只是想陪着丈夫远走天涯，无论是去什么地方，无论生活是好是坏，只要在他身边，这些又有什么关系呢？

然而生活从不允许任何人胡作非为，她将这些想法当成了自己的愿望。这不仅仅是一个女子的心理写照，这种相思情怀历朝历代都不尽相同，只能彼此瞩望而无法相互倾诉，只能离愁别恨而无法追随相伴，或许这就是悲惨的命运吧！

马蹄哒哒，风声萧萧。李白最后还是走了，是为了平步青云，也是为了心中执念，此时的李白洋溢着前所未有的激情，希望韩朝宗能“开张心颜，不以长揖见拒”，大开荐举之门，

加以擢拔，所以他在来时的路上就写好行卷，提名为《与韩荆州书》。

可以说这份行卷是专程为韩朝宗准备的，开篇便大肆激赞韩朝宗谦恭下士，识拔人才，接着便是毛遂自荐以“白，陇西布衣，流落楚、汉；十五好剑术，遍干诸侯；三十成文章，历抵卿相。虽长不满七尺，而心雄万夫。皆王公大人许与气义……”来介绍自己的经历、才能和气节，最后甚至以反问的语气狂妄地写道：“而君侯何惜阶前盈尺之地，不使白扬眉吐气、激昂青云耶？”

国尚礼则国昌，家尚礼则家大，身尚礼则身正。华夏大地自古便有“礼仪之邦”之称，儒学更是以礼作为人生之本，立业之基，凡事讲究谦卑含蓄，可李白的这篇求荐书，却完全将自己放在与韩朝宗平等的地位上，对自己的才华毫无遮掩。这种凌云的气概在别人眼中无疑是飞扬跋扈、咄咄逼人的表现，同样反映了李白纯真无邪、天真烂漫的书生气质，正是因为他对自己的才华过于自信，所以他决不会因为求人办事而有半点的屈膝。

像《上安州裴长史书》《上安州李长史书》《大猎赋》这些文章几乎都如出一辙，当成文学作品来讲，的确是震古烁今的名篇，但当成行卷来说，却未免太过于气势凌人，不留情面。韩朝宗接到李白的这篇文章，必定会探听李白在长安的种种遭遇，他虽善于荐举，也对李白的政治能力有所觉察，但他

决不会让这样狂妄的人去拂逆天子。总之，李白在这次干谒中又是乘兴而来，徒劳而归，令他郁闷不已、失望至极。

这些日子，他在游览风光的欢愉里获得了平静，重重的心事并没有将他压垮，尽管这些伤口血淋淋地绽放在心头，尽管在那些深夜之时还会隐隐作痛，却再也不能影响他的生活。他还清晰记得，那天的夕阳格外红艳，山川江河都被染成了红色，他恍惚觉得自己已经回到了匡山，面对着久违的清风明月，枫叶桃红，那份安稳、那份兴酣令他暂时放下了屈辱与辛酸。

他突然明白是自己幻想、天真、放纵、易冲动的性格导致了这么多年来干谒的失败。李白多想问问苍天，如何才能在迷途中找到方向。苍天却告诉他，每个人的命运都已注定，帝王注定了要指点江山、凌驾苍生；布衣注定了要安稳度日，平淡如水。而他李白就是诗坛的一朵青莲，是乘诗风遨游的大鹏，他纵然对仕途抱有无尽希望，不甘心臣服于命运，却也只有无可奈何。

像往常的离别一样，李白需要寻一个饮酒大醉的地方。恰巧在襄阳有一处酒楼，为西晋征南将军山简镇守襄阳时所建，李白就戴着山公的白帽子到酒楼里买醉，在酒桌前喝的醉态可掬，狂言乱语，就像这里曾经的主人山简一样。

山简乃是“竹林七贤”之一山涛的儿子，每次出门嬉游，都会放诞嗜酒，喝到烂醉如泥，然后反戴着帽子，倒骑着马回

家，路上小儿经常一起拍着手在街上拦着山简唱《白铜鞮之歌》："山公时一醉，径造高阳池。日暮倒载归，酩酊无所知。复能乘骏马，倒著白接篱。举手问葛强，何如并州儿？"从此山简醉酒便沦为千古轶事，令人饭后畅谈。

李白醉意上头，便效仿古人，提起鸬鹚杓把酒添得满满的，高举起鹦鹉杯，狂呼大叫道："百年共三万六千日，我要每天都畅饮它三百杯。"此时，他酒意正浓，醉眼蒙眬地朝四方看，远远看见襄阳城外碧绿的汉水，幻觉中就好像刚酿好的葡萄酒一样，他想学着山简一跃跳入酒池之中，又觉得不如骑在骏马雕鞍上，唱着小曲，提着酒壶，去那繁华的街市上让人羡慕去吧。他开始有些洋洋自得，那些王侯将相都不曾如此惬意地饮酒高歌，而自己也可以和他们相比，比他们欢愉，比他们适意，可以整日风月下长醉，山林里高歌。

李白终究把一腔的愤懑都倾泻了出来，最后化作了一首酒气纵横的七古大篇《襄阳歌》：

落日欲没岘山西，倒着接罱花下迷。

襄阳小儿齐拍手，拦街争唱《白铜鞮》。

旁人借问笑何事，笑杀山公醉似泥。

鸬鹚杓，鹦鹉杯。

百年三万六千日，一日须倾三百杯。

遥看汉水鸭头绿，恰似葡萄初酦醅。

此江若变作春酒，垒曲便筑糟丘台。

千金骏马换小妾，醉坐雕鞍歌《落梅》。

车旁侧挂一壶酒，凤笙龙管行相催。

咸阳市中叹黄犬，何如月下倾金罍？

君不见晋朝羊公一片石，龟头剥落生莓苔。

泪亦不能为之堕，心亦不能为之哀。

清风朗月不用一钱买，玉山自倒非人推。

舒州杓，力士铛，李白与尔同死生。

襄王云雨今安在？江水东流猿夜声。

李白酒后的狂态是无人可比的，尤其在失意的时候，只要几杯烈酒下肚，他就变成了一个江湖浪子。他甚至可以一手持剑乱舞，一手提酒狂饮，那苍天大地都被嘲讽，王侯权贵都被藐视，这才是一个天真烂漫的醉汉形象，无所畏惧，无所担忧。

这首《襄阳歌》气势之宏大，情感之奔放，都是李白纵酒歌的极致，堪称千古无匹的狂歌。而自《襄阳歌》之后，李白纵酒疏狂的诗篇越来越多，狂妄不羁的同时又充满了强烈的荒诞戏剧色彩。正如他曲折复杂的人生，爱恨情仇淋漓尽致，却总感觉有些地方没能演绎，如同一场矛盾冲突尖锐激烈的折子戏，因为残缺和遗憾，才具有独一无二的魅力。

第五章

清酒弦歌，空叹云月

李白的心突然就觉得安定了下来，原来所有的苦难都只是积淀，毛虫要经历痛苦地挣扎和不懈地努力才能化作美丽的蝴蝶；凤凰要投身于熊熊烈火中才能获得重生。而他李白也终于在无数次失败中涅槃，他硬朗的脸上挂满了笑容，喜悦的泪水顺着脸颊流成了河。

直道相思了无益

千古文人侠客梦，肯将碧血写丹青。自古以来都说文人书生，手无缚鸡之力，却可以笔下纵横驰骋；而侠客武者，徒有拔山盖世之威，却都是草莽英雄。

其实，没有谁去刻意划分侠客与书生的界限，只不过世人都以为书生不能讲江湖义气，侠客不能有文弱之风，而在大唐多若满天繁星的诗人中，李白是唯一被人们誉为既有侠肝义胆，又有书生气质的奇人。

江湖夜雨，风尘重重。李白生平浪迹天涯，慷慨自负，又尚武轻儒，不拘一格，他常歌颂草泽，仰慕“高冠佩雄剑”，慷慨立功名，常以武际会风云英雄，渐渐地在人们心中建立起英雄性格的人物形象。人人都称赞李白斗酒诗百篇，潇洒一生酒中仙；人人都说太白无剑诗不雄，弹剑作歌不称情。诗篇、

美酒、长剑，这些事物在李白的身体里滋长，最后变成如同刻在皮肤上的图腾般显而易见。

李白总是以自己的方式行走江湖，他时而正气一口，心雄万夫，对江狂饮一壶酒；时而青衣裹体，云游四海，吟唱千古歌颂的诗篇。那时候的文人与侠客，几乎都知道这个半文半武、洒脱浪漫的怪人，也正因如此，他习惯了这样毫不掩盖地张扬自己的个性，所以在勾心斗角的官场，他一次次失意落寞，一次次绝望无依。

李白从襄阳回到了安陆，一路长途跋涉，让他原本就累累伤痕的灵魂更加虚弱不堪。回到桃花岩居所，他才恍然发现那片桃花林不知何时已经开满了山腰，灼灼美景，浸透着李白彻骨的风情。

每次回家，李白都能感受到家的温度，有妻子的陪伴，有儿女的嬉闹，还有可以纵情欣赏的半山桃花，这种幸福难以用言语表达，却时时刻刻温暖着李白。

可是命运早已决策好一切，幸福对于李白来讲只是暂时的，就算这些天已经将风霜洗去，将流亡化解，但还是无法给他带来永远的安宁。他是红尘中一只孤独的大雁，任何驻足停留的地方都只是他的驿站，漂泊永远扎根在灵魂深处，这是流浪的宿命。

李白仅在安陆住了半年，便收到了元演派人送来的书信，邀请他到洛阳相聚，同游太原。李白终究挡不住友人的诱惑，

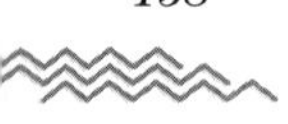

收拾好行囊便启程，到洛阳与元演会合。

策马扬鞭，留下一路尘土，或许这就是李白认为最好的告别方式，但他并不知道这一次离别对于许氏来讲是多么的残酷，又因老员外撒手人寰，许氏终日以泪洗面，最后思念劳累成疾，身边除了一个女婢，再无他人，整日只能卧在床榻上，病势越来越严重。

时光呼啸着在李白的周边穿梭，同年五月李白才赶到洛阳与元演会合，恰逢唐玄宗此时也东幸洛阳。继长安之后，李白再次与当朝天子同城而居，这似乎又激发了他“安社稷，济苍生”的壮志雄心。可惜他此生在追求进仕的道路上从未如愿，于是在无奈中他只能发出不平之鸣，拟乐府旧题而作《结客少年场行》，借一个剑术高超、纵横江湖的洛阳侠士形象，来表达自己的郁闷之情。

紫燕黄金瞳，啾啾摇绿鬃。
平明相驰逐，结客洛门东。
少年学剑术，凌轹白猿公。
珠袍曳锦带，匕首插吴鸿。
由来万夫勇，挟此生雄风。
托交从剧孟，买醉入新丰。
笑尽一杯酒，杀人都市中。
羞道易水寒，从令日贯虹。

燕丹事不立，虚没秦帝宫。

舞阳死灰人，安可与成功。

自古以来中国都盛行游侠之风，西汉史学家司马迁曾在《史记》中对侠客形象大肆歌颂，因游侠的“言必信，行必果”“轻生死，重然诺”以及仗义疏财、扶危济困的高尚人格，令游侠精神席卷了历朝历代。尤其是在唐朝，游侠风气如星火燎原一般，几乎点燃了盛唐的每一个角落。

从诗中可以看到，一群少年在相识之后，效法侠客，结伴远游，来到了洛阳。白天，他们成群结队地在城里游荡，他们珠袍锦带，腰间插着吴鸿一样的匕首，希望找到任何不公不义之事，以此达到他们行侠仗义的目的。漫漫长夜里，他们情绪高涨，在酒楼中痛饮酣醉，醉后便拿出剑来，凝望着深夜，等待黎明的到来。但是他们生活在大唐盛世之中，恶霸欺凌、强取豪夺的事情少之又少，他们感到热血无处可洒，不平无处可鸣，心中的郁闷之情或许正和此时的李白一般。

李白彻底对洛阳这座城市失望了，他想要离开的念头如同这个秋天一样，来得那么突兀。秋风将落叶吹出了城墙，连同李白的理想也一并吹走了，于是他与元演启程北上，一路游历，终于在第二年春天到达了太原。

太原，自唐高祖李渊兵起此地以来，便有了“北都”的称号，它不同于南方都城的温柔富贵，初临此地便给人一种凝

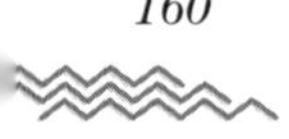

重深沉的压迫感，夜深人静的时候甚至能够听到雁门关外厮杀的声音。元演的父亲是这里镇守边塞的府尹，虽年逾半百，但精神矍铄，李白第一次见到他时，曾被他身上的不怒自威的气魄震慑到。那是从血雨腥风中杀出来的气魄，仿佛一举一动都能凝结空气，给人以窒息的感觉。

但是元演的父亲对李白很好，李白除了日常的游览名胜之外，便是"蒲萄酒，金叵罗，吴姬十五细马驮"的酒宴生活，以至于多年以后回想起来，李白仍然对这次太原之行念念不忘，甚至写诗怀念道："琼杯绮食青玉案，使我醉饱无归心。"

之后的时光如白驹过隙，七月流火褪去，秋色渐渐浓郁，白霜已经覆盖了黄河以北的地区，夜夜秋梦都缠绕着边塞太原上空的月亮，李白的心也随着月光回到了故乡的绮楼上，依偎到许氏的身旁。羁旅他乡纵有锦衣玉食，相思之愁依旧缠绕在心头，像长长的汾水一样没有尽头。

临别前李白甚至没有喝酒，没有慨叹，就只是简单地和元演及他的父亲道了一声，便匆匆地策马踏上了归途。他希望能够早些回到安陆，回到妻子的身边去，他这一生割舍了太多，他真的害怕再失去亲人。

一路快马加鞭，披星戴月，像是一只迁徙的候鸟，在寒冬来临之前，赶赴花事旖旎的南方。他从未如此慌张过，也从未如此渴望回家，仿佛命运在酝酿一场残酷的游戏，而他又是游戏的主角。

当李白风尘仆仆地赶到桃花岩的时候，许氏早已是病骨支离，形同枯槁，仅仅拖着一口气舍不得离开。是啊，远行在外的丈夫还未归来，两个孩子还未成年，要她如何舍得呢？

李白跪坐在爱妻身前，握着爱妻的手，想要说什么，却什么也说不出口，此刻万语千言，都不及眼泪来得迅速，他像一个彻底觉悟的罪人，悲伤得泣不成声。

许氏第一次见到李白为自己哭泣，那种绝望无依的眼神刺痛了许氏的心。她用尽力气挤出了一个微笑，是要告诉李白不必为她伤心。李白何尝不懂，但是悲伤如此，又怎样能控制呢？

这人间的路是向死而生的单行道，没有永恒，只有永别。

第二天清晨，许氏还是被死神带走了，闭上眼睛的那一刻，她仍然保留着微笑，想必她一定是幸福的，可以依偎在爱人的怀中，可以看到他伤心的眼泪，这便是她最大的心愿了。

她的一生都在许愿，愿望清单里密密麻麻全是李白的名字。想执子之手共赴天涯，想泡茶煮酒及尔偕老，想听他温言软语，想被他揽入怀中，即使最后这些都未实现，但在人生里能遇见这样的男子，她也是满足的。

她知道自己的丈夫就是折翼受伤的鹏鸟，总有一天会振翅万里，穿越世俗的迷雾，重新回到九天之上，而她就在云端等待着，像生前一样。

未妨惆怅是轻狂

“浮生若梦，为欢几何？”李白写这句诗的意思大概是想告诉世人，天地是世间万物赖以寄存的旅舍，光阴岁月不过是千年百代的匆匆过客。漂浮不定的人生如同梦幻一般，何不趁年华尽情欢乐呢？

在人世间，没有谁能够逃避生死的审判，生是对心灵轻轻的揉捏，从此情仇爱恨，都令人饱尝煎熬之痛；死是对内心绝望的碰撞，是逝者的解脱，也是生者的绝望。

年仅十六岁的元好问曾因大雁殉情而写下“问世间，情是何物，直教生死相许？”的千古名句，这爱情悲歌正是李白的真实写照，爱妻的死，让他痛得快要疯掉。还记得，吴指南的离去，让他如被刀绞，那种无以言表的痛，就算是现在也

还是会隐隐发作。

这一次，李白感觉自己就像是一只掉进苦海的野兽，连挣扎的力气都没有了，他甚至想过要抛下这个纷乱不休的世界，随着妻子离去。但是他又觉得还不能死，他还有理想和抱负，他还有两个未成年的孩子，他此时唯一能做的就是将妻子下葬，然后带着两个孩子逃离这里。

葬礼那天，李白想要摘一些门外的桃花，放到妻子的棺椁里，不知为何今年的桃花败得格外早，仿佛预示着灼灼年华随时光而凋落。李白有一瞬间看到了他的妻子，就站在一株桃树旁，像很多年前第一次遇见她那般，笑容里没有丝毫岁月的痕迹，灿烂如春花。

佛祖曾告诉李白，他这一生都在偿还前世的债，仕途不顺是债，情殇孤独是债，流浪漂泊也是债。人生不过几十载，他也曾不知疲倦地前行着、追逐着、憧憬着，而当看到生命终结的时候才发现，人生只不过是一个泡影，到最后什么也不会拥有。悲伤也好，偿还也罢，这些李白都能承受，但令李白想不到的是，爱妻的离世让他陷入了世人的口诛笔伐中，从此落下了薄情寡义的名声。

幸好时间是最好的疗伤药，它让内心的伤口慢慢结痂长好，只留下了一道浅浅的痕迹。这一年的五月，李白终于从悲伤中走了出来，他带着年幼的一双儿女跪在妻子坟前，同她

做最后的道别，他将要离开这个充满悲伤和流言的地方，带着子女搬家到东鲁去。

东鲁又叫鲁郡，唐高祖李渊立朝后，实行州治，东鲁便唤作兖州，管辖着任城、瑕丘、平陆、袭丘、曲阜、邹、泗水七个县。东鲁自古以来便是人文圣地，礼仪之邦，历朝历代名人名家辈出，像孔子、鲁班、扁鹊以至后代的李清照、辛弃疾皆出自这方土地。也正是因为这里名人志士层出不穷，李白才选择此地作为落脚点，更何况这里还住着一些远房亲戚，比如在任城当县令的叔父，比如在瑕丘任佐吏的堂兄，李白希望他们能够帮自己照看两个孩子，也希望孔孟之道能带走他的狂妄，给自己带来仕途上的好运。

来东鲁的日子已有数月，李白已经从往事的悲伤中走了出来，他一边游览东鲁名胜，一边了解着当地的习俗文化。他虽喜欢鲁地人的义薄云天、豪情热血，但也特别讨厌深受孔孟思想文化腐蚀的儒生，他们头戴纶巾、道貌岸然，以圣人之徒自居，整日里却只顾照着书本皓首穷经，丝毫不懂得变通，问他们经国济世的策略，竟个个如坠迷雾，茫然不知所对。这些迂腐可笑的举止有辱儒家圣贤，让李白看着很不舒服，他甚至产生了鄙夷的心理。

一天，李白喝得大醉，抢过身旁一个儒生的笔，在宣纸上写了一首《嘲鲁儒》：

鲁叟谈五经，白发死章句。
问以经济策，茫如坠烟雾。
足著远游履，首戴方山巾。
缓步从直道，未行先起尘。
秦家丞相府，不重褒衣人。
君非叔孙通，与我本殊伦。
时事且未达，归耕汶水滨。

此诗一出可谓震惊满座，令在场儒生坐立不安，窘态百出。因为李白认为这些鲁儒们对时务一窍不通，奉劝他们回老家的汶水边上种田去呢。

这自然引起了众怒，鲁儒们群起而攻之，将矛头纷纷指向李白，让他赔礼道歉。

李白深知在东鲁得罪这样一批鲁儒，等同于得罪了这里的地头蛇。但他本就狂放不羁，做事做人从来不计后果，所以他不会畏惧这些沽名钓誉的鄙儒。而且李白也不过是暂居此地而已，最坏的结果就是把孩子留在这里，自己出门远游。

不知从何时起，他成了一个真正的流浪者，不再害怕家的束缚，不再害怕失去亲人，甚至不再害怕世俗的风言风语。从出蜀到现在，这十六年春秋岁月，令他成长了许多，失去了许多，风刀霜剑在他的脸上雕刻着，将热血少年变成了饱经沧桑的汉子。

但是，李白从未被岁月磨平身上尖锐的棱角，那颗桀骜不驯的心如今依旧凌驾在世俗之上。他蔑视权贵，不屑谄媚；他四海为家，放浪形骸。他没有之前那样张扬，只是因为他在用余生感悟生命，反思自己功业无成、游仙不果的原因，他再也不要重蹈覆辙，让自己陷入痛苦和郁闷之中。

鲁儒的声讨依旧不依不饶，李白开始厌倦了这般不休的谤议，把两个孩子托人照料后，自己便开始漫游东鲁各地，最后选择了汶上附近的徂徕山隐居起来。

当时徂徕山上还有韩准、裴政、孔巢父、张叔明、陶沔等五位著名隐士，加上李白一共六个人。他们寄情于山水林泉，桀骜不驯，放旷不羁，经常在林中的溪边纵酒酣歌，对赋比诗，过着悠然自在的生活，后来世人称他们为“竹溪六逸”，和魏朝年间“竹林七贤”相当。

人间的春天总是令人沉醉，有漫山桃花迎春吐艳，有三两好友诗酒相酬。多年以后，李白再想起徂徕山上的这般场景，依然觉得历历在目，欢喜不已。只不过回忆之余，想想如今的处境，便又会生出无尽的伤感。

余生漫长，我们总是茫然地行走，像陆机曾因恨功名薄，不能留名史册而懊恼；谢灵运因感时光流速，壮志消磨而无

奈，古人都在落魄的日子里想过以后要及时行乐。李白总是和这些失意的古人有着千丝万缕的联系，他提起笔的刹那，仿佛穿越了千年历史，从恢弘的书卷中看到了他们斗酒狂饮，泪洒天地的悲伤。李白并不想做这样的人，他深深地畏惧光阴似水，日月如梭，因此只有欢歌纵酒，强以为欢，而酒醉之后，便深感盛世不平。为了解怀，他写下了《长歌行》：

桃李待日开，荣华照当年。
东风动百物，草木尽欲言。
枯枝无丑叶，涸水吐清泉。
大力运天地，羲和无停鞭。
功名不早著，竹帛将何宣。
桃李务青春，谁能贳白日。
富贵与神仙，蹉跎成两失。
金石犹销铄，风霜无久质。
畏落日月后，强欢歌与酒。
秋霜不惜人，倏忽侵蒲柳。

李白这篇乐府诗将前人的同题作品揉碎在一起，融汇了古人所共有的情愫，以他擅长的山水描写为主，表现出对自然的赞颂，对追求理想而不达的倾诉，和对自己事业无成的愤懑及自我解脱不成的痛苦，敞开了心扉，让世人尽情地了解他悲歌式的心灵，并告诉世人，人生无常，不能虚度光阴，要及时行乐，可谓用心良苦。

李白就这样将沉重的包袱放下了，在徂徕山度过了人生中不可多得的闲暇时光，但这毕竟只是一场镜花水月，此时梦醒了，他又必须背上行囊去红尘里背负更多的故事，这是他摆脱不掉的宿命。

也正是因为这种宿命，他终于得到了命运的垂青和恩赐，他的诗歌盛名和隐逸的高风亮节终于传到了天子的耳朵里，再加上玉真公主和道者吴筠的引荐，李白终于接到了来自朝廷的诏书。

这一年李白四十二岁。

高歌大笑入长安

人的一生注定有伤痕，对于失败的人而言，伤痕是无法洗掉的耻辱，是无法逃避的狼狈；对于成功的人而言，伤痕就是彰显荣耀的勋章，是披荆斩棘的信念。从一败涂地到功成名就，李白数不清在这条路上背负了多少伤痕，更不知道有多少个夜晚曾执笔望月，含泪枕星，只盼能诏入长安辅佐君王。

命运一波三折，那么多的爱与恨、喜与悲、脆弱与坚定终于在这一刻变得值得，李白的心突然就觉得安定了下来，原来所有的苦难都只是积淀，毛虫要经历痛苦地挣扎和不懈地努力才能化作美丽的蝴蝶；凤凰要投身于熊熊烈火中才能获得重生。而李白也终于在无数次失败中涅槃，他硬朗的脸上挂满了笑容，喜悦的泪水顺着脸颊流成了河。

很多年后，李白还会清楚地记得这一日，白酒新熟，黄鸡啄黍，花深树浓。收到诏书的时候，他正在修剪窗际探出的海棠，金色的帛绢里一行行墨黑的字迹，大气磅礴，威严庄重，一如他从未磨灭的梦想始终高傲地立在心头。

这是他人生中最得意的一天，县令为他装扮了房屋，街坊四邻相继前来道贺，似乎所有的欢喜都因李白而起。他成了别人眼中的骄傲，纵是銮中状元都不及他这般荣耀，他是受当朝天子亲自召见，只要稍加表现，便可以一鸣惊人，功成名就。

入京的事情即刻被提上了日程，临别前一天，李白大摆宴席，邀请亲朋好友，他命伯禽把家里最肥的鸡杀掉烹熟下酒。李白素爱饮酒，此时更是酒兴盎然，再配上鸡肉的清醇，李白很快便醉了。他拔出宝剑在锦簇的人群中舞了起来，众人纷纷拍手叫好，他毫不掩饰心中的狂喜，嘴角扯开的弧度仿佛能与落日争辉。

他的心里有一个声音一直在呐喊："长安，我终于要来了！这一次我不再是市井之徒，我定要扬名立万，一展宏图，让全天下人都知道我太白是经天纬地之人！"

这一夜短暂又漫长，就像是李白出仕和隐逸的矛盾一样，就算是饮酒三百杯，都难以让他入睡。他抚摸着两个孩子稚嫩的脸庞，想着与他们这样一别，不知道何时才能再相见，又想到家里还有一个毒如蛇蝎的女人，他还是决定将孩子交托给叔父照顾，这样也能省去很多担心。

其实自许氏故去之后，李白坚持不再续弦，可是他经受不住友人们的劝说。他们经常在饭余酒后对李白说，无论是为了伯禽和平阳，还是为了自己都应该续娶。但是心中旧伤未愈的李白，始终都没有答应，他只是希望两个孩子快些长大成人，也算是了却自己和故去妻子的心愿。

后来任城一个刘氏女子多次对李白献殷勤，更不断讨好平阳和伯禽姐弟，李白深感对两个孩子亏欠太多，便迎娶了刘氏过门。婚后的生活可以想象，平凡的刘氏只在乎家中的柴米油盐，而傲纵的李白却只想着饮酒风月。

李白不喜欢刘氏，不只是因为她不懂自己的风情，更多的是刘氏整日与李白作对，与泼妇无异。每每如此，李白都会想到故去的许氏，他对许氏的感情真挚而热烈，许氏同样将她最美好的岁月交付给了李白。他们琴瑟和鸣，他们心同情笃，如世上一对鸳鸯，只怪这时光如刀，岁月无情，让他们从此生死两隔。此时此刻，他多想告诉许氏和许老员外，他一生的愿望终于得以实现。当年许老员外招李白入赘，希望以他的雄才伟略重振家族，如今功业已成，两个最关心他的人却没能看见，李白低下头抚摸着心头的伤疤，依旧让他痛到不能呼吸。

终于捱到了天亮，李白跨上五花马，准备启程，回头看了看两个孩子，一时间又有些伤感，但想到就要进京施展抱负了，便又瞬间意气风发，他仰面朝天纵声大笑，嘴里吟完了《南陵别儿童入京》一诗，便挥鞭策马，消失在尘烟之中。

白酒新熟山中归，黄鸡啄黍秋正肥。
呼童烹鸡酌白酒，儿女嬉笑牵人衣。
高歌取醉欲自慰，起舞落日争光辉。
游说万乘苦不早，著鞭跨马涉远道。
会稽愚妇轻买臣，余亦辞家西入秦。
仰天大笑出门去，我辈岂是蓬蒿人！

这大概是李白写的最狂妄的一首诗，全诗笔调曲折起伏，犹如波澜壮阔，感情也是一波三折，一层层推向顶点，仿佛是山洪引发海啸，最后一句显示了他无比自负的心理，将踌躇满志的形象表现得淋漓尽致。可以说整首诗都洋溢着他积极奔放的生活热情和慷慨激越的进取精神，没有丝毫掩饰因实现抱负而极其喜悦的心情，多少年的痛苦仿佛都在一瞬间烟消云散，随之而来是一片仕途的汪洋大海，任由他肆无忌惮地畅游。

李白披星戴月地奔走，如同一只赶赴汛期的鱼，拼尽了全部力气要以最快的速度到达长安。

就像北国吹来的风，就像江南飘起的雨，就像李白脑海深处的记忆。长安依旧是那个繁华昌盛的长安，一样的城墙，一样的宫殿，一样的尔虞我诈、是非难辨。只不过时过境迁，如今他的眸子里是藏不住的成熟与沧桑，他早已不再是当年

那个任人摆布的布衣小丑，而是诗名远扬、天子亲诏的高才贤士，心境自然不似当年。

在等待召见的日子里，李白坐在招贤馆无事可做，便倚着栏杆推窗远望，心事重重，他羡慕这座繁华都市里热闹的氛围，也畏惧繁华背后的烽烟暗箭。

暮色已起，晚风渐凉。李白决心重游长安名胜，以解等待的焦急烦心。

在李白的眼中，长安城像一本年代久远的书，未央宫、华清殿、无字碑这些名胜古迹就是书中的文字，可以欣赏历史的兴衰更替，可以记录风烟的沧桑迷乱。他拖着葳蕤的夜色，走进大宁坊紫极宫时，巧遇了当朝太子宾客贺知章。

贺知章年逾八十，仍然是一副鹤发童颜的模样，走起路来虎虎生威，谈笑间犹若钟鸣，从衣服饰品看便知是身居要职的官员。而李白才华横溢，正值当年，诗名和才情都已名满天下，令无数人仰慕。贺知章极为欣赏他的才华，初次见面便向李白要新作的诗看，李白便拿出随身的行卷，取出一首《蜀道难》。

贺知章如获至宝，细细端详起来，读到精辟之处便目露精光，读完后长吸一口气赞道："此诗乃惊世之作，果然名不虚传啊。看来，你就是天上下凡的诗仙呀！"说完后两人哈哈大笑，像认识了很久的知己。

正值夜色朦胧，贺知章邀请李白去饮酒。二人都是嗜酒如命之人，可谓是酒逢知己千杯少，一直喝到酒肆打烊也只是微醉而已。待要结账的时候，贺知章发现出门匆忙没有带钱。他想了想，便把腰间的金龟解了下来，抵在那里作为酒钱。

李白自然看出金龟乃贺知章心爱之物，连忙阻止道："贺老使不得，此乃太子御赐之物，怎能拿来置酒钱？"贺知章何其豪放旷达，仰头大笑道："这算得了什么？能与太白相交，莫说是这金龟，就是头上这顶乌纱帽都可弃之。"李白听他这样一说，便不再推辞，但心中已经铭记了这份恩情，心想待我来日功成定要与他痛饮三天三夜。

这段"金龟换酒"的佳话成全了李白与贺知章之间的忘年之交，可以说贺知章就是李白的贵人，正因他在唐玄宗面前又一次推荐了李白，唐玄宗才提前下诏，令李白择日面圣。

后来在天宝六年（公元747年），李白惊闻贺知章病逝，在悲痛中写下了一组《对酒忆贺监二首》，以此来回忆与贺知章旧时饮酒对诗的往事，感慨贺知章对其的知遇之恩。

其一

四明有狂客，风流贺季真。

长安一相见，呼我谪仙人。

昔好杯中物，翻为松下尘。

金龟换酒处，却忆泪沾巾。

其二

狂客归四明，山阴道士迎。
敕赐镜湖水，为君台沼荣。
人亡余故宅，空有荷花生。
念此杳如梦，凄然伤我情。

人去楼空，物是人非。谁也未曾想过昔日的欢喜会变成今日的悲辛，趁着怅惘的时候，潜入了本就脆弱的内心。在死亡面前，谁都无能为力，更何况是一位善感的诗人，如同旁观者般见证着好友一个个离开人间，那种痛苦就像是有人不断地在他心里剜肉饮血，令他苦不堪言。他想或许唯有将自己与友人的点点滴滴化为力透纸背的文字，才足以暂时平复伤痛。

尽管如此，这世上也再没有谁能理解他的清高冷峻，理解他的诗情酒心，就像骏马离开伯乐，游鱼离开深海，再也无法得到温润的良言，无法得到善意的宽恕，他只能将这份真挚的友情和着美酒一同饮下，用余生来记住这段友情。

只是幸好，这是很久以后的事。

待诏翰林展才思

长安三月，风物万千。如果说长安是一场梦，那么，李白便是梦里的明月与清风。尽管这座历史悠久的古城里，流落了无数个美丽的故事，却还是要凭着李白独有的风情、桀骜的风骨，在恢弘的时光卷轴里展露芳华。

诗酒年华曾摇曳开无数的流光，李白便站在流光中央看遍了人世沧桑。

长安城的每段故事里都有一个主角，未央宫因王昭君的出走而光彩照人；华清殿因杨玉环的舞姿而风流娇媚；长安道因李白的挥毫而潇洒俊逸。李白是来长安追寻理想的，他的理想是能安邦定国，成为宰辅之臣。这么多年他第一次这么接近梦想，只不过梦想终究只是梦想，实现真的太过困难。这正是李白最大的悲剧。

转眼就到了面圣的日子。长安城刚下过一场雨，空气里流淌着清新的味道，青石板被冲刷得很干净，刺眼的日光洒在了皇城鎏金的屋顶上。

李白身穿一袭白袍，宛如出尘不染的仙人，挺直的脊梁将颀长的身躯映衬得高大威武。他的头发墨黑，剑眉如刀，慵懒的星目有一丝惊喜掠过。在侍官的引领下，他昂首阔步地从丹凤门入内，直去大明宫含元殿位置。

含元殿是天子举行重大庆典和朝会之所，也称作“外朝”。建造时充分利用了山脉高地，整座宫殿呈居高临下之势，视野开阔，可俯瞰整个长安城，王维曾有诗云“九天阊阖开宫殿，万国衣冠拜冕旒”，显示了它独一无二的地位。

在高耸的白玉石阶上，林立着威严的羽林军，他们身披战甲，手持长戟，更将大殿衬托得不可侵犯。李白被这等威严气势震慑住了，不由得又陷入了复杂多样的情绪之中，既想着如何表现自我，又害怕触犯天子之威，此刻只能神情凝重，屏息凝神。

此时，宦官高亢的声音响起：“圣上有旨，宣李白入殿！”李白心中一凛，紧跟侍官的脚步沿白玉石阶一步一步地往上走，仿佛空气在迅速地凝固，连同李白的思维和脚步一同凝结在这漫长的白玉石阶上。李白不知道自己走了多久，好像只有一盏茶的功夫，却如同一个世纪那么漫长。

走到殿中，只见龙椅之上端坐一人，头戴束发嵌宝紫金

冠，身穿沧海龙腾金黄长袍，飞扬锋利的眉角微挑，如同墨玉般的瞳孔里闪烁着锐利的光芒，硬朗的脸庞辉映着微笑，却带着巨龙的威仪，让人难以直视。李白被这股王者之息压得不敢抬头，跪拜在地，长呼“吾皇万岁”。

唐玄宗细细打量着眼前这位仪表不凡的诗仙，随后便从龙椅之上走了下去，亲手扶起李白令他坐在一旁，并亲手用七宝杯调了一碗羹汤，递给李白道：“卿是布衣，名为朕知，非素蓄道义，何以及此？”

此时的唐玄宗早已没了当年的贤明睿智，他接见恩宠李白，不过是想效仿汉武帝，留一个当代司马相如在身边，封一个可有可无的官衔，来用李白睥睨天下的才华为自己挥毫泼墨，供以消遣娱乐。

但李白还不知情，他以为这是皇恩浩荡，是这些年不断努力的结果，他感觉自己正经历这辈子最幸福的一天，有天子的褒奖，有文武百官的道贺，有他梦寐以求的荣光。他恍惚间又看到了内心那只神采翩翩的大鹏正在积蓄力量，只一瞬便乘着大风冲天而起，一直到了九万里高空。

李白回到招贤馆可谓是意气风发，踌躇满志，拿起狼毫便在宣纸上写下一首《古诗五十九首》（其三十三）：

北溟有巨鱼，身长数千里。
仰喷三山雪，横吞百川水。

凭陵随海运，焯赫因风起。

吾观摩天飞，九万方未已。

李白吃尽了世间悲苦，看遍了风烟弥漫，以为这一次便是他人生新的起点。每每想要激励自己，李白总会以“大鹏”自居，来比喻自己纵横天下的志向抱负，可以说庄子是“大鹏”的缔造者，而李白便是“大鹏”的发扬者。

李白从招贤馆搬进了大明宫翰林院，随时等待唐玄宗的召见。

唐朝的翰林院是当时知识分子的集中场所，诸如杜甫、张九龄、白居易等文豪都曾在翰林院内任过职，他们都曾以为身居朝堂便可以参与政治，议论朝政，实现自己“达则兼济天下”的美梦，殊不知他们在唐玄宗的眼中不过是舞文弄墨的玩物，如同一只狼毫，一张宣纸，摆在皇宫的御书房中，任凭唐玄宗摆布。

他们不但无法指点江山，甚至连命运都无法掌握。想象一下，一只逍遥的大鹏鸟被豢养在巨大的笼子里，失去了自由，这是多么巨大的耻辱，心高气傲如李白怕是不会忍受太久。

在刚进入翰林院的那些天，李白不敢肆意乱闯，不敢呼朋唤友，甚至不敢任性饮酒。他害怕耽搁了国家大事，有负唐玄宗的知遇之恩。可是过了很多天，李白都不曾接到召见，只是偶尔传来唐玄宗的口谕，令他作诗几首，唐玄宗读得高

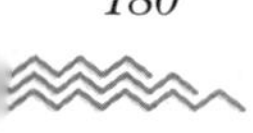

兴便赏赐金银珠宝若干，始终没有任何实质性的差事。

时年十月，天气骤寒。唐玄宗宣李白侍从圣驾前往骊山温泉宫。那一刻仿佛冬去春来，李白满心欢喜，还特意作了几首政治诗带在身边，以为唐玄宗会对国家政治有所询问。

骊山是秦岭北侧的一个支脉，传言每当雨过天晴，云开雾散，骊山似一匹青色的骏马，青翠欲滴，清晰可见，故名“骊山”。而唐玄宗因其特有的温泉景致，在这里大兴土木，修建了温泉宫、华清池等众多宫殿建筑，整个建筑群依山傍水，甚至比起大明宫还别有一番风韵。

此时李白骑在马背上，随着浩浩荡荡的队伍前行，出了明阳宫，过了长乐坡，直到夕阳西下才来到骊山脚下。这时的骊山在夕阳下披上一层迷人的金色，更显得流光溢彩，妩媚动人，但李白的心思并不在欣赏风景上，他希望唐玄宗召见询问社稷苍生大事，也希望献上自己的得意之作《宣唐鸿酋》。而唐玄宗一到温泉宫后，便给侍从们赐浴、赐宴、赐游山，玩得不亦乐乎。

李白见唐玄宗不顾朝政，情绪再度低落。他恍然明白，骊山之行只是唐玄宗为了恩赐众臣的一种手段，和朝政无关。但就算这样，李白也不甘心，他并不想取悦皇帝，也不想与众臣为伍，他想要作当代魏征，拯救即将没落的大唐盛世，这本就是他入仕的初衷，他必然要努力一番才能选择放弃，只是可惜唐玄宗并没有给他这样的机会。

这天夜里，李白忽闻阵阵丝竹曲调从天而降，其中还有女子嬉笑，有脚步轻移，恍若仙乐梵音，令李白心驰神往，细细一听，正是大唐法曲中的精品《霓裳羽衣曲》，唱的是“漫暗水，涓涓溜碧。飘零久，而今何意，醉卧酒垆侧”。无怪乎大臣张祜要用“天阙沉沉夜未央，碧云仙曲舞霓裳”来赞美这首曲子的优美。

“千歌万舞不可数，就中最爱霓裳舞。”李白听得沉醉不已，脑海中更是有些想入非非，不断地浮现杨玉环带领歌女边舞边唱的情景，也难怪唐玄宗会弃朝政于不顾，一心扑在编排歌舞上。可惜这大唐盛世已有衰败之势，仍旧没有人能站出来匡扶大业，想到这里，李白唯有无奈地叹息。

第二日，唐玄宗终于遣内侍来传旨，叫李白应诏。李白急忙赶去见驾，原来是唐玄宗命他写一首驾幸温泉宫的诗，李白虽然心有千万不甘，但下笔仍旧潇洒不羁，一首《游宿温泉宫作》便跃然纸上。

羽林十二将，罗列应星文。
霜仗悬秋月，霓旌卷夜云。
严更千户肃，清乐九天闻。
日出瞻佳气，葱葱绕圣君。

想他年轻时在楚汉一带落魄失意，到处受到冷遇，流落风

尘而郁郁寡欢，自认有管仲之才诸葛之谋，但始终无人赏识不得出仕，年过四十仍赋闲在家。

后来承蒙友人引荐，终被天子垂顾，建功立业来临的时候，他多渴望尽全部力量以报答皇恩浩荡，那种感觉就如同胁生两翅，直飞青云之上。

但是官场黑暗腐败，官僚追求功名趋炎附势，他不屑如此，甚至对腐朽权贵鄙视和厌恶，他始终相信天子是被污秽蒙住了双眼，只要有人敢于直言，便可以令天子清醒，继续贤明下去。

他觉得仕途就是一个很长又很短的梦，梦终究会醒，在醒之前他要抓紧时间施展才华建功立业，等梦醒之后，他便可以隐退山林，做一个与世无争的闲人。

这些想法在李白的脑海中串联成线，回到住处后李白又提笔写了一首《驾去温泉后赠杨山人》来表现自己清绝超拔，绝不与世俗同流合污。

少年落魄楚汉间，风尘萧瑟多苦颜。
自言管葛竟谁许，长吁莫错还闭关。
一朝君王垂拂拭，剖心输丹雪胸臆。
忽蒙白日回景光，直上青云生羽翼。
幸陪鸾辇出鸿都，身骑飞龙天马驹。
王公大人借颜色，金璋紫绶来相趋。

当时结交何纷纷，片言道合惟有君。

待吾尽节报明主，然后相携卧白云。

李白像是一个流散在洪流乱烟中的旅客，尽管邂逅了许多意想不到的风景，也承受着难以诉说的孤独与疲倦。他这样告诉自己，如果时光倒退十年，那就安心地做一个隐者，在深山中顿悟人生，闲时陪妻子煮茶下棋，忙时到田间耕耘丰收。或是直接去做一个浪子狂徒，有酒时饮酒，有肉时吃肉，快意恩仇，痛痛快快，不必再如此拘谨束缚。当然这些都是李白自己为了逃避现实找的借口。

人们总是能找到很好的借口，来解释自己犯下的种种过错。如果时光真能倒流，我们还是会犯同样的错误，会追寻同样的梦想，会深爱同样的人，只不过为了掩饰内心的遗憾与脆弱，我们会选择性地忘掉过去，也同样选择性地期盼未来。

其实真正的遗憾便是李白这样的，他追寻了半生的梦想，实现时却发现了梦想背后的黑暗，这种黑暗肮脏卑劣令人沉沦，也不断吞噬欲望和灵魂，令李白身心俱疲难以招架。所以他饮酒消愁醉生梦死都情有可原，他不过想有片刻的放松和安宁，来抵挡下一次更为猛烈的痛苦和烦恼。

这红尘万丈谁都曾来过，每个人也都有属于自己的遗憾。有的遗憾千古长存，赢取了一代又一代人的眼泪；而有的遗憾百年一瞬，半滴眼泪也无法带走，多么现实而又悲哀的人生！

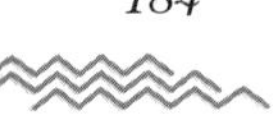

大鹏展翅恨天低

从骊山回来之后，唐玄宗再也没有召见过李白，仿佛严寒的冬天让所有人都进入了深眠，他们围着炉火披着貂裘大衣载歌载舞，完全忘记了还有百姓流离失所，还有战争近在眼前。

李白痛恨这些掌权者，但是他无可奈何，他只不过是皇帝身边的一个“书童”，且偏偏在玄宗最不想要打理朝政的时候，才有机会看到帝颜。所以，他开始厌倦了如今的职位，他不是贪功的人，却比任何人都渴望平步青云，他心里压抑的情绪，乐不思蜀的帝王自然不会知晓。

日光倾城，旧日向晚。这个冬天快到没有准备便过去了，大地严寒消去、春雨如丝、杨柳吐绿，围墙内三千宫娥载歌载舞，撞钟击鼓之声不绝于耳，整座长安城都在欢呼春天的

来临。

唐玄宗亲自带领群臣、众妃到宫中的沉香亭观赏牡丹，著名乐师李龟年带着一帮梨园弟子前来歌舞助兴。

此时杨玉环尚未被册封为贵妃，只是以“太真道士”的身份陪伴在唐玄宗身边，但唐玄宗早已把她当贵妃看待，他见到李龟年正准备歌舞，挥手对身边的内侍道：“赏名花，对妃子，焉用旧乐词为？传朕旨意，命李翰林速来见驾！”

内侍手持御诏赶往翰林院，李白恰逢在长安街市讨酒，并不在宫中，内侍们好不容易在酒楼找到李白，发现他已喝得酩酊大醉，只好用轿子把他抬到了兴庆宫内，一番收拾打扮这才将李白带到唐玄宗面前。

唐玄宗见李白来了，便令内侍赐座，待李白坐定后便说：“太白，今日牡丹花开，贵妃邀你助兴，不要败了兴致，不然唯你是问。”

李白恍然正色，正襟危坐，酒已经醒了大半，拿起笔思虑片刻便要纵笔疾书，唐玄宗这个时候挥手阻止道：“太白之靴沾满花泥，如何能写出好诗？”遂命高力士取一双新靴子给李白，谁知李白醉态朦胧竟然直接把脚伸到高力士面前，让他为自己脱靴。高力士自视尊贵但因唐玄宗在前，不得不屈尊，弯腰给李白把靴子换了下来。

可以想象一个权倾朝野的大将军，一人之下万人之上，九州四方的奏事都要经过他的批阅，文武百官没有一个不巴结他的，他还从来没有受过这样的侮辱，此时他就如同一头暴怒的野兽，随时都有可能将眼前的李白撕成碎片。但是李白并不畏惧，他从来都是一个落笔摇五岳、啸傲凌王侯的狂人，就算是在唐玄宗面前也是不卑不亢。

李白站起身来走到书案前拿起笔来，杨玉环在他身旁亲自捧砚，李白在半醉半醒之间仿佛看到身旁的美人娇态可掬，像枝红牡丹沐浴雨露散发芳香，唐玄宗满脸宠溺地望着这样绝美的花容，又望着不远处簇拥绽放的牡丹，竟也分不清是人美还是花美。这般旖旎的画面，李白怎么能够错过，他像是一个技术高超的摄影大师，捕捉着瞬间的神韵姿态，然后纵笔疾书，三首《清平调》一气呵成，跃然纸上。

其一

云想衣裳花想容，春风拂槛露华浓。

若非群玉山头见，会向瑶台月下逢。

其二

一枝红艳露凝香，云雨巫山枉断肠。

借问汉宫谁得似，可怜飞燕倚新妆。

其三

名花倾国两相欢，长得君王带笑看。

解释春风无限恨，沉香亭北倚阑干。

这三首诗可谓语语浓艳，最突出的是将花与人融在一起写，美人赏花，君王赏人，写得情趣盎然，令杨玉环笑颜如花，玄宗龙颜大悦，高力士在旁陪笑不止，而李龟年则按照新词重新编排了曲调，调丝竹，击手鼓，歌女随着节奏翩翩起舞。

从此李白奉命从翰林院搬到兴庆宫，留在皇帝身边随时准备任用。

这种待遇是许多人一生都无法企及的，李白遇水化龙不到一年便成了皇帝的膀臂，文武百官争相前来道贺，王公贵胄也纷纷请他宴酒，只有李白清楚自己和那帮梨园子弟没有任何区别，他烦恼宫廷里各种应酬，也烦恼前途一片黑暗，他受诏的次数越多，唐玄宗对他的宠爱就越甚，他心里的苦闷也就越严重。

李白索性抽身到长安各地游玩，写下了不少诗歌，如曾去终南山访旧，留诗《下终南山过斛斯山人宿置酒》；游历过华山，留诗《春日游罗敷潭》。倦游归来又陪着贺老等好友饮酒作乐，用李白诗来说就是“但得醉中趣，勿为醒者传”，竟然完全不顾朝廷琐事，悠闲地度过了许多时日。

冬风满怀，大雪将至。天宝二年（公元 743 年）冬，一个

看似寻常的午后，酒楼里炉火烧得正旺，“酒中八仙”正围炉取暖，贺知章坐在正席，李白坐在他身边，手捧酒杯喝得东倒西歪，醉意盎然。突然传来一阵急促的敲门声，还未等到里面的人开门，高力士就带着内侍夺门而入，门外风雪涌入，吹得炉火刺啦作响。此刻众人酒兴全无，个个眉头紧锁，李白甚至怒发冲冠，站起身来质问道：“高总管所为何事，竟要不请自来，毁我雅致！”

高力士本就对李白心有不满，此时更加怒不可遏，脸色阴沉地道：“奉天子之命，急诏李学士入宫，刻不容缓！”

李白的性格总是如此爱憎分明，在朋友面前他是义薄云天的英雄豪杰，而在外人面前他是狂妄自大的登徒浪子，就算此刻是天子有令，也不想那么毕恭毕敬，诚惶诚恐，甚至想要违抗。他仰起头怒瞪高力士，乌黑的头发披在耳边，整个人都有一种冰冷的感觉，他兀自坐下借着醉酒高声唱道：“李白一斗诗百篇，长安市上酒家眠。天子呼来不上船，自称臣是酒中仙。”

李白就是如此狂妄，狂妄到拔剑凌霄，狂妄到不惧天命，狂妄到高力士乱了分寸，令身边内侍用冷水泼向李白，然而李白还是未醒，他站起身来走到案桌前，拿起狼毫便开始奋笔疾书，题诗《月下独酌》(其二)：

天若不爱酒，酒星不在天。
地若不爱酒，地应无酒泉。
天地既爱酒，爱酒不愧天。
已闻清比圣，复道浊如贤。
贤圣既已饮，何必求神仙。
三杯通大道，一斗合自然。
但得酒中趣，勿为醒者传。

写完诗篇，李白酒醒大半。他恍然想到最近几日边关捷报频传，三军士气大振，玄宗必将撰写《出师诏》以振军威，莫非这高力士前来就是为了这个？李白虽然憎恨高力士，但是国事当前，他也不得不将私人恩怨暂时放下，整理好衣冠，和众人道别后自顾自地走进了风雪之中。

报效国家的时刻终于来了，这荒废的三年待诏时光，让李白快要忘记了自己的理想，每次被召见不是赏花看景，便是作诗填词。许多人以为在皇帝身边走过一圈，便可以飞黄腾达指点江山，只有经历过的人才知道官场的繁复和黑暗，每一步都要小心翼翼，一旦跌入万丈深渊便再也无可能重见光明。李白雄心万丈，也不过是为了皇帝妃子的吃喝玩乐效劳，意志快要消磨干净的时候，反而来了这样一个千载难逢的机会，李白自然想要紧紧抓住。

李白刚一到大明宫，便看见唐玄宗和杨玉环以及文武百官都早已在殿中等候，案桌上摆的不是佳肴美酒，而是上等的文房四宝。他欲行跪拜之礼，还未俯身，便被唐玄宗托住了肩膀，果然是让他撰写《出师诏》。这等礼遇使李白有种飘飘然的感觉，心想定要作出前无古人的出师诏来以谢皇恩。

李白缓缓走到案桌前，拿起凤毛笔便要开始挥毫，奈何寒冬腊月，笔尖被冻成一体，笔锋略显顿重，难以跟上他如泉涌的思维，他随手便唤了几个宫女，对着笔尖吐气如兰，用口中的热气将笔尖软化。

待笔尖柔软，李白早已开始笔走龙蛇，不过一盏茶的功夫便将一篇《出师诏》写完。唐玄宗急忙拿起捧读，洋洋洒洒千余字，可谓是大气磅礴、堂皇气派的典范，只觉得一股热血涌上心头，龙颜大悦，对李白笑道："李卿家果然乃当世司马相如，实属万里挑一的奇才啊，今卿家立此大功，当授中书舍人一职，从今往后，专为朕司掌诏命，起草王言。"

李白自幼深受赵蕤的影响，对排兵布阵，笼络军心有独到见解，这篇《出师诏》不过是他借题发挥之作，但却在天宝三年（公元744年）大唐与吐蕃的外交中起到了至关重要的作用，这就是李白政治才能的体现，只可惜李白并不知道，他等不到再次受褒奖的那一天了。

李白跪在大殿前只觉得唐玄宗光芒万丈，福泽深重。李

白凭借文采斐然进入世人眼中，他有着慷慨激昂的理想，有着放纵不羁的性格，有着万古无双的才华，可是唐玄宗却只给一个“帮闲”的杂职，一等就是漫长的三年，他比任何人都想要报效国家，比任何人都渴望扭转衰亡，如此尽心尽力，终于是得到了回报。中书舍人，一个多么接近权力巅峰的称谓，也许不久后唐玄宗所有的言行都要经过他的润色，他可以周旋在百官之间，为万千百姓谋取好处，也可以化笔为旗，号令边关外殊死搏斗的将士。李白认为，他一生的使命，注定要从这里开始。

这一夜，李白开心得像孩子得到了心爱的糖果，他卸下了沉重的包袱，和三两好友欢聚在酒楼中谈天论地，饮酒赋诗。这三年来承蒙长安的朋友照顾，如今李白的仕途终于有了转机，他一定要感谢这些朋友。对于李白而言，千恩万谢都不如化作一杯杯美酒，在以后的日子里，只要有需要他李白帮忙的，必定仗义出手。

世间浑浊一片，李白却如青莲般不受侵染，他的灵魂高贵而纯净，他的风骨高傲又不羁，他便是这世上不拘一格的光明，拼尽全力地挣扎着、坚持着，以为熬过去就会好，但是黑暗和浑浊却愈见膨胀，剩下的日子会怎样？

还是让我们拭目以待吧。

赐金放还归布衣

李白任中书舍人后，依旧在宫中我行我素。高力士拉拢杨国忠、张垍等人酝酿了一个巨大的阴谋，一张无形的张网已经在暗中展开。

高力士因脱靴一事始终耿耿于怀，所以他刻意搜集了李白所有进献的诗歌，昼夜研读，希望从中找出破绽扳倒李白，最后他在李白写的《清平调词》中做文章，在杨玉环面前百般诬陷道："李白将娘娘比作赵飞燕，是在轻笑娘娘的身材，更何况那赵飞燕乃是娼妓出身，这是在侮辱娘娘，罪不可恕！"从这之后杨玉环便与李白有了隔阂，甚至在玄宗面前说李白的不是。

再说张垍，他早前在李白初入长安时，便看出李白的才华

远胜于他，怕李白抢了风头，便明里帮忙、暗里捣乱，将李白安排到终南山去。他万万没想到，十年后李白还是回来了，而且是带着万丈光芒回来的，在起草完《出师诏》后更是荣耀加身，已经威胁到了张垍的地位。张垍想要除掉祸患，便向唐玄宗状告李白，说李白整日酗酒为乐，不务朝政，不思进取，甚至经常滋事斗殴，影响甚坏。

在这些处心积虑地陷害中，唐玄宗的诏令日渐消失，到后来中书舍人的职位成了一个摆设，再也没有内侍带着谕旨前来召见，再也没有王公贵胄前来拜访，李白只能独自守着清冷的宫殿庭院，百无聊赖地喝着闷酒。

日子细水长流，世事沧桑多变。李白身负的荣耀就只是一个华丽的泡影，一阵风便可以将其吹破。李白终于明白高处不胜寒的深意，就是因为他走得太快、爬得太高，就是因为他恃才傲物、蔑视权贵，所以他才得罪了满朝文武，从高空中跌落将一颗心跌成了粉末。

或许我们不应该怪罪李白如此不圆滑，他只是活得太真实，他不愿让自己的内心蒙受任何灰尘，他也不愿意戴上伪装的面具去依附别人，他就是一只孤鹏，因为喜欢白云蓝天，喜欢清风明月，喜欢美酒佳肴，才会有他迷人的浪漫和洒脱，才会在无数个日夜里被人争相膜拜。

李白提着一壶美酒摆在花丛间，一整夜都在回想待在长安

这三年有余的点点滴滴，他本以为盛世繁华总能抵抗衰亡，但没想到这盛世下的暗流奔涌不息，边关外大小战乱不断，宫廷里明争暗斗频发，眼看就要毁于一旦。李白素来便有“天下兴亡，匹夫有责”的大志和力挽狂澜的责任感，却始终不得施展，他既失望也灰心，写下了大量揭露宫廷内幕的诗歌，批判统治者的昏庸腐朽。

他不曾想到这些权贵佞臣已经到了无法无天的地步，他所写下的这些诗歌非但没有成为统治者清醒的警钟，反倒成了悬在他心头的利剑，他随时可能因为这些言行而一败涂地。

在无数个夜晚的挣扎后，灰心和失望的李白决定离开这座华丽而冰冷的城池，离开这个肮脏又黑暗的官场。他上书唐玄宗，请求归山隐居，希望他的离开可以让这个昏庸的帝王清醒片刻，让这个迅速没落的朝代再坚持一下。可谁想唐玄宗没有思虑便答应了他的请求，下了一道“赐金放还”的诏令，如同锋利的刀刃般在李白本就失落的内心里又添了一道伤痕。

那一夜的月光形单影只，而李白同样是独身一人，他对着月光举起酒杯，心想今夜便让明月相伴共饮美酒吧。他低头斟酒却看见自己的身影同样孤独无依，便将影子加入到了同酌共饮的行列中。

喝到半酣之际，只见他亦歌亦舞，憨态可掬，他醉眼向上望去，空中的月亮好像在随着他歌唱的节奏徘徊起舞，他醉

眼向下看来，地上的身影更是随着他的手舞足蹈而摇曳不定。

这种无依无靠的凄凉令他潸然泪下，他捂住胸口却无法阻止心事溢出来，只能将溢出的心事调成水墨，写成一首《月下独酌》（其一）：

花间一壶酒，独酌无相亲。
举杯邀明月，对影成三人。
月既不解饮，影徒随我身。
暂伴月将影，行乐须及春。
我歌月徘徊，我舞影零乱。
醒时相交欢，醉后各分散。
永结无情游，相期邈云汉。

或许此时此刻、此情此景里落拓不羁的人才是我们认识的李白，是那个生活在自己的精神世界里的纯粹的、浪漫的、不食人间烟火的李白，他的洒脱、他的自在无论是谁都无法效仿，也只有他才做得出这样匪夷所思的举动。在内心孤独寂寞的时候，他竟会给自己喝酒找到合理的借口，借由月光和影子创造了一个唯美虚幻的场景，这样便可以推杯换盏，一醉方休。

我们不难从他的思想中找到伤痛的痕迹，那是一种千帆过

尽，再无心与这世俗争斗的无奈。也许大凡天才都与常人在思想境界上有相当的差距，他们的追求与探索也常常会被人误解，就好比李白“济苍生，安社稷”的理想不能实现，他也不肯做一个御用文人，不肯为了帝王的醉生梦死，为了自己的荣华富贵做丝毫的贡献，所以他甘心抛下锦衣玉食的生活，放下头顶的乌纱帽，重新回到那般风餐露宿的生活，重新归于江湖做一个恩怨分明的侠客。

酒过三巡，醉眼蒙眬。这纵横五千年的历史中，没有人比李白更会借酒消愁，也没有人比李白更爱与酒做伴。此刻他终是醉了，没有任何自主意识，而在沉醉之前的最后时刻，李白还意识到，只要他一醉倒，什么月亮、什么身影都已化作泡影，之前所有美好的事物都变成了一场醉梦，权力、恩宠、希望都没给自己留下。

三年前是唐玄宗不远万里从山东将李白召来，李白虽一路辛苦但想到可以跟随明主，心中便觉温暖如春。而今唐玄宗不念旧情一纸辞呈便将他打回原形，朝廷的乌烟瘴气令他不得不离开长安，他内心百感交集，心痛不已。

其实不是李白不够坚强，而是现实如刀剑般锋利无情，纵然他有三头六臂也抵不过沉浮的命运，他也明知道这是一场必定悲剧收尾的剧情，却依旧从始至终地坚持着，他放弃了安安稳稳的生活，倾尽了毕生的力气，最后也不过落了个一

败涂地，这其实不是梦想，而是彻底的阴谋。

黄粱一梦，如冰卧背。命运不会给人没有回旋的绝路，李白在长安的失意也并不见得就是人生的大不幸，从文学的角度来讲，如果李白真的一生都生活在宫廷中，那他也必定不复诗仙之名，长时间的官场生活会将他天马行空的想象局限住，会将他万古盖世的才华掩埋掉，甚至就连他纯洁如莲的品行也会出问题，如果真是这样那无疑会是文学史上空前绝后的遗憾。

李白的辞京还乡，实现了他精神上的涅槃，这种涅槃源于他对独立人格的追求。他无法忍受任何程度上的羁绊，所以此刻他对官场心灰意冷，以后也不会再燃起丝毫希望。这样的李白就是一只浴火重生、脱胎换骨的凤凰，从此他将站在文学殿堂的最高峰上睥睨众生，傲然成仙。

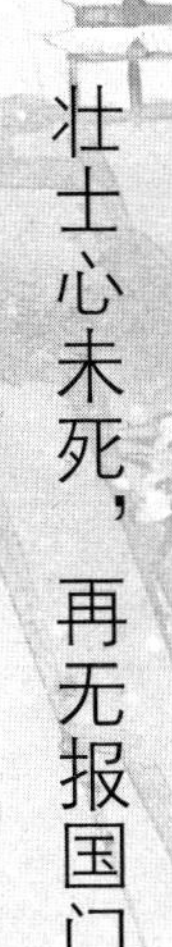

第六章 壮士心未死，再无报国门

每个人都是人世间匆忙的行者，或多或少都在做着一场无法预知的修行，以自己或深或浅的阅历来泼墨书写不同的人生。精彩、辉煌、失败、悲怆，无论是哪种都无法更改辩驳，倒不如适时知足，品一壶香茗，斟一杯清酒，于安静中把光阴闲读。

李杜之情，高山流水

尘缘如梦，梦断成空。盛世的繁华已经奄奄一息，“赐金放还”的李白又开始了孤独行走，背着一个有诗有酒有月光的梦，以及一些蹉跎不堪的年华，那么匆忙地去追寻新的旅途，品味新的人生。

浮生一场，山水几程。当李白从长安流浪到洛阳时，民间早已流传开关于他的诗篇和事迹，他的崇拜者遍及天南海北、大街小巷。而当时身居洛阳的杜甫不过是一个籍籍无名之辈，他在少年时便领略了李白诗篇的雄浑壮阔，后来名落孙山后也是李白的诗歌令他走出阴霾困境，所以他对李白的崇拜可谓执着又热烈。

但命运总是有意无意地错开两颗巨星的相逢，很多年前，

李白身居安陆时，杜甫寄身吴越；杜甫游齐鲁时，李白又去了江淮。杜甫一直相信，命运安排了一次次擦肩而过，是为了更好的相逢。

繁华之末的洛阳，仍旧是一派富庶奢靡的景象，数不尽的歌台舞榭，喝不完的美酒佳酿，青石板上残留的花香缠绵了多少风流韵事，令人遐想。而李白的眼中多是疲倦，他疲于奔波，也疲于应付，天高地阔仿佛再也没有容身之处。仗剑天涯，从此怕是要一路游荡，一身青衣终会失去淡淡的花脂香，而被世俗的风尘淹没，再没有往日的神采飞扬。

他望着酒旗飘扬的店家，嘴角轻微上扬，似是在笑这繁华的背后多是寂寞断肠，他并不知晓有一个人在这里日夜等他，更不会知晓这次无人许诺的等待会让两个截然不同的灵魂，顺着命运的轮转交织在一起。

这个等待的人就是杜甫。正值盛年的杜甫，目光如炬，才思敏捷，是个诗坛初出茅庐的小辈。他的诗歌里很少有李白那样的肆意挥洒，也很少有求仙问道的字眼。

他七岁学诗，十五岁诗名渐起，二十五岁应试举人名落孙山，三十岁娶妻生子，生活平淡朴素，没有江湖的恩恩怨怨，也没有红尘的牵肠挂肚，比起李白他要更幸运也更幸福一些。他仰慕蔑视权贵、反对秩序的李白，他钦佩即便是在最为繁华的长安，李白也能脱颖而出走到诗坛的顶峰，即便是落魄不

堪，也从不失一番豁达与傲骨。他将李白的每一首诗都烂熟于心，希望从李白身上学到更多的经验，增加自己的人生阅历。

杜甫见到李白的那天，洛阳郊外有大片牡丹盛开，玉笑珠香，冠绝群芳。中国人向来把牡丹当作富贵吉祥的象征，所以每年四月会有无数游人来洛阳一睹盛况。

李白闻香而去，一袭青衣随风而舞，纤长的手指托住了酒杯，一会儿喃喃自语，一会儿昂首饮酒，立在人群中犹如鹤立鸡群，显得异常突兀。杜甫只一眼便认出了他，那种感觉好像是多年不见的老友久别重逢，喜悦、激动、惊讶，复杂的情绪融汇到内心里，那一刹那，漫山遍野的牡丹都失去了颜色。

没有寒暄的问候，没有片刻的迟疑，杜甫知道眼前的中年男子便是名满天下的诗仙李白，而李白同样也知道他便是写《望岳》的杜子美，那“会当凌绝顶，一览众山小”的诗句就像是年轻时的自己，多么不可一世，多么意气风发，想到这里，李白不由得感伤，只怪岁月匆匆，终是被现实磨平了棱角。

李白的朋友多是忘年之交，从年幼亦师亦友的赵蕤，到后来君子交情的孟浩然，再到酒肉知己贺知章，每一段友情都跨越了年龄的界限。

而这些与李杜之间的友谊不同的是，李白都是作为小辈从中学习人生哲理，获得关怀和帮助，但如今时过境迁，李白

已经年逾半百。面对着比自己小十一岁的杜甫，李白完全不懂得如何去教导他，也不会以自己的才名在他面前倨傲，他更愿意像知己般将那些沉积已久的苦闷，向杜甫毫无保留地倾诉。这般毫无保留的谈吐令杜甫的仰慕之情愈发浓烈，不过几日二人便成了推心置腹的挚友。

之后的一年多，对杜甫而言，就像是一场梦。他们相携游尽洛阳美景，一路走着笑着，无话不谈。夏季过去以后，杜甫收到家书要他赶回去安葬姑妈，分别在即虽有些恋恋不舍，但两人又约定秋后梁宋重聚，一起访道求仙。

临风听雨，登山望月。杜甫一办完丧事，便快马加鞭地赶到了梁宋。两个人重聚在梁宋的招牌酒楼，饮酒高歌，抒怀遣兴。他们还在这里遇到著名边塞诗人高适，高适此时也还没有禄位，同是天涯沦落人，相似的经历消除了初次见面的拘谨。三人畅游甚欢，评文论诗，缅怀古今，纵谈天下大势。

第二日，三人同游梁园，遥想西汉年间，梁园是何等的富丽堂皇，雄伟宏大，方圆三百里，宫观相连，奇果佳树，珍禽异兽，无所不有，俨然就是景色秀丽的人间天堂。只可惜今昔变迁，如今的梁园，月光虚照，院墙颓败，青山暮暮，只有古木参天，飘挂流云，令高适和杜甫心生无限感慨，诗性大发。高适先作了一首《古大梁行》，杜甫接着挥毫泼墨著成《遣怀》一诗，唯独李白没有言语，也没有提笔。

他重游梁园并非为了吊古怀今，早在很久之前他就为其写过一首《梁园吟》。他仰头哈哈大笑，念出《梁园吟》中的诗句："东山高卧时起来，欲济苍生未应晚"，此刻若是有酒，他必定痛饮三杯，以消心头不快，可若无酒可饮，那便狂啸三声，令天地摇晃五岳颤抖。

不久后三人先后离开了梁宋一带。高适南游楚地，而杜甫李白则北上东鲁。

李白虽再无功名之心，但他对生活的激情却丝毫未减，这次到东鲁齐州是为了到紫极宫领受北海天师道箓。而杜甫壮心未了，希望在有生之年一展宏图抱负，他奔走拜谒，求人推荐，几乎走的就是李白的老路，但幸运的是杜甫谦卑恭顺，不卑不亢，多数的官员喜欢举荐这样的才子，因而他拜访了当时的北海太守李邕。

时间能够化解所有恩怨，就像这个江湖里你死我活的纠葛，到英雄双双暮年，也不过剩下了惺惺相惜。李邕是李白曾拜谒过的官员，晚年的李邕越发成为一个传奇人物，在文坛享有盛誉，整日间拜谒之人无数，宅府内更是门庭若市，热闹非凡。而此时李白与杜甫一同拜访这位文坛泰斗，当见到李邕花白头发，微笑走出来的时候，李白心头不由一凛，这二十年的岁月将他的年轻气盛带走了，他再也无法因赌气写出《上李邕》这般狂妄的诗篇，再也无法望着眼前的老人指着鼻

子讽刺他。昔日少年都已年过半百，果然是岁月催人老啊。

时光飞逝，岁月如梭。在某个秋日无风的日子，迎着南归的雁鸣，李杜两人骑马往鲁城的城北郭外，去拜访在李之芳宴席上结识的隐士范十。

秋末天寒地冻，山路崎岖波折，沟壑纵横，碎石嶙峋。二人也不知范十住在何处，便一路欣赏风景，一路横冲直撞地沿着山路径直走去。李白走在前面，身上挂满了苍耳，但他不以为意依旧兴奋地往前走去。这可苦了跟在身后牵着白马的杜甫，书生体弱，爬山颠簸已经让他气喘吁吁，脸色苍白，他还要紧追猛赶前面的李白，一来二去竟有些力竭。

所幸在天黑之前二人赶到了范十门前，杜甫一屁股坐在地上，而李白则大步流星地走了进去，也不管门外童子的阻拦，便高声大喊："范十，太白来看你了。"

范十大为吃惊，两个人狼狈的模样令范十难以相认，直到看到李白腰间的宝剑才哈哈大笑道："原来是太白兄远道而来，有失远迎，有失远迎。"

少顷，童子端来了水果，三人乘风对月，言笑甚欢，甚至从洪荒之初讲到三皇五帝，又从战国七雄讲到如今的大唐江山。三人各抒己见，开怀畅叙，直聊到酒坛见底，尽皆烂醉如泥。杜甫随口吟出一首《与李十二白同寻范十隐居》，来表达对真挚友情的珍惜，和对心志共鸣的欣喜。

李侯有佳句，往往似阴铿。
余亦东蒙客，怜君如弟兄。
醉眠秋共被，携手日同行。
更想幽期处，还寻北郭生。
入门高兴发，侍立小童清。
落景闻寒杵，屯云对古城。
向来吟橘颂，谁欲讨莼羹。
不愿论簪笏，悠悠沧海情。

可杜甫如何能想到“醉眠秋共被，携手日同行”的诗句竟会为这段快乐的日子画上句号。相聚好像就是为了别离一样，知道早晚会有这么一天，但总希望这一天来得晚一些，再晚一些。可无论怎样祷告，该来的总会来。

李白还清楚地记得，杜甫举着手中的酒杯，迟迟不肯放下，夕阳的光从身后洒下来，染红了他俊朗的侧脸。他像个孩子一样掩面痛哭，他无法像李白那般洒脱，离别的伤痛令他悲痛欲绝，他知道李白的宿命便是流浪，李白不会为了任何人停留下来。所以杜甫舍不得，更害怕此经一别，就成了永诀。

而李白一直相信人生若只如初见，所有的故事都将有一个美好的结局，所以离别并不会令他过度悲伤，他轻轻拍着杜

甫的后背，笑得肆意张狂。

杜甫不停地举杯、斟酒、举杯、斟酒，想要将自己灌醉，这样便不会知道李白何时会扬长而去。

李白也醉了，离别的酒总是特别醉人。他仿佛看到荡漾的秋波横在泗水，熠熠的海色映亮了远山徂徕。

人的一生就如飞蓬随风飞舞，各自飘零远逝，凡人无法左右去向，也无法掌控早晚。那么，就倾尽手中杯，以酒抒怀，来一个醉别吧！

两个人在酒酣之际各自为对方做了一首诗，杜甫先成一首《赠李白》：

秋来相顾尚飘蓬，未就丹砂愧葛洪。

痛饮狂歌空度日，飞扬跋扈为谁雄。

若是这世上还有一人能懂李白，那一定就是杜甫。他对李白由衷的崇敬愈来愈强烈，也唯有杜甫可以真正走入李白的内心世界，语出惊人，将李白独特的个性展现得淋漓尽致。

后来杜甫写过很多赞颂李白的诗句，对李白评价之高，从古至今无人能及，如“死别已吞声，生别常恻恻”；“冠盖满京华，斯人独憔悴”；“千秋万岁名，寂寞身后事”；“笔落惊风雨，诗成泣鬼神”等等，从这些诗句中我们不难看出李白

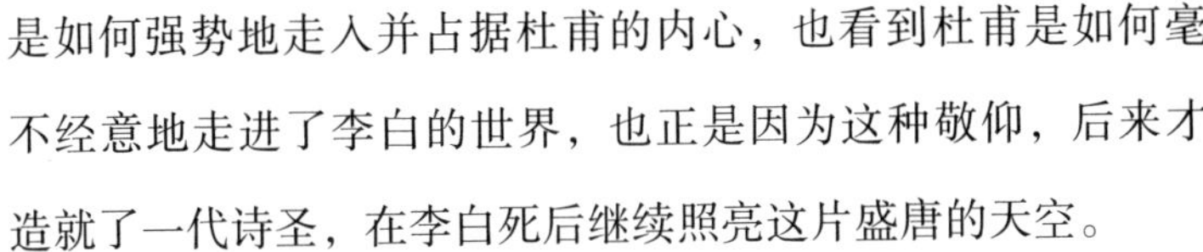

是如何强势地走入并占据杜甫的内心，也看到杜甫是如何毫不经意地走进了李白的世界，也正是因为这种敬仰，后来才造就了一代诗圣，在李白死后继续照亮这片盛唐的天空。

李白并非铁石心肠的人，只是离别于他而言早已司空见惯，他再也无法泪眼婆娑地向别人挥手道别，再也无法缠绵哀伤地诉说不舍。可他没有想到，面对着黯然神伤的杜甫，他会如此心痛，像是被剑刺穿了心脏，他仰头喝下最后的酒，放声吟诵出一首《鲁郡东石门送杜二甫》：

醉别复几日，登临遍池台。
何时石门路，重有金樽开。
秋波落泗水，海色明徂徕。
飞蓬各自远，且尽手中杯。

李白之所以留下这首诗，更多是想给杜甫以鼓励和希望。在他走后许多年里，杜甫依旧会想起这段相逢的岁月，那时候他的身边只有那城边的老树，耳边是破草庐外萧瑟的风声，他捧着诗卷，饮着薄酒，与内心的孤独做着斗争。

神游八极，天姥留别

每段人生总有等不到的春天，总有无法实现的梦想，经历过的失败越多，越会对整个世界别无多想。一颗薄弱的心怎能禁得起孤独的折磨和屡败的痛苦？

李白的一生都在追求功名，在这段漫长的路程里，他始终都在南辕北辙，被斥去朝的那一刻，所有的辛酸、所有的苦恼、所有的波折都如同冰河破裂狂涌而出，一场突如其来的大病令李白近乎形销骨立。

人生不如意之事，十之八九。这场病总该来了，李白每次在睡梦中都被咳醒，他想这便是为了惩罚他对子美的无情，也是为了让他在摧毁中重生，在他以后的日子里，因果定数都将被重新排列，是福是祸也只能亲身去经历。

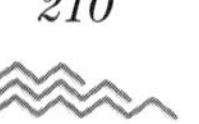

古树荒道，落叶秋风。再也没有金樽重开，再也没有携手同行，往事的欢喜就像是一场繁华的旧梦，短暂到令人心痛。

北国的秋风萧瑟，江南依旧百花竞艳。李白躺在病床上写了一封很长的信，后面还附了一首《沙丘城下寄杜甫》来表达他的思念，他不知道南下的孤雁能否将他的故事捎带给杜甫，就算不能他也要寄给天涯，若是哪一日命运轮换，或许还能让他看到。

我来竟何事，高卧沙丘城。
城边有古树，日夕连秋声。
鲁酒不可醉，齐歌空复情。
思君若汶水，浩荡寄南征。

所幸病情只是暂时的，所有的不幸都在病情好转的时候烟消云散了，就如同黑夜之后总会等来黎明，漫天的大雨也总会停歇。病愈后的李白又重新找回了自己，他看起来不再显得那样憔悴，立在人群中，依旧是那个俊朗洒脱的阳光男子，只是他的心支离破碎再也无法拼凑起来。

李白觉得应该出去透透气，让新鲜的空气和温暖的阳光包围就要发霉的身体，让山河名胜的灵气来洗涤他的灵魂。他想起多年前曾游历越中一带，但始终未去天姥山。贺老曾不止

一次向他提起过，天姥山乃道家神山，高入云霓，山势崎岖，高度超过了五岳，仿佛与天地相连。天姥的开山鼻祖谢灵运也曾写道："暝投剡中宿，明登天姥岑。高高入云霓，还期那可寻。"李白对此兴趣盎然。

青灯旧梦，苍茫人间。听说李白要出游，东鲁的朋友便设宴为他践行。他大病初愈，一番豪饮，酒酣之际意兴阑珊，听闻朋友们讲起天姥山时，他竟沉沉地睡着了。那一夜他梦游天姥，仿佛一夜间便飞过了被月光倾撒的镜湖，湖面上波光粼粼，宛若天宫仙境，自己的倒影飘忽如仙，青色的长袍垂在湖面，涟起了波澜。他便这般随着月光一路游荡，来到了剡溪。

剡溪自古便是文人学士居游之地，夹岸青山，溪水逶迤，历史上早有"剡溪九曲"胜景，此时亲眼看见令他心旷神怡，又想起谢公曾游历至此，他居住过的草房子如今也还在这里，与山水浑然一体。

李白仿佛能听到清脆的溪水流动声，同时还伴着几声猿鸣，他踩着谢公当年特制的木屐，攀登直上云霄的山路。上到半山腰时便看见远处海天一色，然后地平线如煮沸般开始升腾起红色烟雾，一轮火红的太阳从烟雾中缓缓升起，在半空中传来天鸡报晓的啼鸣，仿佛一声声禅音穿透了李白心中的烦躁。

前方的道路随着白云的飘动而找不到方向，无数山岩重叠，道路盘旋弯曲，李白缓慢向前行走，欣赏着鲜花，依倚

着石头，不觉间夜幕已经拉开。时光在梦里不知为何会如此迅疾，清晨的曙光才刚刚刺破苍穹，夜晚的寒风便吹过了发梢，耳畔回荡着熊咆龙吟般的泉水震响的声音。

天空昏暗，云层黑沉，像是有一场暴风雨即将到来，电光闪电肆虐着天空，山峦好似要被劈裂般，一个洞府的门被轰然劈开，洞中的天空广阔无际，日月的光辉洒在金银铸成的宫殿上有着异样的神秘感。彩虹被当作衣衫，清风被当作骏马，云中的仙人们纷至沓来，有一种飘逸的美感。此时山中还有老虎弹奏着琴瑟，鸾鸟驾着马车，仙人们密密麻麻，宛若信仰者朝圣，景象之浩大，令李白叹为观止。

猛然间，李白感到心神颤动，惊坐而起，回想下这荒唐的梦，不禁长声叹息。原来这不过是一个短暂的幻境，连香炉里的熏香都还未燃尽，在梦里却似辗转了一生那般久远。想要去触碰那美轮美奂的场景，持着酒盅，提着宝剑，可又害怕那陡立的山崖深处，腾挪不慎便会跌得粉身碎骨，万劫不复。

自古以来世间诸事都如这东去的流水，一去不复回，所以每次离别都显得弥足珍贵，知己红颜，不知何时还能再相见，浊酒一杯，不知醉了谁的心。想到当时长安三年，圣主的任用，知己的言欢，都如此短暂，从被贬斥出京的那刻开始，所有一切都覆水难收，就像被人从天姥山狠狠地摔下悬崖。就算如此，他李白一身傲骨，也不会卑躬屈膝去侍奉权贵，使

自己不能有舒心畅意的笑颜。

清冷的深夜，李白披上了大氅，围坐在暖意融融的火炉边上，热了一壶茗茶，铺开了宣纸，提起笔便将梦中的所见所闻写成了诗，题为《梦游天姥吟留别》：

海客谈瀛洲，烟涛微茫信难求。
越人语天姥，云霓明灭或可睹。
天姥连天向天横，势拔五岳掩赤城。
天台四万八千丈，对此欲倒东南倾。
我欲因之梦吴越，一夜飞度镜湖月。
湖月照我影，送我至剡溪。
谢公宿处今尚在，渌水荡漾清猿啼。
脚著谢公屐，身登青云梯。
半壁见海日，空中闻天鸡。
千岩万转路不定，迷花倚石忽已暝。
熊咆龙吟殷岩泉，栗深林兮惊层巅。
云青青兮欲雨，水澹澹兮生烟。
列缺霹雳，丘峦崩摧。
洞天石扉，訇然中开。
青冥浩荡不见底，日月照耀金银台。
霓为衣兮风为马，云之君兮纷纷而来下。

虎鼓瑟兮鸾回车，仙之人兮列如麻。

忽魂悸以魄动，恍惊起而长嗟。

惟觉时之枕席，失向来之烟霞。

世间行乐亦如此，古来万事东流水。

别君去兮何时还，且放白鹿青崖间。须行即骑访名山。

安能摧眉折腰事权贵，使我不得开心颜！

李白从未去过天姥山，却比任何文人骚客都写得名动天下。他一生徜徉山水之间，热爱自然景观。此诗是以梦游形式形诸笔墨的，写得云遮雾绕，仿佛入仙山琼阁，给人一种扑朔迷离的神秘感。而后仙境倏忽消失，梦境旋亦破灭，李白终于在惊悸中返回现实，开始感叹在盛世大唐的荣光下，依旧有人屈身权贵，有人贪赃枉法。李白在这里所表示的决绝态度，是向统治者所投过去的一瞥蔑视，这便是他异于常人的伟大之处。

告别了东鲁的友人，李白冒着风雪开始了南下的旅程。他企图南下寻找明媚之处，谁知旧地重游，伤感无限。毕竟眼下的社会早已不再太平，理想与现实总是充满差距，抑郁和悲叹在所难免。

他从北去南，好不容易来到睢州，可江南也不曾逢春，雪落三尺，令人心寒。正在失落之际，他又遇见了故人岑勋，不

免想起十年前嵩山那次欢聚，那时候他还信誓旦旦地对别人说："天生我材必有用"，不曾想到时过境迁，竟以如此悲惨收场，令李白难以启齿，于是便作了一首《鸣皋歌送岑征君》，通过一连串的比喻，生动地勾勒出一幅统治阶级内部尔虞我诈、争权夺利的画面，抒发自己遭受排斥的不平心情。

重游扬州，李白同样感慨万千。想三十年前风华正茂，座下骑的是金羁络头的骏马，身上穿的是鲜艳夺目的锦袍，腰间佩挂着龙泉宝剑，结识的全都是燕赵之豪杰。心里头没有什么疑难可怕之事，干什么事情都是所向无敌。可经历了这么多年，大唐盛世都要开始衰落了，自己那些豪情锋芒又如何能经历岁月长久的磨蚀呢？

一指沧桑，让岁月流逝，让年华静默。正因李白年少时宠辱不惊，志大无畏，年暮后遂有"我不弃世人，世人自弃我"的人生悲剧，归根结底，这是自我犯错和救赎的过程。

百转千回后，也只剩下一声叹息滑落，萧瑟了一窗烟花风月，此时再举目山河，便只觉风景各异，再无欣赏的心思，遂写下了《留别广陵诸公》扬长而去。

忆昔作少年，结交赵与燕。

金羁络骏马，锦带横龙泉。

寸心无疑事，所向非徒然。

晚节觉此疏，猎精草太玄。
空名束壮士，薄俗弃高贤。
中回圣明顾，挥翰凌云烟。
骑虎不敢下，攀龙忽堕天。
还家守清真，孤洁励秋蝉。
炼丹费火石，采药穷山川。
卧海不关人，租税辽东田。
乘兴忽复起，棹歌溪中船。
临醉谢葛强，山公欲倒鞭。
狂歌自此别，垂钓沧浪前。

全诗几乎囊括了李白一生的主要经历和思想变化，展示了李白从一个积极的狂人到一个消极的狂人的演变过程。

其实，每个人都是人世间匆忙的行者，或多或少都在做着一场无法预知的修行，以自己或深或浅的阅历来泼墨书写不同的人生。精彩、辉煌、失败、悲怆，无论是哪种都无法更改辩驳，倒不如适时知足，品一壶香茗，斟一杯清酒，于安静中把光阴闲读。

酒醒梦断，心灰意冷

唐朝作为中国最强盛的朝代，在君臣共同的努力下，出现了政治清明、经济发展、社会安定、武功兴盛的治世局面，一直延续了近三百年。

但是没有朝代可以摆脱衰亡的命运，自唐玄宗改元天宝后，便一改往日励精图治的精神，开始志得意满，放纵享乐，从此少问国事。在纳杨玉环为贵妃后，更加沉溺酒色。唐玄宗任用有“口蜜腹剑”恶名的李林甫为宰相长达十八年，专权误国，败坏朝纲，屡兴大狱，使得忠臣名将纷纷受害。

而李白只一心想要忘掉不堪的政治遭遇，他奔走天涯，远离长安，再也不想追问万丈红尘中的是是非非，再也不去触碰黑暗官场的利欲熏心。他终是到了天台山，想要在这心灵向往的地方忘忧解难，聆听上古仙人的教诲，感悟智者大师的话语。

绿树绵延，鸟鸣婉转。五月的天台山，似乎春日还意韵未尽，浅夏便有些迫不及待地在枝头招摇，青釉泼满了天空，云锦盛开了大片，落英如雨，遍染红霞。李白一路攀援，一路欣赏风景，那漫长陡峭的山路被云层遮掩，山巅上的国清寺隐隐可见。李白健步如飞，越走越快，那瓷青的衣襟在风里飘拂，拂乱了云烟。

暮色四合，天边的浮云已渐暗。李白登入山巅，向东边翻涌的大海遥望，心中生出一种千帆过尽的悲痛。那传说中的东海六鳌早已化作枯骨，海上三神山也不知漂流到了何处，扶桑神树早已摧折，太阳的光彩已沉没殆尽。银台金阙犹如梦中烟云，秦皇汉武寻求的长生药亦如幻影。精卫填海，徒劳无功；鼋鼍为梁，不足为凭。历史就是无情的刽子手，无论是帝王，还是平民，都无二致，都要被猛浪洪流覆灭，都要接受命运的审判。李白没有慷慨激昂，没有愤懑惆怅，远方的大海波涛汹涌，一下一下撞击着礁石岩角，也撞击到李白的胸腔中，李白拔剑当作狼毫，沉腕拨镫，疾书几行字，题为《登高丘而望远》：

登高丘，望远海。
六鳌骨已霜，三山流安在？
扶桑半摧折，白日沈光彩。

银台金阙如梦中，秦皇汉武空相待。

精卫费木石，鼋鼍无所凭。

君不见骊山茂陵尽灰灭，牧羊之子来攀登。

盗贼劫宝玉，精灵竟何能？

穷兵黩武今如此，鼎湖飞龙安可乘？

此时的李白格外安静，如同禅定的老僧，没有任何外物可以打扰他的沉思。一切沧海扬波，洪涛排空的景象，并非看起来那么壮观辽阔，那重重的考验就像是如今动荡的局面。李白心系朝廷，关切国运，所以大唐的兴衰依旧会牵动他的思绪。

天宝七年（公元748年）四月，本应是人间芳菲尽的季节，却有人有意拨动了命运的琴弦，弦动，心便开始摇晃，一缕深深的惆怅，一缕淡淡的忧伤，遗落在云雨低垂的心海，令人黯然神伤。

李白此时决定从天台山离开，返回金陵。在途中远远望见了贺知章的坟墓，在这座坟墓里面埋葬着一位朴素而品格高尚的伟大诗人，同时也是李白生命中不可缺失的知己，李白悲痛泪下，写道：

欲向江东去，定将谁举杯。

稽山无贺老，却棹酒船回。

到达金陵后，李白与崔成甫相遇。曾经俊逸潇洒的崔成甫如今却一脸沧桑，如霜的白发如同针扎般触目惊心。

两人端着酒杯迟迟不肯喝下，崔成甫叹息不断，将最近发生的种种都告诉了忧国忧民的李白。从水陆转运使韦坚被贬出京开始，继而“饮中八仙”的李适也服毒自杀，而名满天下的李邕更是冤死狱中。百姓流离失所，朝堂混乱不堪，忠臣名将流放的流放，被害的被害，令李白扼腕心碎，崔成甫落泪长叹。

这首《闻王昌龄左迁龙标遥有此寄》就是李白在听说了王昌龄的遭遇之后有感而发所作，用以抒发感愤。

杨花落尽子规啼，闻道龙标过五溪。
我寄愁心与明月，随风直到夜郎西。

这首七言绝句寄托了李白的慰藉，同时表达了对王昌龄怀才不遇的惋惜与同情之意。

四月的金陵，杨花柳絮，随风而舞，每一缕柔风都带落了无数的柳絮，每一声啼鸣都携带着杨花的悲痛，一花一叶，一点一滴，渐渐融入了李白的心间。

他凝视着窗外杂乱的深红与墨绿，交相辉映成哀愁的暗色，正如此时李白纷乱如麻的内心。他刚刚听到好友王昌龄不幸远谪的消息，他知道好友并非那种不识大体的人，之所

以被贬斥是因为得罪了李林甫等人，因为生活不拘小节，因为不愿与世俗同流合污，仅仅如此便要被摘下乌纱帽，远走长安到蛮荒之地去。

李白想写一封书信寄给王昌龄，告诉他龙标荒远，路途颠簸，千万要小心保重身体，但他不知道该如何提笔，更不知道该从何说起。他突然间丧失了引以为傲的写作能力，因为他能够理解王昌龄的心情，他更像是一个局内人，对事情的始末都了如指掌。他们再也无法指点江山，再也无法共侍明主，昔日的一幕幕浮现在眼前，对酒当歌，临风望月，煮茶博弈，所有的回忆里，好友永远是一副豪爽痛快，不落俗套的俊逸男子形象。但李白不敢想此时好友的模样，那种沧桑的面容、悲痛的眼神，只要闭眼便会浮现在脑海中，缠绕着凄冷的深夜，令李白悲痛欲绝。

此时相望不相闻，愿逐月华流照君。幸好，还能与挚友望见同一片夜空，还能经历同一种不幸，为此李白沉思到夜深人静，手中的笔提起又放下，放下又提起，直到望见月华千里铺天盖地席卷而来，他才恍然明悟。原来好友的忧愁便是自己的忧愁，好友的悲痛便是自己的悲痛，想要安抚好友便是安抚自己的内心。顿时灵光乍现，李白拿起手中的笔开始比挥毫泼墨，窗外的明月投下一例一例皎白的光华，传递着人世间的哀怨惋惜，传递着知己间的心意情怀。

李白之所以善写抒情诗，是因为每次提笔他都倾付了所有

的情感，他想即将远走他乡或是已经天涯永别的友人，在某年某月的清晨、晌午、傍晚、深夜，只要他们读起他送给他们的诗篇，便能立即想到自己。

一段段不朽的友情铸就了李白绝世无双的才情，而李白流芳百世的诗篇也成就了那些提到过的人物，如孟浩然、汪伦、王昌龄都因为李白而被历史铭记。尤其是汪伦，只一个普通的平民，没有惊世的才华，没有显赫的地位，却因李白写的一句“桃花潭水深千尺，不及汪伦送我情。”而被世人记住。

世人常用“凤阙晓霞红散绮，龙池春水绿生波”来形容金陵之美，金陵不仅有小院红楼，亭台雨榭，还承载着无数文人骚客的梦，而李白之所以能长久停留在这里，是因为他曾见证着金陵的四季恣意潇洒，山水如画。他知道无数支笔都曾辗转此处，留下了浓淡不一的墨痕，而李白却在这里留下了遗憾。

离家又是三年，成灰的岁月里他都不曾后悔过，为朝廷鞠躬尽瘁，为梦想奔波不休，唯独没有尽到一个做丈夫和做父亲的责任，如若不是金陵的浮光掠影勾起了他的相思，不知何时他才能再想起远在千里之外的伯禽和平阳。

他走的时候伯禽还在蹒跚学步，平阳也刚刚和房前的小桃树一样高，一晃三年过去了，桃树应该与房屋一般高了吧？两个孩子如今是谁要更高一点呢？如果他俩追花逐月，摔倒了又是谁先爬起来呢？想到这里李白心中七上八下，肝肠忧煎日甚一日，便撕片素帛写下《寄东鲁二稚子》来表达对孩

子的思念，和远别的心怀。

“回去吧。”李白这样想。似乎再也没有任何可以阻碍他的思想，朝堂动荡的风雨他不再理会，青史沧桑的巨变他好像不再惋惜，沙场惨烈的厮杀他也不再心痛。他自以为现实的残忍让他变得刀枪不入，百毒不侵，他以为把自己裹在厚重的茧里便不被人看穿，可在世人锋利的目光里，他还是赤裸裸地展现着自我。

他写“鱼目亦笑我，谓与明月同”来揭露朝廷小人得志，朝堂黑白不分，毁谤横行，谗毁成风，令无数有志之士铩羽而归；他写“一生傲岸苦不谐，恩疏媒劳志多乖”来说明自己生性高傲苦于和世俗不协调，身被举荐又不被皇上赏识，是胸怀大志无法实现的无奈。他并非不关心朝廷，只是腐朽至此再也没有可能挽回分毫。

谁把西窗重染红，晚来流霞送暮风。
谁将灯火尽扑灭，隔窗独守过三更。

李白终是饮下了最后一杯金陵的风月酒，缱绻的故事，如水的女子……这些从此和他割断了联系，随着东去的流水里勾勒成了梦中画。

天涯海角，此生无依无靠。

安史之乱，欲济苍生

其实，每个人心中都有一份凌云壮志，有的人渴望金戈铁马，纵横疆场；有的人梦想左右逢源，得意官场。李白虽有修身齐家治国平天下的抱负，却也有归隐田园的出世倾向。他虽是天纵奇才，博览群书，所作诗篇名扬天下，可他终究是缺乏一个政治家的谋略和狠劲，所以他败走长安，赐金放还。那是人生中最沉重的打击，若不是有山水相伴，友人作陪，他怕是挺不住的。

但李白是幸运的，他总是有那样几个情比金坚的朋友，在他意气风发的时候，有人陪他浪迹天涯；在他仕途忐忑的时候，有人为他指引明路；在他失魂落魄的时候，有人为他斟满美酒。

同时，李白也是不幸的，他的一生总是在送别友人，有的

远走天涯，有的天人永隔，令他本就蒙尘的心一次次接受痛苦的捶打。所以他珍惜眼前人，他要赶赴元丹丘石门山之约，骑着快马一路疾驰，到达时已经是天宝十年（公元751年）的秋天。

石门山的秋天，是一片赤色霞光，一如故去岁月中眉间的一点朱砂，不愿淡去的色彩，依旧眷恋着最后的人间。元丹丘在石门上营建了新的住所，比起他的旧居颍阳山居多了一丝清幽，少了一份美感。李白见到如此世外桃源，心中羡慕不已，他多想也这般悠然自得，不问世事，但他心中有太多执念，也贪恋着万丈红尘，所以他还不能静下心来归隐山林。

李白与元丹丘的情义并非只是饮酒寻欢，更多是漫谈天下大事，指点江山社稷。李白从元丹丘口中得知，安禄山暗地里准备造反，在范阳郡城北边筑起了雄武城，表面上看来是防御侵略，实际上是储藏兵器、粮食做坚守范阳的部署，战马有一万五千匹，牛羊也相当于这个数目。

安禄山出身贫寒，从小随母亲在突厥人部族生活，早年投身军旅，战功显赫，后来平步青云，一身兼任平卢、范阳、河东三镇节度，拥兵十万。唐玄宗对其极为信任，勤政楼中甚至特地为安禄山放置一张木榻让安禄山坐着，甚至只要他进言奏请唐玄宗都是一口答应，从不迟疑。大唐的衰败本是一片看不清的迷雾，被风吹过后越发清晰了起来。

此时距李白被唐玄宗“赐金放还”已有八年之久，李白依

然心有不甘，打算前往幽州安禄山腹地一探究竟。临行前的夜晚，月挂枝头，李白与元丹丘以及岑参三人登高饮宴，借酒放歌。至大醉，李白桀骜不驯的狂态开始展露，借着黄河水以起兴，作了一首《将进酒》来抒发怀才不遇以及满腔不平之气。

君不见黄河之水天上来，奔流到海不复回。
君不见高堂明镜悲白发，朝如青丝暮成雪。
人生得意须尽欢，莫使金樽空对月。
天生我材必有用，千金散尽还复来。
烹羊宰牛且为乐，会须一饮三百杯。
岑夫子，丹丘生，将进酒，杯莫停。
与君歌一曲，请君为我倾耳听。
钟鼓馔玉不足贵，但愿长醉不复醒。
古来圣贤皆寂寞，惟有饮者留其名。
陈王昔时宴平乐，斗酒十千恣欢谑。
主人何为言少钱，径须沽取对君酌。
五花马，千金裘，呼儿将出换美酒，与尔同销万古愁。

将进酒，乃是汉乐府曲名，意为“劝酒歌”，李白一直认为伤心、悲痛、失意时可以借酒消愁，千万不可让金杯无酒，岁月空流。

李白想，岁月便是那奔腾不息的黄河，虽然来时宛若从天

而降，一泻万里，去时却满是悲壮，无法回首；岁月便是在高堂上面对明镜，早晨还是满头青丝，意气风发，晚上已变得白发如雪，沧桑憔悴。

这便是“李白式”的悲伤，在哀愁中依旧豪言壮志，在愤懑里依旧自得其乐。他不似那些酒徒为了痛快而酩酊大醉，他能将酒作为知己，认为饮酒便是人生最重要的事情，也将酒作为灵感的源泉，酒意盎然时便有惊世的诗歌之作面世。诸如“且乐生前一杯酒，何须身后千载名”“长剑一杯酒，丈夫方寸心”等名句便都与酒有关，而这首《将进酒》更将酒文化提高到了一个崭新的阶段，创造出了具有盛唐气象的新一代酒文化。

酒过三巡，杯箸杂乱。李白从微酣时的狂态转变为老泪纵横，不能自持，他对岑参和元丹丘说：“既然老天造就我等栋梁之材，就一定有自己的价值和意义，年少时我东游维扬，散尽黄金万两，入幕三年我也都赚了回来，就算此时我无功无名，总有一天也会踏着五花马，在众人的赞美声中走来，受他们羡慕，受他们爱戴。如此美好的愿景，值得用美酒来庆祝，岑夫子，丹丘生，你们是我此生不多的知己，一起且说且饮，烹羊宰牛姑且作乐吧，不要再提忧愁往事，不要在乎世俗沉重，再饮上三百杯也不要停止啊。”

酒醉三更愁，叹花落水流。李白那眼花耳热的醉态此刻跃然纸上，恍然使人如闻其高声劝酒之声：“将进酒，杯莫停。”

便随他去吧，不要说他疯了，他只是还未尽兴，他从未不顾及任何事情如此任性过，从未才思泉涌如此顺畅过，那便把他的五花马，千金裘都拿出来吧，统统换成美酒，再继续喝下去。

人生犹如沧海一粟，在这历史的长河中是多么的渺小，但是谁也不肯就这般平凡的结束一生。李白在这首诗中运用大量的排比句，从诗句之中造势而起，表现出豪迈悲壮。整首诗读起来仿佛天风海雨扑面而来，其根源就在于它那充实深厚的内在感情，那正是李白潜在酒话底下如波涛汹涌般反抗现实、不甘落魄的情绪。

全篇篇幅不算太长，却充斥着复杂的感情，忽而悲壮，忽而欢喜，忽而狂放，忽而愤慨，通读下来只觉一股震古烁今的气势和力量贯穿脑海。境界之开阔，气象之非凡，若大河奔流，若飞瀑直泻，纵横捭阖、所向睥睨，《而庵说唐诗》中对此诗大为赞誉道："太白此歌，最为豪放，才气千古无双。"

十月的幽州，秋花惨淡，枯草衰黄，李白骑马一路赶来，亲眼见证着幽州的兵强马壮，长安纨绔子弟甚至不可与之相提并论，白天是气动山河的训练高喊，晚上是鳞次栉比的篝火，令李白如坐针毡，心中万分不安，甚至连续几个夜晚都做了相同的噩梦：一白发狂夫不顾河水汹涌只身过河，他的妻子在后边呼喊着却不能阻止，狂夫坠河溺水而死，妻子恸哭不已，惨叫声震颤在李白耳边，冷汗湿透衣衫，迟迟不能入睡，便披上大衣于深夜作了一首《公无渡河》，来表现自己心中那

种知其不可为而为之的悲情思想。

黄河西来决昆仑，咆哮万里触龙门。
波滔天，尧咨嗟。
大禹理百川，儿啼不窥家。
杀湍湮洪水，九州始蚕麻。
其害乃去，茫然风沙。
被发之叟狂而痴，清晨临流欲奚为。
旁人不惜妻止之，公无渡河苦渡之。
虎可搏，河难凭，公果溺死流海湄。
有长鲸白齿若雪山，公乎公乎挂罥于其间。
箜篌所悲竟不还。

李白拂剑而起，决心投笔从戎，学东汉名家班超，投身于金戈铁马中。他一心想要做一个顶天立地的英雄，前半生希望指点朝政，辅佐明君，后半生祈求在烽烟弥漫的战场上，手持染血刀剑，为亡去的英灵祷告，为衰亡的朝代拼杀。这种昂扬的斗志甚至已经超越了胜败，更与漫长的岁月无关。

狂风吹古月，丹青画虎旗。这世上总有一些人面对着山河萧瑟，烽烟战火而发出无尽的感慨，纵使心怀天下谋略无双，可终究碰不到赏识的明主，李白继续启程，行走在路上。

到了天宝十二年（公元 753 年）的春天，李白寂静的心开

始起了波澜，而这位让李白心潮翻涌的红颜，正是河南道睢阳城外才貌双全的宗氏。

宗氏是已故宰相宗楚客的孙女，知音律，善操琴，是梁园有名的才女。父母爱如掌上明珠，准许她自己择婿，多少权门显贵、英俊公子上门求亲，都被婉言谢绝。商丘有句民谣："今人难娶宗氏女，除非神仙下凡来。"只可说是良缘未到。

恰逢李白游梁园，宗氏早仰慕李白文采，李白以《梁园吟》作聘礼，宗氏以粉墙作嫁妆，高适、杜甫也把自己那天写的诗笺献上，作为贺仪。奇女子，伟丈夫，免却一切俗套，不择吉日，结为夫妻，留下了"千金买壁"的佳话。

宗氏与李白的结合更像是灵魂伴侣，他们不见得缠绵悱恻，却心意相通，不见得日夜厮守，却不离不弃。李白对宗氏尊重爱戴，对其信奉道教抱有欣赏支持的态度，为此甚至还写过诸多诗篇，如"拙妻好乘鸾，娇女爱飞鹤""多君相门女，学道爱神仙"。

在一个寒月冷风的深夜，一座小楼上传出凄清的弦乐之声，宗氏似乎预感到了什么，愁容满面，泪痕未干，一张老旧的箜篌摆在桌前，一双纤细颤抖的手抚摸在琴弦上，弹的是一首如怨如慕，如泣如诉的哀曲。

李白终是要走了，他要赶往长安，向朝廷陈献济时之策。他天真地以为能够凭借一己之力消除祸乱、力挽狂澜，他想要通过昭告安禄山的罪行来实现生平济世苍生的愿望。他此行

三入长安，以他的天真狂妄，怕是凶险万分。宗氏极为担心，但又无可奈何，只能将愁思寄托在箜篌声中。

骏马驰骋，横山穿河。三天后，李白带着一身风尘来到了长安。这个龙楼凤阙依然耸立、闹市街头依然热闹的京城，有谁知道它已经乌云密布，祸在眉睫？这个光芒万丈，盛世太平的王朝，有谁知道它已经奄奄一息，危若累卵？

李白终是明白了“举世皆浊我独清，众人皆醉我独醒”的痛苦，他最敬佩的爱国诗人屈原因帝王昏庸无能，世人盲目不懂，异常绝望地投身汨罗江中；最羡慕的道家鼻祖老子因周王朝衰败不堪，无人知晓自由真谛，无比失落地骑青牛出关云游。这世间浑浊，众生愚昧，却还是有些人能看破红尘，在无知的眼光里不惧做异类。

李白面对长安的太平景象，心中越发充满了危机感，他早已失去了游赏的心情，更不敢在长安街面上多逗留，径直去往杜甫家中。

十年一别，山河破碎。李白以为一别即是永远，没想到还是在沉浮不定的人生里重逢了，就像他曾与这盛唐一同繁华，也成为盛唐衰败的见证者，世事无常，谁也说不准啊。

李白来了，但见院内石凳上坐有一人，长衫席地，眉目花白，纤长的手指托住了酒杯，熟练地将杯中酒一饮而尽，那人像是听到了脚步声，转过身的瞬间便笑颜舒展，正是杜甫，他仿佛又回到了十年前对酒狂歌的日子。李白的痛苦，李白的欢喜，一切的一切都恍如隔世，又那样清晰，杜甫笑着笑着便哭了起来，七尺男儿在李白面前像个孩子般。

两个人相视许久，岁月匆匆，容颜易逝，当初的秀气凛然，风度翩翩都已被沧桑淹没。经历了贫穷不得志，官场不如意……许多伤心的往事令两人都少了一份纯真，也少了一份欢心。

许多事，说来话长，不如一杯酒来得爽快。若是有人还愿意拯救苍生，阻止大唐衰败，那一定有李白和杜甫，只是唐玄宗如今只听信谗言，李林甫死后又任命结党营私的杨国忠做宰相，杨国忠与安禄山勾结在一起，祸乱朝堂，意图谋反。

杜甫告诉李白说，前些日子有臣子状告安禄山暗中谋反，便被判游街三日，后押到安禄山府上听候处置。唐玄宗对安禄山深信不疑，对他的提议也都欣然接受，朝堂已经完全落入奸臣之手，想要挽救不过是以卵击石，自不量力罢了。

李白的觉悟是不是太迟了？他的人生总是如此后知后觉，直到满身伤痕累累。当一个人将大把大把的时光挥霍在毫无希望的事情上时，会觉得所有的故事都是悲剧，每一种人生都通向了深渊，可是故事总要结局，人生总要走完，没有人可以半途而废，也没有人可以篡改命运。

冥冥之中，自有定数。

入幕永王，流放夜郎

谁的韶华划过鬓发，谁的眼眸如诗如画，谁能相忘江湖天涯，谁敢言语人间芳华，纵是静坐也倾城，纵是提笔便惊动。年岁就是一壶老酒，愈久愈芬芳，许多人愿意为了一品香醇，苦等漫长岁月，人们总以为值得的事情从来不怕等待，但并不知道是要用多少等待才能凑够一份真情。所以人们总是苦恼，苦恼背负了无数个日夜，换不来一勺美酒；苦恼流年易逝，无法回头。

李白用一生的诗情，换来了无奈与落寞。如他所料，天宝十四年（公元 755 年）十一月，暴风雨终于降临了，安禄山兴兵二十万，以讨伐杨国忠为名，在范阳谋反叛乱，骁勇的军队犹如一条万丈巨龙，一路势如破竹向着中原奔走。霎时间，人烟断绝，千里萧条。狼烟烽火将天空染成了黄色，大唐王朝再也没有什么铜墙铁壁，犹如空壳般的防御被迅速土崩瓦解，各州郡刺史投降者多如牛毛，战死者也尸骸遍地。

噩耗迅速传播开来，五十五岁的李白正在金陵做客。他虽早已料到战祸将至，他深入幽州，远走长安，南下宣城，都已无功而返，内心早有了遁世避乱的念头，但没想到祸事会如此迅猛，他甚至连保命的手段都还未准备。宗氏在睢阳，伯禽在暇丘，两人相隔百里，究竟去接宗氏还是接伯禽，李白一时间无法拿定主意。幸好门人武谔许及时赶来，自告奋勇地去接伯禽，而李白也快马加鞭地去接宗氏避难。

安禄山的铁骑犹如蝗虫般迅速啃食了北方的土地，中原大部分土地都已沦陷，函谷关已成了玉门关，洛水变成了萧萧易水，尸骸遍地，血流成河。李白思妻心切，连夜奔走，翻过山峰，趟过湖水，终是在战争横扫黄河之前见到了宗氏。

两人跟随难民向南奔亡，谁也不清楚命运想要给他们的后半生安排什么，也不知道遥远的行程该去向何方。

北方的天空浓烟散布，杀声冲天，城墙外堆满了尸首，无数的士兵涌入城中，将朱红的大门推倒，将巍峨的宫殿掀翻，将道路碾碎，将民宿点燃，李白唯有伤心落泪，悲痛欲绝地写下《奔亡道中五首》，继续混在人流中赶往长安。

其一

苏武天山上，田横海岛边。

万重关塞断，何日是归年。

其二

亭伯去安在，李陵降未归。

愁容变海色，短服改胡衣。

其三

谈笑三军却，交游七贵疏。

仍留一只箭，未射鲁连书。

其四

函谷如玉关，几时可生还。

洛阳为易水，嵩岳是燕山。

俗变羌胡语，人多沙塞颜。

申包惟恸哭，七日鬓毛斑。

其五

淼淼望湖水，青青芦叶齐。

归心落何处，日没大江西。

歇马傍春草，欲行远道迷。

谁忍子规鸟，连声向我啼。

天宝十五年（公元756年）正月，太子李亨即位灵武，是

为肃宗，改年号至德，即至德元年，尊唐玄宗为太上皇。同年正月，安禄山在洛阳自称大燕皇帝，指挥叛军攻破潼关，生擒哥舒翰，攻入长安，唐玄宗逃亡蜀中，唐军士气萎靡，军士哗变。

千里马，从不会甘心待在马厩里；大鹏鸟，从不会甘心困在牢笼中。长安沦陷的噩耗从天而降，李白身居当涂，日夜痛哭，沧桑数岁。宗氏心痛丈夫，便陪他下山散心，恰好遇见永王大军东下的情景。只见永王的楼船所过之处，波涛汹涌的长江和汉水，顿时变得像雁鹜一样的风平浪静，战船上站满了彪悍之士，满载着征战的良马。李白早已心灰意冷的心又开始死灰复燃，他沉醉在高昂的爱国情操中，挥笔写下了“永王正月东出师，天子遥分龙虎旗。楼船一举风波静，江汉翻为雁鹜池。”（《永王东巡歌·其一》）的诗句，又接连写了十首，来赞颂永王的“功绩”，抒发内心的远大抱负。

李白满以为入幕永王会成为像谢安那样叱咤风云的人物，可以运筹帷幄，从容应敌，可以一挥百应，决胜千里，将岌岌可危的大唐从水火之中解救出来。他就这样怀着一颗报国之心，写下“王命三征去未还，明朝离别出吴关。白玉高楼看不见，相思须上望夫山”（《别内赴征三首·其一》）的壮别诗篇，毅然决然地加入了永王军队，期待永王能利用水军从扬州直通幽州，取安禄山老巢，剿灭叛，还大唐一片安宁。

北方的孤雁纵横飞过战火，是一幅落泪成雨的彩墨；宿命的弦被人无意间拨弄，是一曲闻者伤心的哀调。李白的梦总在繁荣时破碎，被血水浸染多半的大唐，想要重归平静，不过一场痴心妄想。不久后永王率军北上，肃宗出于对自己权位的担心出尔反尔，以叛乱谋反之罪对其镇压。在与朝廷的对战中，永王中箭被杀，李白所依附的永王终是成了玄宗和肃宗权力斗争的牺牲品。

李白作为永王的“羽翼”也难逃牵连，在逃亡的途中被抓住，投进浔阳大牢。李白蓬头垢面，衣衫不整，手脚都戴着沉重的铁铐，瞬间又苍老了许多。他这一生只要触及政治便一败涂地，自己不过在永王楼船上待了数十日，便被卷入了皇权争斗的棋局中，成了皇室内讧的牺牲品。他的内心愁苦，也悲愤，捡起一根枯草，在灰色的墙面上写下一首《万愤词投魏郎中》：

海水渤潏，人罹鲸鲵。
蓊胡沙而四塞，始滔天于燕齐。
何六龙之浩荡，迁白日于秦西。
九土星分，嗷嗷凄凄。
南冠君子，呼天而啼。
恋高堂而掩泣，泪血地而成泥。

狱户春而不草，独幽怨而沉迷。

兄九江兮弟三峡，悲羽化之难齐。

穆陵关北愁爱子，豫章天南隔老妻。

一门骨肉散百草，遇难不复相提携。

树榛拔桂，囚鸾宠鸡。

舜昔授禹，伯成耕犁。

德自此衰，吾将安栖。

好我者恤我，不好我者何忍临危而相挤。

子胥鸱夷，彭越醢醢。

自古豪烈，胡为此繄。

苍苍之天，高乎视低。

如其听卑，脱我牢狴。

傥辨美玉，君收白珪。

战事瞬息万变，一着不慎，满盘皆输。就在李白身陷囹圄的时候，叛军首领安禄山被其子安庆绪所杀。至德二年（公元757年）正月，安禄山不过做了一年的皇帝，还未将政权巩固平稳，便死在了儿子手中，这更像是命运的戏弄。同年九月，唐朝大将郭子仪收复长安，进而又收复洛阳，叛军节节败退，溃不成军，大唐乘势追击斩首六万人，捕虏两万人，历时七年又两个月的安史之乱从此结束，此后唐朝进入藩镇割据的

局面。

李白起初被判处了死刑，幸好宗氏四处奔走，得到了郭子仪、崔涣等人的解救，才落了一个流放夜郎的结果，暂时躲过了被杀的命运。但他的名声一落千丈，人们对他鄙夷不屑，甚至唯恐避之不及，一个名满天下的诗仙，从此被世人戴上了“乱臣贼子”的帽子。

李白病了，病得很重，因为辛酸、压抑、悲痛与怀念。病重的日子他依旧在行走，拖着沉重的身体和沉重的心情，一路经西塞，江夏，至江陵，正准备入三峡的时候，杜甫的书信寄来了。那一瞬间，像是被一道亮光击穿了心脏，李白想，这世上还有杜子美，便还是幸运的。

人生这条路谁也无法丈量它的长度，更不会知道有多少风雨横在中央，所幸还有知己不远万里寄来温暖，所幸还有爱人不辞辛苦地为他奔波。只是不知何故，他再也没有与宗氏团圆，史书上没有记载，李白也从未提及，也许是“上穷碧落下黄泉，两处茫茫皆不见”，也许是“北雁春归看欲尽，南来不得豫章书”，总之他如同一颗尘埃跌落山海，从此和繁华锦绣断了联系。

李白流放所经过的路线，正是他当年出蜀的路线，遥想当年负剑饮酒，高歌长吟，何等风光，一晃三十年过去，如今镣铐加身，满目悲怆，如何还有颜面再见家乡父老。李白愁

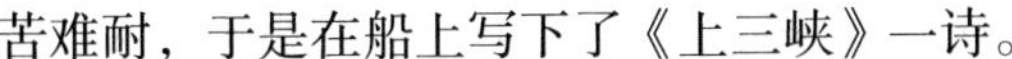

苦难耐，于是在船上写下了《上三峡》一诗。

> 巫山夹青天，巴水流若兹。
> 巴水忽可尽，青天无到时。
> 三朝上黄牛，三暮行太迟。
> 三朝又三暮，不觉鬓成丝。

三峡还是一如既往的险峻，高山入云，急流滚滚，流放的船只逆流而上，船行缓慢，竟走了两个多月才渡过三峡，再往前就是黔中道夜郎处了。李白站在城头，心中忧郁痛苦，却难以表达。这一生失意，最终与故乡近在咫尺，却再也不能去触碰那里的一草一木，他终是承认了自己是一个失败者。他之前是一个多么好胜的狂人，是多么顶天立地的豪杰，在连续遭受政治失败后，他还是妥协了，精神和身体几乎在同时奄奄一息，他如野草般顽强的生命，正在以可见的速度枯萎，这样的李白，怕是熬不过多少伤春悲秋了。

李白正准备离开白帝城，朝廷大赦天下的消息便传到了此处，李白的心像是被注入了一剂兴奋剂，开始活络了下来。他想要马上就回到江南去，回到自己亲人的身边，他甚至还想要去长安建功立业，趁着朝廷大治时一展拳脚。

李白像是一只出笼之鸟，立即从白帝城东下返回江陵，在

此起彼伏的猿啼声中，小船如一支离弦之箭，瞬息千里。李白在船上举杯把酒，心情极为舒畅，酒兴之余提笔写下了千古名篇《早发白帝城》：

朝辞白帝彩云间，千里江陵一日还。

两岸猿声啼不住，轻舟已过万重山。

在李白看来，这一切都是重新开始的契机，他望着湍湍江水，漫天杨花散落江中，白昼的光芒刺眼夺目，他的内心也被这番美景点亮了，所以就连诗篇都格外悠扬、轻快，回味悠长。后人对这首诗好评如潮，如清代乾隆御定《唐宋诗醇》卷七“顺风扬帆，瞬息千里，但道得眼前景色，便疑笔墨间亦有神助。三四设色托起，殊觉自在中流。”千百年来，这首诗一直被人们视为珍宝，加以收藏。

只是可惜李白的身体早已透支，接连的大病令他难以招架，他再也无法开怀畅饮，再也无法执剑狂笑，他还未走到江南和家人团聚，便病倒在当涂县令李阳冰家中。

李阳冰像是当代李邕，为人耿介，才高出众，从小就受到家乡贤士的器重和赏识，许多贤达名士都愿意与他交往，说他既不依附权贵，又具有英豪之气。唯一与李邕不同的是，他是李白才华的仰慕者，甚至不惜重金为李白求药。后来李白一

病不起时，将自己的文稿全部交给了李阳冰，请他编辑作序。李阳冰将其诗文辑成《草堂集》十卷，并为之作《序》。在序言中除对李白的家世、生平、思想、性格、交游等情况作了扼要记述外，同时对李白的著述情况和诗文成就作了高度评价，称李白是“千载独步，唯公一人”。

李白深知李阳冰做官清廉，为了给自己治病，家中早已一贫如洗，他不忍再待下去，便打算出走寻求别的办法。

正值早春，山花烂漫，冬雪未尽，温柔的风抚摸着大地，吹起了往事的波澜，李白拖着病重的身体，最后一次游览了宣城和南陵，留下了《宣城哭蒋征君华》《游谢氏山亭》等诗篇。

李白病得越来越严重了，就连金陵有名的大夫都束手无策，李白知道自己大限将至，内心那种不祥的预感越来越清晰，他想起给许氏写过的诗：“流波向海去，欲见终无因。遥将一点泪，远寄如花人。”（出自《寄远十一首·其六》）他独自站在风中，像泥塑木雕一样，一动也不动，仿佛病魔在他的心肠上面系了一条绳索，每挣扎一次，就会被牵扯一下，牵得心肠滴血不止，阵阵作痛。

魂断缘尽，永祭千古

每个人都要面对生命终结的那一天，只是有些人路途很长，到后来看淡了生死；有些人路途很短，离开时依依不舍。但终是有尽头，没有人可以在世间长久地停留。

从生到死，辗转流连，要的是如何得到百世千古的赞颂。李白虽只是浩瀚长河中的一粒细沙，但却有如星辰般闪耀的光华。从他长庚入梦，降生在西域碎叶小镇开始，便一直在俯瞰芸芸众生。他左手拿着书本，右手提着宝剑，顶天立地地行走在人世间，前脚踩过了峨眉山的雪，后脚落到了长安城的街头。他总是孑然一身，也总是呼朋唤友，就连他的死都是一团迷雾。有人说他捉月落水而亡，有人说他暴毙而终，还有人说他“以饮酒过度，醉死于宣城”。

李白在病重的最后几天里，又回到了当涂。九月九日重阳

节，李阳冰陪李白登上龙山。漫山遍野的野菊争相盛放，如同燃烧的火焰，这是他人生中最后一次欣赏风景了。他这寥落的生命都被风光山河侵染，如若他逝去，希望有个人能将他的遗体埋在深山中，清晨有鸟鸣虫叫，日暮有夕阳霞光，这也是一种圆满。

那天夜里，长江上空明月皎洁，流光万里，万家渔火尽皆熄灭，世界即将归于平静。李白站在江岸前瞭望，那遥远的天际里一道黑影飞掠而来，越来越大，这是一个硕大伟岸、翻山掀浪的鹏鸟从天而降，俯身在李白面前。李白只觉身轻如叶，凌空跳了上去，昂头看着那奇美无比的月光，乘风而去。

后来一尾渔火从远处摇曳游来，在波光中荡漾，不知何时李白早已站到了船头上，满脸泪痕地喃喃道：

大鹏飞兮振八裔，中天摧兮力不济。

馀风激兮万世，游扶桑兮挂石袂。

后人得之传此，仲尼亡兮谁为出涕？

——《临路歌》

歌声时而高亢有力，时而悲伤欲绝，时而狂妄自信，时而无限惋惜，是在诉说大鹏半空夭折的消息，也在回顾他一生的不幸与对人生无比的眷念。

岁月无情，诛心伐志。这便是他留给自己的绝命词，也可

以看作李白自撰的墓志铭。

是的，他一生都在谜团中行走，最后消失得无影无踪，不留痕迹，这是李白的性格。

闭上双眼的那一刻，他仿佛看到了许多逝去的人，他们微笑着向他挥手，像招魂的灵幡随风飘荡，这是他生命里最后的一眼，有幸能够看见挚友、亡妻、父母，已经是命运莫大的垂怜。尽管他如此怀念蜀中逍遥洒脱的日子，尽管他遗憾未能匡扶大唐、辅佐明君，尽管他不舍远在他乡的宗氏和子女，但他终是要走了。

上元三年（公元676年），六十二岁的李白与世长辞。

六十二年红尘旅途从此终结，半生坎坷的仕途从此画上句点，逍遥遁世的思想从此归于云烟。

李白两个字，不再只是个名字，更变成了时代的象征。

可他自己并不知道，也并不想知道。他只是希望自己像出生的时候一样，带着神秘的色彩与这个世界告别。他希望这世界的月光永远都光亮皎洁；美酒永远都香醇甘甜；山水永远都锦绣瑰丽，千秋万代都不要再变。

可惜他再也看不见了，山水会被别人寄托，美酒会将别人灌醉，月光会让别人沉醉，这个世界的金银财宝、荣耀辉煌、爱恨情仇、相思苦恼，没有人能够带走。

最后，杜甫为他写下了“千秋万岁名，寂寞身后事”的总结，令整段人生有了完美的结局。

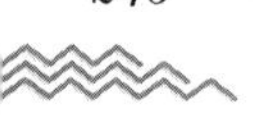

夏

Summer

夏

爱情里的磨合与冲突，都是相知相守出的考题

Summer

人们总说“相爱容易相处难”，但若每个爱情相处的困难，都能够以一个既有的公式解决，你是否认识这个检验你爱情能否相知相守的方程式?

爱情的磨合与冲突，总是一如夏天，紧跟在春天的尾巴来临。在那酷夏的考验中，总会出现许多令人如坐针毡的争执时刻，但也正在那酷夏的考验中，才能发现因争执所浮现的差异，其实正是令人认识与贴近自我的声音。

接着，从爱情的磨合中，学习倾听自己、看清引发冲突的模式——找到真正能和自己相知相守的关系。

01. 挫败感，让人成了爱情逃兵

爱情的换季，就像气候的长短一样，从热恋期进入关系的冲突期，平均刚好是三个月。

有一回，我在工作中遇上了一对姐弟恋的当事人：女主角三十五岁，男主角二十六岁。两人之间除了将近十岁的年龄差距，更卡在华人对夫妻年龄差距所忌讳的数字——“九”。

这对男女在第一次见面的时候就认定了彼此。女主角是一位钢琴家，那天她正在舞台上进行演奏；而那男孩则是她从前的家教学生带来听演奏会的好朋友，当时还在读工程学系的研究生，在亲友的眼里，前途一片光明。

男孩说，看她穿着白色的纱质洋装，细长的手指在黑白琴键上来回穿梭，不只琴声令人陶醉，灯光下那飘动的人影，更让他顾不得九岁的距离，在演奏后拉着好友直奔休息室。

女人则说，当男孩气喘吁吁地冲进后台，那眼里所透露出来的渴望与真诚，撼动了她在音乐老师包袱下的灵魂，让她挣脱了年长九岁的枷锁，一肩扛起诱拐学生朋友的骂名。

于是，朋友愈嘲讽，他们愈离不开彼此；家人愈反对，他们愈决定要厮守在一起，永不分离，直到他们交往过了三个月。

交往三个月，情侣之间会发生什么事？

想想，就像我们第一次吃了一样非常好吃的食物，好吃到让你回家都在想着这食物的味道，脑中不断想着“怎么这个世界上有这么好吃的东西”？于是你想要一吃再吃，今天吃、明天吃、天天吃。

如果你有这样的经验，不妨问一问自己，你可以这样持续地吃多久？

在心理学实验中，这种由食物所引发的愉悦感，和因情侣间的亲密接触所引发的愉悦感是类似的，所以在决定交往时，大部分的爱情往往像春天那么崭新而美好。但当这种愉悦感在脑中储存久了，所谓“入芝兰之室，久而不闻其香”，随着时间一点一滴地过去，这种愉悦感会逐渐消失，让我们穿越热恋的模糊，更加感受到对方真正的样子。而这种爱情愉悦感持续的时间，很微妙的，似乎恰好不超过一个季节。

就拿这对男女主角来说吧！当男孩红着脸从那演奏会的后台走出，对着带他来的同学说："老师长得好漂亮哟！"同学只玩笑地说了句："你有病哟！"

当女人在演奏会后，打电话给自己的密友，谈起自己的心被闯进后台的男孩所撼动，电话另一头的密友也说："干吗诱拐小弟弟啊！"

朋友们这样的响应却好像引发了一股反作用力，推动他们更靠近彼此。于是，在演奏会的隔天，男孩想办法约到了她。她虽然心中有些不安，却在那天就让男孩牵起她的手。当音乐的浪漫遇上工程的朴实，他们被不同于自己的性格深深吸引。

交往的第一个月，他们和一般情侣无异：看电影、逛街、吃饭、赏星星、夜游……日子再久一点，女人得工作，男孩也还得写论文的嘛！所以女人只好跟着男孩去实验室做研究，闻在她生活里罕见的男孩子的汗臭味；男孩也得跟着女人去练琴，度过长达数小时"只闻琴音不见人声"的安静时光。

渐渐地，女人发现自己去实验室时只会傻笑，听不懂那些工程语言和夹带脏字的笑话；男孩也发现自己去琴房时只会睡觉，那缓慢而长调的琴音，在离开了舞台灯光的视觉刺激后，逐渐转变成引人入睡的催眠曲。

到了交往的第三个月，男孩突然有些惊慌，自己是不是配不上学音乐的女人？女人也开始有些惊慌，自己的年纪是不是已经跟不上男孩的语言了？

于是，两个人虽然仍是携手离开琴房、离开实验室，挂在脸上的笑容却开始浮现僵硬和不自然。直到女人率先打破这沉默，她问男孩：“你和我来练琴是不是不开心啊？我看你都闷闷的，不讲话。”

男孩仿佛被说到不懂音乐的痛处，冷漠地回应：“哪有啊？”

女人却拿这种冷漠来印证自己跟不上男孩时代的失落：“你一定开始嫌弃我了，对不对？”

男孩听到这儿，心里浮现一种“努力护花”却“资质不足”的生气：“我花这么多时间陪你，你说的这是什么话啊？”

只是这样的小口角，两人却愈吵愈凶……

“年纪大的女人一定都要想这么多吗？”

“你为什么总是这么幼稚？”

两人心里在热恋时就酝酿着的不安全感，像火山一样喷发出来，蒙蔽理性地，将内心的自卑看作是对方会嫌弃自己的缺点。所有争吵中尖锐不堪的字字句句，都只是在证明自己内心的脆弱和缺憾。

前些日子，我指导的研究生做了个很有意思的研究。她找了两百多对伴侣来填问卷，对这些伴侣的个人特质以及在婚姻关系中与伴侣的亲密感做了调查，并比较两者间的相关程度。

研究结果指出，三十岁以下以及结婚不超过五年的伴侣，对于自我价值感的认同远远低于四十岁以上以及结婚长达十六到二十年以上的伴侣。也就是说，愈年轻的伴侣以及相处未满五年的伴侣，愈容易对自己感到不满意。

这个结果一直让我印象很深，这告诉我们：对于刚进入一段关系的成年人来说，有时关系里面的冲突，或者“我想要离开这段关系”的想法，不见得是来自于爱情中出了什么问题，反倒比较多的是对自己的挫折感。

也就是说，有时候我们对爱情及婚姻关系的要求，反映了我们对自己的要求，而在关系中的挫折，也往往反映了对自己的挫败感。

原来，许多爱情争执的开始，症结只在“挫败感所产生的自怜”而已。

当爱情中的两人能在关系中释放与包容彼此的挫败感，不用管旁人的眼光，你们就是最相配的一对。

02. 从“我们”到“我”，爱情悄悄换季

从伴侣谈话中出现的“我们”“我”和“你”的比例，我们发现，爱情不知不觉悄悄地换季了。

有一次，我无意中参加了一群女性朋友的“幸福较劲大会”。

第一位朋友说：“我们从认识到现在，每天都要讲电话讲到天亮。”

第二位朋友说：“我们也是，每个星期都好期待周末的到来，可以黏在一起整整两天。”

第三位朋友则说：“你们不要这样消磨男人的志气好不好？像我每天都会帮他准备盒饭，连水果我都会帮他切得整整齐齐的，还去掉里头的籽，排成一排一排的。”

听得出来，这三个女人都沉浸在爱情的幸福中。但从她们说话的方式，尤其是谈话中使用人称代词（我们、我）的频率，可以看得出来，最后

一位女性朋友在感情中的冲突与自我矛盾，也许就要出现了。

这个缘由要从美国宾夕法尼亚州立大学的一个心理学研究说起，研究人员找来了五十九对伴侣，让他们讨论婚姻中的问题。

结果发现，谈话中常出现“我们”的伴侣，最能在关系中相互妥协，并使用建设性的说话方式；而常出现“我”这个字的谈话，则代表个人在关系中会出现许多积极的行为；至于常常出现“你”字的谈话呢？则是一段急冻的关系了。

如同这个研究所说的，我的这位朋友在关系中总是很积极。她的Facebook 上的大头贴不是放着两人的合照，而是放着一张极具隐喻性的两人踏在沙滩上的脚印。

从 Facebook 喊话的动态信息中，也常常看到她公开对另一半喊话：“老公，我回家了，你要回家没有？”“老公，我加班，你不用等我。”来自各地的名产美食照片，更常常显示出她晒恩爱的打卡轨迹。

这位朋友在工作上一向积极有效率，许多公事上的伙伴会用“强势”来形容她。大家都说，难得她在爱情中居然可以把自己的强势收敛成如此小女人的模样。

“简直不搭调。”有朋友私下偷偷评论。

当然，许多人在公众及亲密的人面前，都有两个截然不同的模样。但大多数人在公众面前形象温柔，在亲密的自家人面前则喜形于色，情绪较容易激动。

我这朋友却偏偏相反，在公众面前直率犀利，在亲密的人面前却像在伺候皇上一样。究竟是怎么回事呢？

有一回，我终于在她的一本书里发现了答案。

那是我要准备一个考试的期间，我向这位朋友借了一本现在已经绝版的专业书籍。她从尘封的箱子里找到了这本书，而我则在带回家翻阅的同时，在里头看到她与一位男性的合照。两人看来状似亲密，但最令我吃惊的是，这照片里的男性，是我所认识的领域中一位赫赫有名的强人。

在那张照片里，总被说为强势的朋友，依偎在那位强人的身边；强人的气势远远压过了朋友，两人眉宇间的英气，却散发出一股说不出来的协调。还书的时候，我忍不住问了这张照片，这才知道，原来他俩曾经交往过。

“但那是一段很不愉快的过去。”朋友说。之所以被形容成不愉快，朋友认为是源自自己的“真诚”。

在曾经青涩的年代，女人谈起恋爱来总是一股脑儿地奉献自己。我这位朋友也是，奉献自己的爱，甚至奉献自己的强势，希望给男人的工作带来一些帮助。只是那个男人自身已经够强了，两个人只要讨论起专业，就会引发一种锐不可当的争执，好像在比拼一样，看在工作领域中到底是谁比较厉害。

就这样，两个人交往了好几年，朋友几乎奉献出自己最美丽的青春，直到这个强人拿到补助金之后离开台湾读书，没多久，就跟新认识的一个看来温柔可人的女人跑了。朋友很伤心，差点走不出那次情感的打击。她旅行散心、花时间整理自己的心情，过了许久，才逐渐从情伤中恢复，遇到了现在的另一半。但她告诉自己，绝不再犯过去所犯的错。

所以，她凡事必请教另一半的意见，如遇不合便放弃自己的意见。她比从前更常接触家务，想要借由下厨、打扫，来增添自己的女性气质，以压抑自己身上那股害过去感情失败的霸气。

这样的做法固然让她现在的爱情堪称平顺，但从她言谈间“我”的用词，我却看得出来她是多么努力，在扮演那个不熟悉的自己。而那个

夏

Summer

在关系中不熟悉的自己，不但创造出她和自己内心的距离，也阻挡她和另一半真诚地靠近。她的语言很难使用“我们”，因为她内在的那个“我”，正在做许多困难的努力。

“放手吧！”看着书里的那张旧照，我对她说。

背负着过去的回忆，来面对现在的爱情，纵然爱情里有甜蜜的春天，也是不实的幻影。不如放手面对谈话里已经掩盖不住的那个内在的“我”，面对过去的失落，分享心里的冲突。也许最终我们会发现，换了季的爱情，竟然悄悄地用它最原始的冲力，来拉近彼此的距离。

03. 两性间的差异，其实是审视爱情的一把尺

当爱情转入酷热的夏天，

情虽浓，冲突也烈，却是爱情里必经的季节，

也是考验彼此能否继续往下走的磨合舞曲。

许多年前，我接过一个电话。

电话另一头的朋友告诉我，她怀孕了，但是她并不开心，因为这孩子不是她想要的。几天后，她去把孩子打掉了。

过了几个月，我再次接到这位朋友的电话。

电话的另一头，她告诉我她又怀孕了，但是她仍然不开心，因为这不是她男朋友想要的。几天后，她又去把孩子拿掉了。

这次，她传了一张超声波的照片给我，黑白的影像中有个小小的闪

烁的白点。

“这是宝宝的心跳，但是现在没了。”她说。

“为什么我们两个总是不同调？”她又说，声音听起来平淡而冷漠。

不瞒大家说，这样的故事在人海中屡见不鲜。

有些年轻一点的孩子，因为还在上学，根本没有想过怀孕这种事会真正降临在自己身上。

当她们看到验孕棒出现致命的两条线时，有些人的反应十分惊慌，开始使出跳床、泡冰水这种自杀式的“自然流产法”；有些则和男朋友商量一下，两个人筹一筹钱到医院去解决掉。

有些年长一点的，在恋爱开始出现冲突后，一方面要忙着处理关系中的各种问题，思考彼此适不适合；一方面又要忙着在床头吵、床尾和的激情过后，面对“怎么又忘了避孕”以及“如果怀孕了要干脆结婚吗”等等令人昏头的问题。

如果两个人意见总是一致就罢了，事情好解决嘛！但偏偏伴侣之间是一种连“我们今天晚上该吃什么”都很难决定的关系，更何况是“何时该生小孩”“何时该结婚”“结婚后和爸妈住还是不和爸妈住”这种人生问题。

相爱容易相处难，相处则难在同调困难。因为不论多么相爱、多么想合而为一，相爱的终究是两个人、两颗心。

于是，我常常看到伴侣之间出现这样的现象：一个喜欢听甜言蜜语的女人，喜欢上一个不太会表示自己爱意的男人。

这使得女人更要追着男人去多要一些爱，男人就更躲得远远的，让女人感受不到爱。然后两个人就相互喊着："你不要再跑啦！我追得好累啊！""你也不要再追啦！我跑得好累呀！"

追追跑跑到最后，这两个人连"为什么当初我要追这个人"，以及"为什么我要跑给这个人追"都忘了。等到两人都厌倦这样的追逐与躲避，那个跑累的也许就往别的跑道跑去，那个追累的也改追别人去了；就怕他们即使在别的跑道上，仍然不停地追和不停地跑、再不停地换跑道。

在人际心理学中，有个叫作"互补"的概念，恰恰可以解释伴侣之间这样的现象。

你想想自己的爸妈，你觉得在他们之间是相像的特质多一点，还是不像的特质多一点呢?

我在很多讲座中问过这个问题，而有超过九成的听众都同意：他们所认识的夫妻，大多是互补的。这个现象很合理。

人际心理学认为这种“互补”的特质，往往是伴侣相互吸引的开始。但是藏在“互补”的特质底下那些双方的差异，也往往让伴侣之间形成“你追我逃”的不同调问题。

比如说，每个人都有自己善用且较为敏感的“感官”和“肢体”。有些人喜欢欣赏美的事物，我们称之为“视觉型”的人；有些人容易被美妙的声音内容吸引，我们称之为“听觉型”的人；有些人肢体较发达，什么感受都迟钝，就是喜欢做事，我们称之为“行动型”的人。

然而，爱情中常常出现不同型的人老是要凑在一起的情况。

例如，“听觉型”的女人偏偏遇上“行动型”的男人，当女人想听些好话的时候，男人最擅长的却是行动而不是说，因此他所付出的关怀就很难让女人接受。但有趣的是，这个“听觉型”的女人，当初可能就是因为这“行动型”的男人不会“只出一张嘴”而被深深吸引。只是，在类型差异上所导致的冲突与摩擦，慢慢让他们忘了当初为何相爱。

当爱情转入酷热的夏天，情虽浓，冲突也烈，这却是爱情里必经的季节，它反映了伴侣双方从互补的相吸，到相异后的互斥。这些因互斥所产生的不同调，是考验彼此能否继续往下走的磨合舞曲。

磨合的过程中痛苦甚多，有时甚至觉得，自己的心被对方捅得没有一处完好。至于伤心之后该不该继续走下去，其实每个人心里都有答案。

如果这些不同调的差异没有各退一步的希望，我们只能学习，不管有多爱，也该放手让对方离去。

如果这些不同调的差异有各退一步的希望，我们只能学习，就算心里充满踩进粪坑的感觉，也要带着希望，在差异中携手走下去。

04. 在冲突里“不退让”，反而能让两颗心更靠近

伴侣其实是这样的，

当你能熬过两百次想和另一半分手的念头，

以及五十次想掐死对方的冲动时，

才能真正走向幸福。

在我南部老家的街道两头，住着两对截然不同的伴侣。

在街道的这头，有个男人被左邻右舍称为“好好先生”。大家这么叫这个男人，并不是他逢邻即谦恭有礼，而是街坊们常常在夜深人静的时候，听到这家里的女人冲着男人大发雷霆、大吼大叫，却很少听到这男人口出恶言地回过一句话。

有时吵架吵过头了，隔天看到男人一副灰头土脸的模样，女人却还是挽着他的手站在他身边。男人脸上抽搐的表情，也不知道是生气、是尴尬，还是什么，却似乎是不敢甩开这女人的手。

“可怜的男人啊！”街坊们私下都这样说。

在街道的那头，另一个男人就完全不同了。

那家的女人也常常在夜深人静的时候，冲着男人大发雷霆、大吼大叫，但那男人总是一句一句地顶回去，两口子愈吵愈凶，接着就是女人的哭泣声、男人的摔门声。

有趣的是，常常在男人摔门之后，女人也跟着夺门而出。一开始是边追边骂，到后来变成女人默默地跟着男人，再之后，因为太晚了，也就很少有街坊会知道接着发生什么事了。

常常这样吵架吵过头，可隔天还是见到这两个人也挽着手站在一起，妙的是，男人的脸上还带着和好后的微笑呢！

“奇怪的男人啊！”街坊们私下都这样说。

除了这些耳语之外，街道上的邻居们对这两家夫妻的私生活也是好奇得很，却从来没人敢去问他们：“你们夫妻常常吵架，感情究竟怎么样啊？”

直到我高三那年。

有一天，天气炎热，我对着黑板上倒数的考试日期，以及自己在考试中未知的将来感到烦闷不已。

当时，学校的围墙有处可以攀爬的地方，我就趁着大中午越过那道墙，到街头一家时尚的手摇饮品店。

正当我一边偷偷地吸着一杯珍珠奶茶，一边遮掩自己的制服时，发现坐在我后面的，正是街道那头吵起架来便摔门、哭泣的男女。最经典的是，他们当时也正在吵架。

“你一定要为了这种小事情，大中午的特地把我叫出来吗？”那男人说。

“可是昨天晚上我们话还没有说清楚。”那女人说。

他们俩就这样一搭一唱，时而拍桌子、时而擦眼泪……整个中午，我都默默地吸着珍珠奶茶，静静地听着他们互相激辩。

“好啦！我知道我错啦！”隐约中，有人先道了歉。

另一个人沉默不语。

“你没讲我怎么知道是这样，现在我了解了啦！”道歉的那方又补充解释。

接着是两个人都用吸管吸着饮料的声音。

我忍不住斜着眼回头偷看，想知道接下来会发生什么事。只见他们各自喝完饮料，那男人突然伸手打了一下女人的额头。

“很痛耶！”女人抗议道。

“走了啦！”男人伸出手。

男人一边起身，一边又打了几下女人的额头；女人连声抗议，身子却愈挨愈近。后来两人骑着一辆摩托车，贴身离去。留下我一个人，在这原本烦闷的午后，悄然发现他们在争吵之后又微笑和好的秘密。

台湾的心理学研究发现，当伴侣之间发生冲突的时候，男性倾向于从事家庭以外的活动，暂且逃避不和谐且紧张的气氛；女性则倾向于直接面对争执，用力争到底的情绪张力来回应冲突。

而在生理学的研究上则发现，在情绪激动时所产生的泪水，会分泌一种称为“内啡肽”的物质，是身体自然产生的止痛纾解剂。此外，泪水也刺激一种称为“催产素”的激素分泌，会使人产生想要拥抱的欲望。

就像街道那头争吵又和好的伴侣，虽然用激烈的方式面对关系中的冲突，却同时采取不退让的方式，在冲突中表达自己。

真正不退让的自我表达，不是只为了展现自己的生气和愤怒，其实更珍贵的，是让对方看到自己在愤怒背后的受伤与脆弱。可见，刚强的语言背后，都有最脆弱的故事。

我对那女人眼泪的理解，是她愿意在这男人面前表现出自己的脆弱与情绪。而我也终于理解那男人的摔门，是在整理与预备聆听对方的脆弱与情绪。

我心里如此感动——为他们在关系中如此真诚地面对彼此的情绪，又如此真诚地允许对方的情绪。所以，这把火虽然来得快、烧得旺，却拿捏着分寸，烧出彼此的磨合。

至于街道这头的“好好先生”呢？在这样的日子过了一两年后，我们看到“好好先生”默默地换了伴侣。

我知道，许多街坊都在等待，过去女人冲着男人大吵大闹的场景是否会重复发生。但更令人期待的是，这次，“好好先生”是否能对他的另一半喊出自己内心的声音。

人的生命是这样短暂，伴侣之间无须因“假包容之名、行忍让之实”，而失去彼此了解的契机。许多重要的时刻，更不值得因为缺乏真诚的怒气而陪葬。

正如同婚姻治疗大师所说：伴侣其实是这样的，当你能熬过两百次想和另一半分手的念头，以及五十次想掐死对方的冲动时，才能真正走向幸福。

05. 爱情与面包的完美比例

既然在恋爱中，爱情是共享，面包也不可能独自拥有，

到底是什么原因，让情人觉得，

协调爱情和面包的比例是难以启齿的？

我有个读文学的朋友，因为学习背景的关系，对古诗词中的浪漫爱情总是特别憧憬。她最喜欢的是三国的故事中，董卓、吕布和貂蝉的桥段:董卓为了貂蝉不惜献上一切珍宝，吕布为了貂蝉则不顾忠义，斩杀义父董卓。

“真是爱得轰轰烈烈。”她说。

可是，现实中还是不要发生为情杀敌之事才好。于是，她左等右挑，相中了一位有着文学才子王文华般相同的傻劲和温柔，又像人中之龙吕布一般痴情的男人。尽管她的母亲不满意男方的个头太瘦小，却挡不了她坠入爱河的决心。

她和男人刚开始交往的时候，每隔两三天，男人就会送上一束鲜花到办公室。只要是男人上班时间有抽空的机会，就会提着下午茶直奔她上班的地方，连周围的同事都一并受惠。而且，一到假日，男人就会精选旅游地点，一下是阳明山、一下是乌来、一下是九份老街。

“这种行动上的实力，也是一种轰轰烈烈。”她说。

这样的日子过了三个月，男人接到了最新一期的信用卡账单，他瞬间惨白的脸色，让我朋友也跟着紧张了起来。

那是一笔为数不小的钱，包括在旅馆刷卡的住宿费、逛大卖场的收据、花束的收款，以及零零碎碎的其他费用。男人的眉头不禁皱了起来。

“哎呀！”他叫了一声，“超出我的预算范围了。”这让她的心跟着纠结起来。

那天傍晚，朋友和那男人就这样不发一语，并肩坐在公园旁的长椅上。

“唉！”男人长长地叹了一口气。

“吁！”她也跟着吐了一口大气。

“你……”男人吞吞吐吐地说，“以后，我们旅馆费各付各的好不好？”

听了这话，她的心立刻沉到谷底。

我朋友说，不是她爱钱，也不是她爱享受，只是她从来没料到，自己的爱情也有需要考虑柴米油盐酱醋茶的一天。

男人赚钱得孝敬父母、付房贷，每个月要给父母不少的生活费；她则是住家里，自己赚钱自己花，平日母亲会料理三餐，她户头的存款当然是只增不减。

我朋友一向是个有责任感和正义感的人，她十分在意周围的人的感觉，也不喜欢自己成为别人的负担。这下可好，男人原来的浓情和体贴，反倒让她陷入爱慕虚荣的困境里。她无法对男人的超支做出任何反应，也无法干涉他对家人的照顾，好像一有意见，自己就变成是为了金钱才和男人交往的样子，而这和她自己的价值观是完全抵触的。

男人也颇为无辜。原本只为了博卿一笑，谁知情到浓时的爱意，使他一时没想到爱情以外的未来，忽略衡量自己的能力。一下子给出太多，发觉时却不免伤了两人的感情，想和她好好商量，却没想到她也有自己的内在矛盾要纠结。

两人因此有了争吵。在男人的眼里，没想到钱会变成阻碍他们的难关；在女人的眼里，重要的不是钱，而是必须要计较钱的“感觉”。

明明是相爱的两个人，却因为这爱情和面包的冲突，怎么说也说不清。

在心理学中，对于同时拥有两个目标，使得人必须做出选择时的冲突，有几种解释。

一种叫双趋冲突，就像鱼与熊掌只能选一个，但两者都令人想要，所以不知道怎么选。

一种叫双避冲突，就像卡债和贷款，两者都没有人想要，所以也不知道怎么选。

一种叫趋避冲突，就像讲求排场却得负债，想要的和不想要的搅和在一起，也令人完全不知道该怎么选。

而爱情和面包，其实正是带领我们经历上述的每一种冲突：爱情开始时，同时拥有爱情和面包；爱情慢慢走入现实了，谈恋爱好像就会失去面包。但要知道，如果爱情持续下去，这个失去的面包，可是两个人要一起吃的。

既然在恋爱中，爱情是共享，面包也不可能独自拥有，到底是什么原因让情人觉得，协调爱情和面包的比例是难以启齿的？

若彼此失去了在爱情与面包中可以一起分享与协调的机会，总有一天，这份爱情会不再甜美，等到面包都吃完了，也没有力气再一起走下去。换句话说，那些无法和你讨论爱情和面包的人，也许就不是能够共度一生的伴侣。

06. 情人眼里，不能没有沙

这世上有种爱情，没有走过春天就直接进入夏天，

没有尝过甜蜜就直接开始冲突。

我认识一对很有趣的伴侣。

男人的工作很忙，总是比女人晚睡；女人每晚都在等着男人一起上床，却往往等到睡着。

女人和男人后来生了一个儿子。这儿子长到九岁的时候，开始睡在自己的房间，可是每天早上总是因为赖床而不肯去上学。

女人每天都要为儿子的赖床而生气，但特别的是，这个儿子每天早上睡到七点的时候，不需要闹钟响就会自己去把房门打开，再回床上睡觉。等到女人在外面喊不醒儿子，就会冲到房间里，扭起儿子的耳朵，接着

就会和儿子叫骂着打起来。

我刚听到女人这么描述她的家庭时，心里想：真是有够奇怪的，这儿子明明可以自己起来打开房门，怎么会赖床赖到和自己的妈妈打骂起来?

为了更了解这奇怪的状况是如何发生的，我又继续听女人说她的故事。

女人和她的丈夫都领有《身心障碍手册》，两个人走起路来都不太方便。女人是独生女，因为身体上有缺憾，从小就带着母亲的愧疚感，在充满关爱的环境中长大。

她总是秉持着“身残心不残”的信念，努力读书，最后获得了一份不错的工作，并在亲友的介绍下认识了她的另一半。男人长得清秀斯文，身障程度比女人来得轻一点。

两个人认识没多久就结婚了，婚后生了孩子，两边的母亲都让女人不要再工作了，因为光凭老公优渥的薪水，就足以让他们过着衣食无缺的生活。于是女人放弃她原本喜爱的工作，在家相夫教子。

辞去工作的第一天晚上，她在父母送给他们两个人居住的房子中，生平第一次下厨，为另一半煎自己料理的鱼。

女人说，那天晚上是她人生中最受挫折的一天。那满锅跳动的热油，溅在她白皙的手臂上，她吓得往后闪躲，身体的不方便让她马上跌坐在地上。她忍不住哭泣，打电话给男人，男人听完后只淡淡地说了一句:“那你就不要煎了，我下班就回去。”

听到这里，我突然想起心理学中有个很有趣的理论。心理学家在实验室中观察男女说话与思考时大脑的活动区域，结果发现，男人的运作区域大多在左脑（一般来说，左脑是偏理性的），而女人居然是左右脑一同运作（一般来说，右脑是掌管感性和创造力的）。

所以，男人说话时大多听起来很理性；而女人大部分时间都出现出“女人心、海底针”的状态，因为在左右脑的交互运作下，女人时而理性、时而感性的特质，有时候搞不好连我们自己都不太清楚自己在想些什么。

唯一可以确定的是，女人的大脑因为容易受右脑和情绪的牵引，大多需要甜蜜、浪漫的灌溉。虽然每个女人需要的程度不一，但整体需求程度仍然比男人高出许多。

因为理解这个道理，我似乎可以感受到，这个女人在描述她的婚姻关系时所透露出的悲哀。

先别提右脑所赋予的感性情绪了，这可是个连煎鱼都渴望被怜惜的女人，如何能满足于男人那淡定到仿佛只专注在工作上的语气啊？

莫怪女人那无处可去的爱恨情仇，都转换到了愿意陪她打骂的儿子身上；而儿子在懵懂当中，已经代替父亲，和母亲跳起夏天的酷热之舞。

在这对母子打骂的背后，其实正隐藏着女人在怒火中对男人浇不熄的热情。因为这股迂回的热情，女人变得愈来愈不快乐。她知道男人是忙碌的，而且是为了家庭忙碌。但每当看到男人因为工作需要而和其他女性谈话——特别是那些肢体健全的女性，她总是难以忍受。

于是，男人对周遭人、事、物的一举一动和一切情绪，都成为女人眼里容不下的沙；她以为把那些沙一粒一粒剔除，就会唤醒男人的激情，男人对待她的方式却是更加淡定。

对女人来说，男人愈淡定地面对她的不可理喻，她内在的愤怒就愈盛。因为看似平顺包容的男人，其实是用一种沉默的方式来拒绝她内心的爱。

这种爱情的苦，不只是因为没有尝过春恋的甜，更是因为即使不断浮现冲突的欲望，却仍冲撞不出喜怒哀乐的真诚。

这种苦，不同于一般夏恋的苦，是一个巴掌拍不响的苦，是即使掏心也努力不来的苦。

看清楚自己的爱情处境后，女人决定去做点不一样的事。她尝试去面对自己眼中的沙，因为那里头包含着自己对男人真实的情绪与深刻的情感。

面对这些沙并不好受，但能帮助女人减少用愤怒、歇斯底里等间接的情绪，来表达自己不被爱的心情。于是，她发现自己真正想对男人说的，并不是自己有多生气，而是觉得不被爱的受伤。

另外，女人也尝试去接近自己眼里的沙，因为那代表自己不再惧怕男人的隔离，而主动去接近男人的世界与男人的生活。

“如果我不能阻止他放开我的手，起码我可以主动去牵他的手。”女人说。很傻。有人这么说。

我现在无法下定论，因为我看到，女人心里其实还存有对这段关系的希望，而她接下来的努力，是能让爱情的春天重新开始，还是让自己的心封藏到冰冷的冬天，都是未知的。也许这一切，都得从原本看似无法改变的关系里，逐渐有些小小的变动开始。

但起码，这个女人为了面对眼中沙所做的小小改变，已经让她的儿子不用再代替父亲，陪自己的母亲跳愤怒之舞。

07. 用对的方式表达爱，别让爱互相伤害

两只刺猬为了取暖而靠在一起，可是靠得太近时会刺到对方，于是他们为了避免疼痛又逐渐分开，却失去了挤在一起的好处，再度冷得发抖。

——黛博拉·安娜·卢普尼兹（Deborah Anna Luepnitz）

有一回，在我公开的电子邮件信箱，收到了一位女性朋友的来信。

亲爱的 Dr.Hsu，你好：

我想和你分享我的婚姻。

婚姻对我来说真是可怕的东西，它让我变成另外一个人。

本来我希望自己死了一了百了，可是想到小孩得叫别人妈，心里就充满不甘心。你可以帮帮我吗?

我很快和这位女士取得联系。她是一个长相清秀，却总是皱着眉头的女人，看得出脸上有些岁月的痕迹，眼神却传递出无比的刚毅。

女人说，她有两段婚姻：第一段婚姻是她年轻的时候，什么都不懂就嫁了，谁知丈夫早逝，留下三个孩子。

第二段婚姻则是她现在的丈夫，一位拥有博士学位的男人，但女人才专科毕业，两个人间的距离似乎天差地远。

原本在专柜工作的女人，心里只想着带大三个孩子，没想到却出现现任丈夫这样有权力、救世主般的男人，而且还信誓旦旦地告诉她，愿意照顾她的后半生及三个孩子。

女人受宠若惊，干枯许久的心田灌进一股温暖的泉水，却不敢太早重开心门。于是，女人对男人说："等你家人能够接受我的小孩，我们再开始吧！"

果然，男人很努力地把三个孩子带进自己的家庭，自己也努力证明能够担任三个孩子的爸爸。于是交往没几个月，女人便嫁了。

可是，婚后一切都变了，丈夫开始动手打她，又发生外遇。

讲到这里，女人显得非常激动："我真的很笨，原来婚前他对我都是虚情假意的。”

我感到十分困惑：“中间发生什么事了吗？是什么事情让他变成了这样？”

我会这样问，是因为心理学中提到，“一个人会变成怎样”通常是因为“另一个人让他变成这样”，这是一种循环式的思考。婚姻关系不是一条单向道，而是双方互相影响所共同形成的关系气氛。

所以我问女人：“结婚之后，你有发现自己哪里不一样了吗？”

女人想了想，嫁给先生之后，她视先生如救命恩人，简直不敢相信像自己这样的女人，还有这样的男人爱，于是，她不顾自己高龄生产的危险，又给男人生了一个孩子。但拥有两个人亲生的孩子后，却未如想象中增进感情；反而是生了孩子后，女人觉得自己将人生最后一点精华都给烧尽了，对高学历、有能力的丈夫有极大的不安全感。只要丈夫不在身边，她就会开始想象丈夫可能在外面和别的女人在一起。

于是，她开始问丈夫：“你会有外遇吗？你会背叛我吗？”

丈夫一开始会耐着性子跟女人说“当然不会”或是“我不会，你放心”。

可是日子一久，丈夫对这些探问失去耐心。只要女人再问，丈夫就会说“我没有必要回答你这个问题。就算有你又能怎么样”。

这种挑衅式的回话简直让女人快气疯了，心里的不安变成熊熊怒火。

两个人开始出手打了起来：丈夫砸个锅子，女人回砸他个锅子；丈夫推她一把，女人也不甘示弱地赏他一巴掌。

只要男人下班回家后又要出门，这出戏码就会上演。之后，男人干脆也不回家睡了。

这对夫妻的故事，让我想起心理学中提到的“不安全依附关系”。

倘若人们在童年时期的监护人（父母或其他主要照顾者）在情感表达和照顾过程中，常有不一致的反应，时而热烈、时而冷淡，或者根本就没有情感反应，成长过程中可能就会形成不确定感、不信任感的心理状态。

在这种状况下长大的人，因为长时间无法预期周遭人的反应，便习惯以激烈的方式来应付外在世界，以获得情感支持及抚慰。但也常因为激烈的方式导致他们挫败，而容易变得悲伤和愤怒。

于是，我问她，知不知道自己的不安是打哪儿来的呢?

女人说，她小时候的家境并不富裕，家里孩子又多，常常有一餐没一餐的。她总记得父母亲赚钱后的微笑，但当赚不到钱的时候，家里谁也不敢发出声音。女人的第一段婚姻，就是她在自己能养活自己后，逃离家的一种方式。

所以，长久以来，她都觉得自己“不配获得幸福”，因为她不但不如弟弟可以传宗接代，还只是个学历不高、专吃家里食粮的“米虫”。偏偏她现在的丈夫也是在辛苦家庭中长大的孩子，他读书的最大目的，就是要让家人过上好的生活。于是他结婚后想要把女人养在家里，照顾四个小孩，却不知不觉地囚禁了女人想要为婚姻付出的心。

明明是两颗为对方着想的心，却得要藏在尖锐不堪的言语下。就像两只相爱的刺猬，想要互相拥抱，却因拿捏不了分寸而刺伤彼此，只好长出更长的尖刺来保护自己。

我问女人想怎么办。

“我现在只想要他死而已，”女人说，“或者我死，眼不见为净。”

“如果这么容易解决，为何你还会困惑？”我问。

“因为我想看一看他究竟是什么样的人。”女人说。

女人最后一段话暗藏玄机，看似狠话说绝，言下之意却仍然透露出对婚姻的期待。

于是，我鼓励她去和丈夫谈话，而不要一个人闷着头想，因为婚姻不是一个人改变就好，而是需要两个人一起改变。

“可是他现在都不跟我交谈。”女人说。

“是不是因为你只要和他交谈就会吵起来啊？”我问。

女人默认。

但总要有人愿意先开始改变，既然你不可能压着对方的头请他改变，起码你可以调整自己，放弃过去那些无用的举动。因为，那些于事无补的作为，并不会让自己比较舒服。

两只想要互相取暖的刺猬，虽然会不小心伤到彼此，但因为他们都了解身上的刺对另一方的重要性，所以他们会学习在这互相刺伤的过程中，找到安全的取暖位置。

08. 诉说与倾听，是爱情的特效药

我们在爱里总喜欢用“读心术”去猜测对方想要的是什么，而忘了若是想了解对方真正的需求，其实要善用“倾听”。

我家附近有一个小型的三角公园，但因为这一带的大型公园实在太多了，所以这个小公园，往往只有少数的父母会带着小孩去玩滑梯，或是一些邻近的居民会带着狗去散步。到了天黑之后，这里几乎就是个无人的公园了。

有几次，因为我丈夫比较晚下班的关系，我会到这个公园旁的停车场去等他。我突然发现在那无人的公园里，常常有一个扎着马尾的女人，静静地坐在公园正中央那个石制的滑梯上。这女人出现的频率实在太高了，我因此注意到她坐在那滑梯上时，总是默默地在掉眼泪。

一天晚上，我完成了一篇演讲稿，但家里的打印机突然不能使用，

夏

Summer

只好到附近的“7-11”连锁便利店打印。路过这个公园时，我看见那个女人又独坐在滑梯上，但这次她是在那儿放声痛哭。

那样的哭声，让我忍不住拐个弯走进公园，悄悄坐在离女人不远的长椅上（其实，我当时的确挺担心她会出事的）。女人一边大哭，一边发现了我的存在，却没有因此停止哭声，只是看着我。于是，我开口问她：“你还好吗？需不需要帮忙？”

原来，女人和她的丈夫就住在我家附近，丈夫因为想要存钱创业，所以两个人和公婆住在一起。

女人的丈夫是一个聪明而冷静的男人，对未来非常有规划，上进心很强，目前正在大学修读博士学位，可见压力是非常大的。

两个人在很久之前就因为公司的联谊而认识交往，一直蹉跎到近几个月才迈入婚姻。谁知结婚后才发现，两人都非常有主见，想法上的差异也很大，三天两头就会出现摩擦。

对女人来说，虽然她的学历和才智似乎比不上丈夫，但女人对工作有自己的想法，也拥有独特的专业能力。每当她和丈夫谈起公事时，丈夫给的意见总是让女人觉得专业受到挑战；而丈夫只要一感受到女人的这种心情，就会突然结束话题，然后闷不吭声地开始自己的工作。

女人面对丈夫逃避似的行为，火气会忍不住上来，也顾不得是和公婆同住，对丈夫大声嚷起来。谁知丈夫却干脆把房门关上，连一句话和一个眼神都不给她。

于是，那本来就不是自己家的房子，在这种时候便从爱巢变成了牢笼。女人只好夺门而出，默默地来到这无人的公园，整理自己的心情。

就在我和女人谈话的这天，丈夫因为女人在家里大声说话，淡淡地对女人说了一句：“娶到你真是我这辈子最不孝的事情。”

这句话伤透了女人的心。

伴侣之间常常存在这种奇特的现象：吵架的时候，自己需要把话说清楚，便非得逼着对方彻夜长谈，忽略了别人有冷静的需要。自己需要冷静思考的时候，便非得逼对方什么也不许说，忽略了别人有平复的需要。总以为这么做是对两个人关系最好的方式，却忽略了所谓“好”的沟通方式，是要两个人一同讨论才能决定。

在这种时候，这个“自己需要”和“忽略别人”，往往使关系发生冲突，引发人们内在对于爱情的不安全感。脑内掌管情绪的神经回路，也因此凌驾了掌管理智的神经回路，导致人们有意无意地说出伤人的字眼。

偏偏在朝夕相处之下，伴侣又更知道对方的“痛脚”在哪里，只要轻轻往痛处一踩，感情的裂痕便相应而生。

于是，争执的开始虽然是为一些小事，吵到最后却总变成一些伤人的大事。吵过之后、情到浓时，又会变得难分难舍而没事。

慢慢地，感情使人变得犹豫，变得摇摆，却也因为这种冷热交杂的感受，让恋爱中的人们极为快乐，又极为痛苦。

就像这个女人，每当跟丈夫起冲突，走到这无人的公园时，心里总会想着：“我们该离婚了吗？”但等女人漫步回到家，睡一觉醒来后，看着丈夫睡着的脸，又忍不住到厨房去为他准备早餐……

“我真的不想再这样下去了。”女人说。看得出来，她真是难过极了。

“不然你到底希望他怎么样？”我问。

“我是要他听我说，不是要他教导我；我是要他关心我，不是要他考核我。”女人又说。

“那你干吗不直接跟他说啊？”我又问。

在问女人这个问题的时候，我发现自己似乎也有这样的毛病。明明

在关系中，我们都很清楚自己的需求在哪里，那为何不干脆点，把这个需求说给对方知道呢?

因为别扭！因为说得太清楚，爱情就失去那种“心领神会”之美。

所以，我们在爱里总喜欢用“读心术”去猜测对方心里想要的是什么，而忘了若是想了解对方真正的需求，其实要善用“倾听”。只是，“倾听”有一个十分容易被忽略的前提，就是得要先让对方打开心门“愿意说”。

当一个人愿意说、一个人愿意听时，我们才能了解对方真正的需要是什么。

“所以是他也没有让我感觉到他愿意倾听，不只是我不愿意说。”女人的反应很快，马上就对她和丈夫之间的问题得出一个结论。但她又说:“只是，我们都没有这么想，也没这么尝试过。”

女人的故事让我产生很大的共鸣，让我发现在日常生活中，我们常不自觉地对家庭和爱情以外的人有更多的耐性，所以我们总花更多时间去倾听同事、老板、朋友，甚至与己无关的陌生人（其实就是倾听别人的家人、别人的另一半，就像我在倾听这女人的故事一样）；等回到家后，却不见得用同样的温柔，去对待自己身边最重要的人。

因为我们总期待这些重要的人，能在我们说出口以前就懂，特别是当我们生病、受伤、需要关怀，或是其他更脆弱的时候。明明我们需要的是温柔与依靠，却偏偏让自己产生一颗如刺猬般的心。

那就不如放下因脆弱而生的刺吧!

也许我们会从中看到，许多对于另一半的不谅解，其实都出于过多非理性的期望之心。我们既然希望伴侣能在自己面前成为最真的他，那么，就先要有一颗能包容“真正的他”之心。

秋
Autumn

秋 ———— Autumn

若即若离之间，放不放手都是最好的选择

如果爱情也有保质期，我们该如何熬过那爱未过期却又不够新鲜的时刻？当爱情从温暖的美好，到历经关系的磨合，令人惆怅的却是爱情的若即若离感竟悄然而生。一如秋天，仍有萧条之美，却令人感伤。

我们怀疑这世间是否真的存在永恒，却又不甘心失去永恒！于是，挣扎在丢弃平淡的爱情或丢弃渴望自由的自己之间……直到我们真实面对内心的瓶颈——面对那依稀记得的年少往事，面对其实尚未熄灭的期待，体会原来即使爱情过了保鲜期，也有回收再造的机会，但这是一个需要解构并重新再造的过程。

01. 爱情的第一片落叶，不是“争吵”，而是“懒得吵”

爱情中的第一片落叶，不是来自争吵，

而是来自“我懒得和你吵”。

我有一个来自马来西亚的朋友，她在家乡工作存了一些钱之后，便只身来到台湾读研究生。来台湾之后，她和同班一位也是来自马来西亚的男生开始交往。

这个朋友身上有着典型的女性美：白白的皮肤、大大的眼睛、高挺的鼻梁、红润的小嘴、高高瘦瘦的身材……别说在侨生群中令人惊艳，不少本地生也为她神魂颠倒。

然而，这样的她舍弃了其他的追求者，爱上了同班那眼宽嘴阔、理着短短小平头、总是在班上扮演谐星的男人。

“尤物爱上谐星”，在一般人的刻板印象中，总想象应该是谐星对美女百般呵护、唯命是从。可是，在这对情人之间，却是那美丽的尤物对待谐星小心翼翼，只要谐星打了一下喷嚏，尤物就紧张得直打哆嗦。

不明白的人，都认为这个尤物真是天底下最完美的女人：美丽而不肤浅、温柔而有智慧、待人谦卑有礼……更视那谐星为天底下最幸福的男人。

可是，就在他们毕业前的那年圣诞节，谐星向尤物提出分手。

“她太完美了，感觉不像是真的。”谐星在一次酒后，向朋友吐露了与尤物交往的心声。

“明明一般女孩子都会在意的事情，她却还是笑笑的，连气都不吭一声。”

听到这句话的人，都会忍不住替尤物打抱不平，觉得谐星忘恩负义，然后告诉尤物：“天涯何处无青山，何必单恋一根草。”

有一天，我到美容院去修剪头发，正好遇到那位刚失恋的尤物朋友，我和她相邻而坐。当时我想，这尤物朋友想必是要来换个发型、换个心情，重新开始。心里正揣摩着该跟她说些什么，没想到她却神情飞扬，心情愉悦地指给我看她待会儿要剪的发型。

正当我对她“一点都不像失恋”的表情感到困惑，想问她是否已经找到新恋情，没想到，这朋友还没等我开口，就一边翻阅杂志，一边喜滋滋地告诉我：“我跟你说哟！我妈妈要来台湾参加我的毕业典礼。”

我从来没听她谈过她的母亲，但很少看到哪个人会因为妈妈要出现，就开心到好像忘了自己失恋这回事。

原来，尤物朋友小的时候，妈妈很不喜欢她，觉得她看来是个妖精似的叛逆孩子。每当她做错事被责罚的时候，妈妈就会骂她说：“全世界都没有人喜欢你。”甚至当自己的两个妹妹做错事，妈妈骂妹妹的话是：“你们不要像姐姐一样让我讨厌。”

“所以，一直以来，我都觉得要努力获得别人的爱，真的好难。”她说。

即使是这样的妈妈，尤物朋友仍然渴望母亲的爱。为了努力获得妈妈的肯定，她从十四岁就开始打工，赚取自己的学费，并且努力充实知识，学习音乐才艺。她知道妈妈的心愿是要来台湾，就努力考上台湾的学校。来台湾后，她努力写家书，想和妈妈修补关系，但妈妈始终没有回应。

直到某年的母亲节，她在书店看到了一本书，书名是《妈妈谢谢你》。突然间，她在那文字中感受到，不管过去的自己是如何，她心里那缺失的一角，正来自于无法像个孩子一般，在母亲身边耍赖、在母亲节好好诉说感谢……

望着那本书，她的眼泪落了下来。于是什么也没说，只将那本书寄到了马来西亚，给那未曾教过她如何表达爱意的母亲。

几天后，母亲捎来了一封信。母亲说，自己是个不善沟通的女人，为了给孩子严格的教育，她希望大女儿能成为两个妹妹的榜样，所以对她一直很严格，也为她叛逆的样子感到很伤心，才表现得好像不爱她似的。

“其实你不用那么辛苦地表现完美，因为你真的很棒。”信末，母亲留下这句话。

尤物朋友说，这句话对她而言，就像“解严令”一样，释放了她一直以来为了做好表面工夫，而隐藏起来的空洞且缺乏感情的内在。

于是她了解到，她过去之所以在爱情中不吵不闹，是因为那些琐事根本牵不起她内心的情感，就如同谐星男友认为那些她应该在意的事，她根本没有太大的感受。因为在“解严”之前，她心里的空间早被母亲那句“全世界都没有人喜欢你”给填满。

所以，她和过去的那些男人交往，只是为了打破母亲“没有人喜欢你”的魔咒，来证明自己能够被爱，也值得被爱。

谁知她在爱情中始终无法敞开心扉，而这源自于她没有意识到，自己只是在爱情中寻找母亲的爱……

在心理学中，有个叫作“未竟事务”的概念，指的是那些未经表达与处理，却明显保留在记忆中的故事。这些故事的存在通常不容易被察觉，但往往在日常生活中，阻碍人们与外界的接触；而且故事中的感觉会持续存在，直到被当事人处理完毕。

这些未完成的事件，会引发人们内在复杂的情绪，包括强烈的悔恨、罪恶感、生气、难过等等。但又由于人的自我保护机制，当内在的感受愈是复杂的时候，外在表现却可能更加空洞，或是透过其他的行为来加以抵销。

就像这位尤物朋友，她在爱情中从不抱怨，只是努力做更多的事来让爱情更“完美”。殊不知恋爱中最精彩的地方，正是所有的事情都不完美，两个人却能够在这种不完美中，探索彼此的喜怒哀乐，享受“同甘共苦”的感受。失去了这种不完美的冲击，爱情变得不真实；当爱情无法让人感受到真实，终将落入秋天的萧瑟。因为这样“完美的爱”，只是童话，并非人生。

在心理学中，将“完美的爱情”定义为有激情、有亲密、有承诺的爱情。也许，这所谓“亲密”的定义，正是来自于两个人愿意面对与接纳彼此眼中那个“不完美的你”。

02. 接受自己的阴暗面，爱才会完整

当夏日的热情归于秋日的平淡，也许这真正的用意是，要给我们一个冷静的空间，去看见关系中黑暗的自己。

我认识一对同卵双胞胎姐妹，姐姐是我的朋友，个性开朗大方，为人直率豪爽。可她就是有一个毛病，每年和她聚会的时候，她总带着不同的男人参加。

一群朋友就老在一旁看她和这些男人嬉笑打闹，但只要问起她何时会结婚，她就会说："结婚那种事，让给我妹去做就可以了。"

这妹妹和姐姐可一点都不同，个性稳重内敛、温柔可人。早在她刚毕业没多久，就被一个科技新贵给娶回家了，现在过着幸福美满的富家少奶奶生活。

姐姐还有另一个有趣的地方，就是她交往的男人总是比她年轻一截。

大家都喜欢损她“爱吃嫩草”，可是她偏偏喜欢像只蝴蝶一样，在这年轻的丛林中四处飞舞。

直到最近一次见面，她居然没有带男人出席，把大家都吓坏了。一问之下，才知道她最近与一个比她年长的男人交往，可是这段感情却让她陷入从未有过的困惑。她说：“和他在一起，我简直不认识自己了。”

这么外向、活泼，又有自信的姐姐，朋友们真的很难想象，她在爱情里也会有“想这么多”的一天。而且她在诉说这段感情时，更令人注目的，是她脸上出现罕见的“淡定”，仿佛在这段爱情中，她蜕变成一个连她都不懂的自己。

这个“自己也不懂的自己”，让我想起心理学的鼻祖级人物荣格曾经提出的“人格面具”以及“阴影”的理论。所谓“人格面具”，指的是经过社会文化和教育环境的熏陶，所堆积而成的符合社会期待的角色特质。

至于“人格阴影”，则是在成长的过程中，因为某部分的认知或情感不被社会文化所接纳，从而受到自我意识的抗拒和压抑，分裂成无意识中不为人知的特质。

简单来说，“人格面具”正是我们经过自我意识，想要呈现给他人看到的那一面；而人格中的阴影，则正是一个人内在真实的“黑暗面”。

如果用这样的概念来看，姐姐的黑暗面是否在这陌生的爱情中被激发出来了呢?

其实，姐姐在出生后的每一刻，都在期望有一天早上醒来，自己的身份会变成妹妹。她和妹妹的出生时间只差了几分钟，当母亲用尽力气将她生出来之后，她精气饱满地号啕大哭。可是妹妹就没有她这么幸运，刚出生的时候，妹妹的耳朵是向内包覆黏住的，直到长大之后，经过几次整形手术，才脱离得时时用头发遮丑的处境。

因为妹妹出生后的缺陷，母亲对妹妹总是特别关注。她印象中最深的，是有一次母亲带着自己和妹妹去杂货店买东西，她被一旁彩罐里的糖果给吸引，走过去多看了几眼，就和妹妹及妈妈失散了。

她哭着到处找妈妈，当她远远看到母亲着急的身影时，她立刻冲过去抱住母亲的大腿，母亲却把她拉开说：“怎么是你?你妹妹呢?你妹妹呢?你有没有看到妹妹?”

后来，妹妹被好心人带回来，母亲边喜极而泣地搂着妹妹，边厉声地对她说：“以后出门你都给我牵着妹妹的手，不准再把妹妹弄丢。”

从那之后，她再也不敢放开妹妹的手，但也不曾在母亲和妹妹面前掉过一滴眼泪。

年长之后，她继续担任“妹妹守护者”的角色，母亲则急着帮貌美如花的妹妹寻觅对象，所以，妹妹很早就有了好的归宿。

妹妹结婚后，姐姐只好把重心转移到其他的“弟弟”身上，专门找比自己年轻的男人交往，这些男人也都被她的外表和性格收得服服帖帖。但每当男人提出要见她的家人、好好谈谈彼此的未来，她就会赶紧结束这段感情，逃得远远的。

“所以，你根本是用坚强来掩饰内心的脆弱！”朋友们总跟她说。

“谁叫我是姐姐，早几分钟出生又耳朵正常的姐姐。”她也总这么回答。

在她内心中，那股不被允许的、对妹妹羡慕与嫉妒交织的复杂感受，都在这些男人想要更进一步的时候冒出来。她多么害怕，这些足以天打雷劈的可怕阴影，会在爱情的逐步深入中被了解与看到。

直到这个年长的男人出现。

这个男人不像其他的年轻男人一样，会大老远为她送来彩罐里的糖果，他只是很努力地工作，很努力地要把她带进他的生活，也很努力地想要进入她的生活。所以，他们的爱情很快就从强烈的热情，进展到她害怕面对的稳定，以及她原本认为该迈向的淡定与结束。没想到，这个男人却想办法找来她的母亲和妹妹，还到她工作的地方去向她求婚。

跪在她面前的那一刻，男人说："不管你以前发生过什么事，我都不会轻易放开你的手。"

在同事们的起哄和拍手声中，她瞥见一旁的母亲默默拭泪。

"妈妈，你终于为我掉泪了。"她心里想。

妹妹则在一旁大喊："姐姐，你遇到一个这样爱你的好男人，我好嫉妒你哟。"

她忍不住眼泪直掉，大声地回嘴："我才嫉妒你。"

如果心里的伤能够在关系中被疗愈，我们就会慢慢放下对黑暗的执着。这其中的关键并不在于我们能否真正接受眼前的这个人，而是我们能否真正接受黑暗中的自己。

03.“若即若离”不等于“永远分离”

分隔两地的夫妻，因为空间的距离，导致彼此感到“若即若离”。但“若即若离”不等于“永远分离”，适当的时候，就算必须放弃一些东西，也要让两个人的心能厮守在一起。

全球化时代，许多生活形态受到影响，从企业国际化，到分隔两地工作的婚姻关系，“夫妻同住”变得不再理所当然。

在一个小区的大楼里，住着许多这样分隔两地的夫妻，严格来说，这里住着的，多是“老公到外地工作”的太太和他们的孩子。

这些太太的丈夫大多在国际型的企业工作，也大多被外派到东南亚其他国家，甚至欧美国家，这些丈夫每年大约只回台湾两次。他们为了相互照料，便群聚购屋，让彼此的太太能住在附近、有个伴，省得天天只想着查海外丈夫的勤。

渐渐地，这个“高阶干部小区”“台商小区”的名声不胫而走，也吸引愈来愈多同类型的夫妻。

早年，这些太太多半是全职在家里带小孩，享用老公外派的高额薪水。这些年，受到全球金融风暴的影响，加上孩子也渐渐外出上学，太太们则开始去寻找事业的第二春，享受经济自主的快乐。

在某年年末的时候，小区里的一位太太所任职的公司，正好找我去发表一场以“双薪夫妻如何创造快乐生活”为主题的演讲。

在那场讲座后，有位太太趁同人逐渐散去，悄悄把我拉到一旁说，丈夫再过不久就放年假回台湾了，可她心里觉得困惑的是，周围的同事都为她即将一家团圆而感到开心，她却突然想起自己从二十岁出头嫁给丈夫之后，就开始这种丈夫外派、夫妻相隔两地的生活，但……为何从前她总是引颈期盼丈夫的归来，现在面对这个归期，却有一种陌生的感觉？

台湾有项研究，调查六十五岁以下的成人所认为的结婚的好处。其中投票比例最高的是“婚姻能让人相互扶持和依靠”，其次是“可以多一个人帮忙照顾家庭”。一位日本的精神科医师说，分隔两地的夫妻，在分离大约 年的时候会出现危机感，三年的时候则会有重大危机感，所以建议夫妻相隔两地不要超过三年。

的确，对这位太太来说，老公刚离开台湾的那几年，是她最难熬的日子。那时的国际电话费非常贵，网络也没有那么盛行，还要照顾一个才刚读小学的孩子。台风来袭、地震、停电的时候，总是她一个人紧抱着孩子度过。

早先，她也曾经埋怨过，但长辈都说“要体谅丈夫工作的辛苦”。只是，从来没有人教过她要如何体谅，也没人告诉她，心里那种复杂的感觉是什么。于是，婆婆的关心对她来说仍然温暖，可是内心深处的感受，却没有人能真的懂。

直到过了三四年后，她渐渐习惯这种感觉，和邻居太太们也愈来愈熟识。她们开始知道要在哪个角落储存干粮、哪里该放置手电筒、哪家太太和小孩生日的时候可以一起结伴聚餐、小区办活动的时候还可以一起出游……久而久之，甚至好像连独处都变成一种享受了。

因为时间的关系，在那场讲座后，我没有太多时间和这位太太畅谈，于是我给了她我的联络信箱，让她知道需要的时候，可以在哪里找到我。

果然，在农历年后，这个太太又来找我，谈她先生返台又外派后的

秋

Autumn

124

心情。

这位太太告诉我，她丈夫回台湾的那天，依照惯例是公司派出租车把他送回家的。一进门，丈夫就送给儿子最新的游戏软件，接着对她喊了一声“老婆”。她接过他的行李，感觉既陌生又熟悉。

半年不见，除了儿子在餐桌上大声评论刚获得的游戏软件，许久不见的夫妻俩，似乎都在找话题来开启一整个年假的相处：“你好不好啊？在外面有没有吃饱？”“我很好啊！那你呢？”接下来就是有距离感的刻意说笑。

接着，除夕，她同他回老家过年。

初一，她跟着他向亲戚拜年。

初二，他带着她回娘家。

初三，他们一起睡到自然醒。

远距离的陌生，在熟悉的空间与亲友的催化中逐渐淡去。他骑着摩托车带她到码头看夕阳，她将头轻轻靠在他的肩上说：“老公，你回来真好。”

原本因为长时间分离而冷却的爱情，在这短暂的相处后，熟悉的感觉又再度唤起夫妻间就算称不上火热却也算温暖的感情。可惜的是，才刚恢复熟悉，年假却转眼就过了，两个人又要再度分离。

这太太告诉我，好像刚热起来的心，瞬间又被浇冷了。

的确，这种冷热交错的感受，在关系中往往令人无所适从。于是，我告诉她，这样的关系有几个维系的重点。

第一，没有情感基础的夫妻，不适合远距离婚姻。

第二，远距离的婚姻中若有孩子，要有稳定的社会支持系统来提供支持，如娘家、婆家、交友圈。

第三，远距离的婚姻是让彼此学会独处，也是双方面对“是否会向外寻求爱情”以及“就算向外擦枪走火，夫妻会如何处理”等问题的稳定度考验。

第四，远距离婚姻的夫妻，要时常保持联络，而且“远距离”不等于“永远分离”，适当的时候，就算必须放弃一些东西，也要让夫妻在一起。

正当我和这位太太聊到这四个重点的时候，她突然哭了起来。我问她哭什么。她说，忽然觉得也许丈夫一个人在外地也挺孤单的，怎么两个孤单的人，却不能放弃一些东西相守在一起呢?

后来，她决心辞掉工作，另谋出路，和丈夫团聚；为了不影响孩子的生活，她把孩子托给娘家的妈妈照顾一年。

她说，因为她发现了生命中真正重要的东西。

我心里对这个勇敢的太太充满佩服。

谁说只有二十岁的年轻人才有资格要浪漫？从这位太太身上，我看到一个四十岁的女人，拥有一颗愿意改变生活去找回爱情的心。即使不确定这些改变是否能成真，但这颗婚姻中的浪漫之心，也许能让这对夫妻跨越空间的距离，让两颗心厮守在一起。

04. 当爱变成了习惯，是很有杀伤力的

当爱情变成一种习惯，总令人以为关系中只剩下寂寞的平淡。只是我们都忘了，这平淡的习惯背后，却是早年的深刻爱恋所逐步刻画下的爱情轨道。

我的远房亲戚中，有一位四十多岁的长辈，按辈分我要叫她“阿姑”，我们和这位阿姑的往来却相当少。前些日子，我祖母过世的时候，这位阿姑才又出现在我的生活当中。

我的阿姑很能干，遗传了家族的巧手，自己开了家餐厅，生意兴隆。阿姑的丈夫看起来是个静默的老实人，常常坐在餐厅的柜台，默默地帮忙打理账款及餐厅的杂务。两个人之间就像存在一种不需要言语的默契，一个张罗、一个结账，无须多加沟通，却也不曾忙里出错。

而阿姑那一对正在念大学的儿女，则都有一双与母亲一样机灵的眼神。

祖母的葬礼，让我们这些好久不见的亲戚再度聚首。在礼成后的饭局上，阿姑长叹生死的无奈，不免想起过去的好友。于是，大家起哄，要他们那些年长一辈的，赶紧用现代的高科技去把过去的同学、校友找回来。于是，在儿女的帮忙下，阿姑开了生平第一个 Facebook 账号。天知道这 Facebook 的力量竟如此惊人，短短时间就让阿姑找回许多过去的朋友。

在这些朋友中，有一位阿姑过去不太熟的老朋友，但重新相认后，两个人一见如故。

老朋友常帮忙安排各种同学聚会（每次聚会必约阿姑），并且很细心地在聚会结束后送阿姑回家（在不惊动其他朋友的情况下）；老朋友也常光顾阿姑的餐厅，天冷时，还会趁阿姑的丈夫不在，私下递上加热过的暖暖包……种种的贴心举动，好像让阿姑回到年轻的岁月，备感恩宠。

对阿姑来说，这样凝聚在心里的悸动与暗流，已称得上是年近半百时的新恋情，但这样的黄昏恋，更让阿姑重新去检视和那木讷的另一半的婚姻。

说真的，当两个小孩都已经养到这么大，年轻时齐心拼事业而形成

“相敬如宾”的相处方式，在这一切都已稳定的年代，却不知不觉成为“相敬如冰”的习惯了。

在“内冰外火”的处境下，阿姑不惜为了这萌芽的恋情，频频向丈夫撒谎要外出与姐妹淘吃饭。但那撒过的谎就像滚雪球一般，把阿姑的心滚得离丈夫愈来愈远。

阿姑不断地问自己：“这段婚姻，我还要吗？”

但困难的是，阿姑又很难做决定说“这段婚姻我不要了”。

于是，阿姑心里痛苦极了，在婚姻的壳里享受爱情的甜，内心却如刀割一样，心乱如麻。

爱情中，我们会说这是“爱情倦怠感”，不如来一段关系冷静期，合则来，不合则去。但如果发生在老夫老妻的婚姻中呢?

我想，连阿姑自己都不清楚，到底是真的遇上了真爱，还是处于婚姻倦怠期，或者根本是忙家事忙得太累了，抑或，所有的爱情只要遇上了婚姻的“牢笼”，都无法避免被现实冲刷而归为平淡，让所有婚姻中的一切，都成了没有激情的“习惯”？

在心理学中，有许多对于“习惯”的探讨。研究显示：人们有九成的日常活动源自于习惯。于是，小自拨拨头发、咬咬指甲、低头沉思这种微不足道的事情，大到每天的思考和重大决定……都受到习惯的影响与控制。甚至有心理学家说，习惯就等于人们的性格，一旦形成就很难改变。至于那些最难改变的习惯，则来自于生活中最“单纯不变”的元素。

心理学家用“走熟悉的路”来做比喻。试想，如果你每天上班都习惯走同一条熟悉的路，突然有一天，那条路因为施工而拥堵不堪，你为了避免上班迟到，势必内心会开始规划一条新的路线。有趣的是，你常常会发现，自己又不知不觉地走上那条熟悉的路。

心理学家说，这是因为潜意识的习惯已经取得了脑袋的控制权，除非你认清自己的潜意识，并且去调整它，否则，你很难改掉这重复性的选择。

果然，当阿姑正在“内冰外火”中挣扎的时候，在一次撒谎与姐妹淘吃饭，实则偷偷和老朋友约会的过程中，姐妹淘正好打电话到阿姑的餐厅，被当时坐在柜台的丈夫接到了。于是，丈夫打电话给阿姑，质问她的去处。

阿姑在约会中突然接到丈夫的来电，支支吾吾，简直乱了方寸。挂掉电话的刹那，老朋友正打算伸手安慰阿姑，没想到，阿姑触电似的缩回了双手，头也不回地奔入黑夜中。

那天，阿姑并没有回家，她女儿打电话来要我帮忙找一找。我们一起找了许多地方，没想到，后来却在阿姑和她丈夫最早相遇的那个公园，找到了阿姑。那晚的阿姑，看起来很疲惫，似乎哭了很久，但她潜意识里的习惯，却领着她到她真正归属的地方。阿姑后来还是回家了。

我再到餐厅去的时候，仍然看到姑丈默默地坐在柜台抽着老烟，而我们家族里则没有人敢开口问，那天晚上究竟发生了什么事。

依照习惯心理学的观点，我知道阿姑和姑丈的关系，并不是一段短暂而多变、缺乏承诺而可任意更改的爱情。这是一段长达二十年的婚姻，那平淡的爱情，早已在不知不觉中成为阿姑性格中的一部分。

人在习惯中，都容易受到窗外春光的诱惑，但若谈到要丢掉这些习惯，真不是一朝一夕可以做到的。

但令我动容的是，从阿姑和姑丈不经意增加的肢体互动中，我知道，阿姑并未向她那乏味的习惯妥协，她正尝试在平淡的习惯中，增添新的元素。

秋

Autumn

134

05. 捆绑身边的人，其实是在惩罚自己

爱情中的若即若离已经让人够苦了，但偏偏在这种容易受寒的时节，人们却总是要捅些娄子来雪上加霜。

棒球先生 W 的外遇，让台湾人大吃一惊。

那一阵子，只要有人和我谈起这件事，不是骂男主角，就是骂那个小三，还有好些个大学生朋友，一说起这件事就落泪：“连好好先生都外遇，这世界上还有什么可以相信的？”

谈到外遇，大家会想到的不外乎那几个问题：结束了没有？怎么开始的？该原谅他吗？

这些问题都令人难以响应，因为感情的开始与结束，遭遇背叛后的原谅，都是一个复杂的心理历程，而不是一个判断与答案。现在的原谅不代表未来不会再提起这件事（或没有资格再提起），现在的不原谅也

不代表这件事不会过去。

我认识一对夫妻。丈夫老是数落太太严重的酗酒问题，他总是不断问太太："你到底为什么要喝酒呢？喝酒对身体很不好。"

但太太的焦点并不放在自己的酗酒上，她在意的是丈夫曾经有过的外遇历史，所以她会反问："我为什么喝酒？你难道不知道我为什么喝酒吗？你为什么不想想你做过什么？"

丈夫只要听到太太似乎又要提起那段过去，就会连忙反应："可是我现在已经没有了啊！现在的重点是你一直喝酒，你到底为什么要一直喝酒呢？"

太太不回应，只是继续讲丈夫的外遇。两个人好像在谈同一个话题，可那对话却总是没有交集。

在心理学的研究中，科学家用一种脑部断层扫描的仪器，来研究男性和女性在回想悲伤事件时的反应。结果在研究结果中发现，男性在回想悲伤事件时，大脑作用的区域非常少；而女性一想到悲伤事件，大脑许多区域都同时作用起来。

可见，女性在思考一件事情的时候，很容易受到其他记忆的影响。

于是，我问这位丈夫："你太太都说她喝酒是因为你有外遇，你怎么还一直问她为何喝酒？"

接着，我又问太太："你喝酒好像是要惩罚你的丈夫，但我怎么觉得你好像是在惩罚自己，究竟发生过什么事啊？"

太太听到"惩罚"两个字，拳头顿时握得紧紧的，开始数落自己没用，述说自己没能守住婚姻的无力。

原来，这个太太从小生长在一个从商之家，她的父亲是个商人，商场上难免有诸多应酬。从小，她的父亲就时常不在家，或者只要接到朋友的电话就匆匆离去。

"又去管人家的家务事了。"每当父亲离去时，母亲总会这么说。

原来，父亲的朋友中不乏政商人士，但这些人常常背着家里的老婆，在外边养个小的，有的还养了不止一个。每当这些朋友外头的小老婆出问题了，或者是被家里的大老婆兴师问罪的时候，父亲总得外出去协调这些"感情纠纷"。虽说父亲还没闹出过什么绯闻，但每天接触这些"坏朋友"，总让母亲心惊。

于是，母亲从小对她的叮咛就是："天下的男人没几个是好东西。

长大以后要睁大眼睛找个好男人。宁为玉碎、不为瓦全，如果男人背叛你，你就跟他拼了。”

母亲就这样胆战心惊地活着，在她读书的时候生病过世了，留下她和妹妹两人，两双眼睛不停盯着父亲不得再娶。

父亲知道姐妹俩的心愿，即使在外面有些红颜知己，却没有被姐妹俩抓到什么不堪的证据，也不敢有什么公开交往的对象。

后来，她嫁给现在这位同样从商的老公，和她父亲一样学富五车、口若悬河。结婚初期，两个人如胶似漆，但她间谍般的盯梢功夫，却让丈夫觉得吃不消，两个人常常争吵。

没想到，这样吵了几年，以为感情可以慢慢趋向稳定的时候，丈夫却在结婚的第七年被同事爆料，和某个酒店女子有暧昧情事。她整颗心都碎了，丈夫却解释这只是温柔乡里的逢场作戏。

从那之后，她夜夜酗酒，丈夫则心痛不已，斩断在外的情丝，日日早归陪伴老婆，却到现在也唤不回爱妻的心。

“所以你这样夜夜喝酒，究竟是在惩罚谁呢？”我再问这个太太。

太太顿了一下，“惩罚”两个字对她似乎有回魂的作用：“惩罚我自己，我守不住我的婚姻，我背叛了我母亲……”

后来，这位太太才告诉我，母亲在临终前给姐妹俩留了一张字条，上面写着：“千万不要学我，绑住自己来惩罚身边的人。如果再来一次，我会放手，让大家自由。”

母亲在临终前，想放下的是对父亲重朋友甚于婚姻的怨，但这位太太被母亲的怨念束缚了二十多年，岂能一夕放下？

于是，她执起母亲想要抛下的怨念，并带进自己的婚姻中，绑住自己，惩罚身边的人。

在心理学中，我们常常看见这样的人，死抱着不属于自己的怨念。令人惊讶的是，他们放不下怨念的原因，竟然是因为这些自虐般的感受，才让他们觉得自己活着。也许，对于这位太太来说，这样的怨念，正是她哀悼去世母亲的方式。

所以，丈夫外遇的问题对她而言，岂是原谅、结束与否所能解决的？这可是一段哀悼自己所失去的心理历程啊！对这位太太来说，真正的疗愈不只是丈夫斩断外遇。真正的疗愈，是她得打开自己心里那扇其实未上锁的门，原谅过去的自己、接纳现在的自己、迎向未来的自己。

06. 打开“情绪性记忆”的抽屉，让爱重生

愈是伴随负面感受的记忆，愈没办法被轻易地说出口，而只是放在脑海中不断回想。于是，愈想忘掉的，偏偏愈忘不掉。

一场聚会上，已经结婚十年的老朋友告诉大家她要离婚了，引起朋友们议论纷纷。

“你们是金童玉女，怎么会？”

“爱情长跑那么多年，又结婚那么久了，是不是遇到什么问题？”

“他有外遇吗？你不要冲动，冲动就输了。”

“都没有，没有你们说的那些问题。比那个更惨，就是平淡得连问题都没有，太像家人了，睡在同一张床上显得奇怪。”她点燃一根烟，缓缓地说，“而且，我最近又遇到他……”

听到这个“他”，一群女人心有灵犀地凑近身子，很自然地形成一个“讲

内心话”的小圈圈。大家都知道，这个“他”是这位老朋友的初恋情人，也是大家都认识的高中同学。

在从前那个还有发禁的高中年代，敢光明正大谈恋爱的人不多。如果是两个成绩顶尖的好学生在交往，师长们还可能一笑置之；但如果是成绩不被认同的学生在谈恋爱，可就不是这么回事。

老朋友在高中时是全班第一名，而她的初恋情人，整天只会画画，成绩是后面数过来的第一名。如此悬殊的“背景”，让生活互不交集却又彼此爱慕的两人，只能在老师的眼皮底下偷偷望着对方。直到上了大学，老朋友和她现在的老公因为近水楼台，成了公认的一对，就这样交往了六年之后，老公用一枚金戒指定下了她的未来。

她和初恋情人的第一次重逢，就在她结婚前的一场聚会上。为了庆祝她结婚，大家呼朋引伴地把高中时的同学都找来；偏偏有个不识相的同学，找来这位过去让她魂牵梦萦的男孩。

曾经郎有情、妹有意，再见面时，其中一个却即将结婚。那天，她的初恋情人喝了不少酒，摇摇晃晃地和其他男同学拿着酒杯来向她致意。在大家的起哄声中，初恋情人站上桌子，对着准新娘大喊：“其实我高中的时候真的好喜欢你，现在也是。”

她心头一震，这么多年了，没想到这句话的力道还是这么强。耳边同学的声音闹哄哄的，她却陷入十六岁的回忆中……

隔天，初恋情人打电话给她，担心自己前一天的失态。她忍不住问他：“那句‘现在也是’是认真的吗？”电话另一头的他先是沉默，接着说：“如果是，你会怎么办？”她一时语塞，带过了这个话题，两个人在嬉闹中挂了电话。

于是，她就这么走进礼堂了。在喜宴上，经过初恋身边的时候，她仍然不敢直视他的眼睛。

婚后的日子，喜怒哀乐都有。每当过得特别不顺的时候，她就会在心里偷偷想着初恋，想着那婚礼的前夕，如果她做出不一样的决定会如何？

因为这种想法，她没敢再去参加同学会。她知道自己当时选择了一份承诺，虽然有时也对他当时没有进一步追来而感到生气。

心理学在探讨人类记忆的时候，将人们能够长时间储存在脑中，而且能被明确想起的事件称为“陈述性记忆”，简单来说，就是可以被叙述的记忆。

对这位老朋友来说，与初恋情人有关的回忆，因为伴随许多强烈的感受，而被深深印在脑海里，且特别容易被周围的相关事物给唤醒，这种记忆属于“陈述性记忆”中的“情绪性记忆”。“情绪性记忆”有一个特点，就是负面的情绪（如恐惧、悲伤、遗憾）愈是没有被说出来，只是在脑中不断回想记忆，就愈会深深地刻画在大脑中，而且只要是与这种情绪相关的经验，我们大脑会自动连接到这个记忆的片段。

于是，愈想忘掉的，就愈因为不断回想而更加忘不掉。

老朋友带着这样的心情进入婚姻，心里总有种近似背叛的罪恶感，所以她从来不和老公提起这个人和结婚前的这段回忆。直到十年的婚姻转眼间过去，老公从那个用金戒指套住她的人，变成了被事业套住的工作狂，夫妻俩虽然天天同处在一个空间里，却是背对背地专注在自己的工作上。

科技一天比一天发达，夫妻俩打字的时间变多，谈话的时间却变少。原本总要同时间上床、面对面拥抱的两个人，渐渐在忙碌中各自上床、背对背睡着。

在老朋友的这一面，有时她会偷偷期待老公上床时能豪迈地将自己一把抱住，但等到的常常是另一面的打呼声，她才自己叹口气、闭上眼睛。这时候，脑海里会不自觉地想起十六岁，想起那个终日画画的身影……

一般来说，所有的记忆最初都是以情绪性记忆的形式存在。长期下来，大脑会逐渐将这些记忆分类，将不具“反复温习”意义的讯息，去除时间和空间等情节性的回忆，变成一种普遍的、客观的记忆与习惯，心理学称之为“语意性记忆”。这些记忆没有太大的情绪色彩，也没有太多的故事性，因此那些让人感到无聊、烦闷、无所谓的片段，就会转成这种自动化的记忆。

对老朋友来说，与老公相处的记忆，逐渐从激情归于平淡，从能引发深深悸动的“情绪性记忆”，变成客观的“语意性记忆”。她虽然还能记得自己的老公叫什么名字，却很难再说出老公让她感到心动的地方在哪里。直到前两天，同事邀她去参加一场画展——那是她第二次和初恋情人相遇。

初恋情人穿着一身黑色的西服，脸上蓄着络腮胡。外表变了不少，眼神却还是她记忆中的模样。我那老朋友压抑不住内心的激动，正打算上前叫他，一个穿着桃杏色长洋装的女人，却早一步拿着杯鸡尾酒，笑脸盈盈地挽住他的手，身旁一个约莫五岁大的小男孩，被他的大手抱起，叫他爸爸。老朋友的眼泪掉了下来，转身离去。原来，初恋终究是一场梦。

“那你干吗还要离婚啊？”听到这个和预期中不同的故事，有些同学眼眶都红了，却又有人不识相地冒出这句话。

“就没感觉了。”讲到这里，根本就不会抽烟的老朋友，果真就被烟给呛到，谁叫她硬要配上香烟来表现自己的凄凉，“而且我昨天回家哭得那么惨，我老公一点反应都没有。”

突然，她的手机响了。大家被这突来的铃声惊醒，纷纷拿出手机来看时间。

“你们还没结束啊？我今天提早回来，带了你最爱吃的蔷薇派，要我去接你吗？”电话的另一头，被她嫌迟钝的老公，才平平淡淡地说了这句话，我那老朋友斗大的泪珠就从眼眶里滚了下来，那泪珠让大家临别时的气氛特别沉默。

看着老朋友坐上老公的车时脸上的微笑，我突然为她感到高兴。当她初恋时的“情绪性记忆”被说出来，她终于有机会发现，也许自己真正想念的，只是那十六岁时的纯真情感；也许自己真正想找回的，只是那敢爱敢恨的畅快。

07. 女人的皱纹不怕长在脸上，怕刻在心上

当秋风吹起，意味着皮肤干涩、皱纹随风生的季节将要来临。

但对人妻来说，最怕的不是这皱纹长在脸上，而是长在心上，因为心窝里的皱纹没办法靠保养品抹去。

我认识一对结婚不到一年的新婚夫妻，两个人已有个正在学步的孩子。

在爱情长跑中有了爱的结晶，对这对夫妻来说虽不是预期中的事，仍算是爱情的惊喜。在这么多年的恋情中，他们始终心系彼此，有了孩子后，两个人更是决定要共组美满的家庭。

结婚之后，这对夫妻出现一个很大的矛盾：太太觉得两个人的婚姻有很多问题，丈夫却不觉得两个人的婚姻有什么问题。因此，每当丈夫说："我觉得我们两个挺好的。"太太在旁边就会一副不以为然的样子。

“结婚后你就变了。”只要丈夫一开口发言，太太就会开始控诉结婚后丈夫的改变。

从前，丈夫总是记得他们之间的每个纪念日，就算忙碌，也有一句体贴的问候；然而，结婚到现在都过了两次情人节了（西洋情人节和七夕），丈夫却连一句“我爱你”都没说过。

从前，丈夫的眼光总是盯在太太身上，就好像他的人生不能没有她；现在，丈夫的眼光不但不离武侠小说，连两个人四目相对、互相谈心的时间也被省略了。

“最重要的是，他之前都要抱着我才睡得着，现在，他连碰都不碰我……”

只要提到这一点，太太就会马上激动地问丈夫：“你到底还有没有把我当成女人看待啊？”

只要身为人妻，想必都会对太太这番话产生“心有戚戚焉”的理解。经过那么长时间的交往与相处，彼此年岁逐渐增长而新陈代谢率下降，再加上长达十个月的怀胎过程，体重的增加是不可避免的，所以这位太太说：“只要看到自己产后松垮的肚皮、因喂奶而变形的乳房，还有疲惫不堪的脸，就觉得自己正在老去。”

常常有人说，“怕老”这件事情有性别差异，女人比男人怕老，所以女人的钱最好赚。

我同意“怕老有性别差异”这个说法，但我认为，男人和女人都怕老，只是女人怕的是看得见的老，男人怕的是看不见的老。

身为人妻的女人，再怎么样都不太可能被称为少女；生了孩子之后，不管身材再怎么火辣，也顶多被称为熟女、辣妈。天知道这对人妻而言，根本不算是真正的称赞。听到熟女，人妻听到的重点是“熟”；被称赞为辣妈，人妻只注意到“妈”。

特别当人妻为了孩子和家庭而心力交瘁的时候，她们望向镜子中的影像，根本觉得自己已经是多熟了几十岁的妈了。

所以，女人对这种看得见的老，真是害怕——特别当看的人是自己。这种心情之敏感，绝不是那不负责生出孩子的男人能够体会的。

最惨的是，因为婚姻中原本就有高低起伏，人与人的相处原本就会有质的改变。但当男人在婚后开始变得跟婚前不一样的时候，人妻就会不自觉地把这些改变，和那“看得见的老化”相连。

与其说是对自己老去感到害怕，倒不如说在人妻内心最深处的，是对婚姻到底能不能永恒、爱与被爱能不能历久弥新的怀疑和恐惧。

这位太太也是，只要谈到爱与被爱，眼眶就会忍不住红了起来：“是，我觉得他对我的爱变了。”

可是那丈夫偏偏不懂太太的眼泪：“我变什么变啊我，我只是看武侠小说而已，又不是有外遇。”

丈夫这一辩解，太太哭得更伤心了：“你才不只看武侠小说，你还看书上那些漂亮的女生。就是不看我……”

在这样一哭一慌之间，丈夫终于说出他的为难：“看你？我也想啊，可是你不是在喂奶，就是在挤奶。”

“你看，这婚姻本来只有我跟她两个人，可是我原本睡觉抱着的她，现在都成了我儿子的食物供应器了；这床本来还很大，可是现在小孩卡在中间，连我的位置都快没有了。那我只好去看我的小说啊！”丈夫很无奈地说。

的确，在心理学的研究中，母爱属于天性，但父爱是需要被训练的。所以，你看新生儿的父母，大部分都是在寻找小孩和父亲相似的特征；

只要婴儿被说“像爸爸”，看那母亲虽然娇嗔，却还是笑得合不拢嘴。

这不是大男子主义横行的结果，实在是这孩子本就从女人的肚子里出来，母亲是谁，这是毫无疑问的；但从那一个大肚子到一个活生生的婴儿，这些新手爸爸是需要适应的，他们需要比女人更多一点的时间，来接受自己真的当爸爸的事实。这心情之微妙，也绝不是那负责生出孩子的女人能够体会的。

最惨的是，要男人说出这样的心情，那不是逼他们去怀疑才刚辛苦生产的老婆吗？于是乎，人夫和人妻、人父和人母，若不能好好交流这些敏感又微妙的心情，他们就会不知不觉地把所有的心力都放在孩子身上。

然后，慢慢地，他们对彼此的称呼可能从“老公、老婆”，变成“爸爸、妈妈”；他们让孩子坐在夫妻中间，彼此的爱不再像初识时那样直接；他们的谈话开始变得只有孩子，接着他们会转向工作、转向……

“夫与妻”的合作，在心理学中具有“一加一大于二”的加乘力量，但这背后更重要的，是两个人如何合作“抗老”，并了解到也许爱情终究会老化，但只要两个人记得把眼神和心转回彼此身上，老化的爱情反而会出现一种“经得起时间考验”的历练后之美。

秋

Autumn

152

08.“只能同甘，不能共苦”的“恩爱夫妻”

在过度体谅彼此忙与累的状况下，竟然变成一对“只能同甘，不能共苦”的“恩爱夫妻”。

老朋友和她的先生是大家眼中的模范夫妻。他们在交往许多年后结婚，结婚后生儿育女，两个人的眼神里，却还是交换着挡不住的爱意。

可是，这样幸福美满的朋友，有一天却突然在网络上发信息给我，说想找个时间聊聊。通起电话，好久不见的她声音仍然充满活力，但夹带的低沉音调，却听得出来她有心事。

一问之下才知道，一切都是太幸福惹的祸！

之前看过网络上有人发问：对你而言，幸福是什么?

有人说“爱情事业两得意”，有人说“钱多事少离家近”，有人说“生活美满健康多”，还有人说“钱多闲多朋友多”。

在我这位朋友身上所发生的幸福，还真的是结合上述所有的一切。更令人不平的是，这样的她还嫁给同样也是这样幸福的先生。所以当年他们的结合，就是大家眼里“公主与王子的婚姻”。

不幸的是，所有的公主在结婚之后都会变成巫婆，所有的王子结婚之后都会变成青蛙——在我朋友身上就是如此。只是因为他们在大家面前的形象太过良好，所以这婚姻中巫婆与青蛙的故事，就变得没办法跟朋友倾诉。

“和自己的妈妈说，怕她担心；想过和婆婆说，又觉得她会站在老公那边；跟周围的朋友说，她们只看到我的幸运和幸福，会觉得我在鸡蛋里挑骨头，讨人厌而已。”和她通电话的时候，她显得很无奈的样子。

原来，我这朋友因为形象太好了，在职场中连连升职，已经晋升成为公司决策团队中十分重要的一员；朋友的丈夫更不用说了，从小在资优教育下长大，老早就自己创业当了老板。

朋友是位年岁不过三十五的女子，在职场中拥有这样的位置，总会有许多同事看不惯她昂首高傲的态度；而她则坚持做自己，绝不因为他人的观点而妥协，所以一切的处事原则都在“效率”，以及她觉得“对的”

的原则下往前迈进。

但在她心里其实藏着一个秘密：在她与丈夫刚结婚的时候，不知为何习惯不了婚姻的束缚，曾经和一位公司上游厂商的男性密友有过一段情。这段情在短短几个星期内就结束了，虽然心已经逾越，可是果断的她在清楚自己深爱丈夫后，就斩断了这段婚外情。

谁知，就在她最近要欢庆七周年结婚纪念日及升迁的双喜到来时，她所任职的公司收到了一封匿名信，不只检举她这段“行为不检”的过去，并列举了许多她当时为了和男密友任职的厂商建立关系所签下的单据，请总经理以“品格有瑕疵”的理由收回升迁的人事命令。这封匿名信同时被寄到了她丈夫的公司，于是这段短暂的秘密爱恋突然间被摊到阳光下，硬是和工作中她最重视的清白与名誉纠结在一起。

如果什么都没有，她可以大声反驳；但就是因为知道自己在情感上理亏，面对同事的眼神，她只能语塞。

朋友的丈夫在收到这封匿名信后，沉默得令她害怕。从前，在工作上只要发生什么困难，丈夫就是她的军师，专门为她出各种主意，以应对职场上各种难解的人情世故。若说今天她成功的一半原因要归功于丈夫，一点也不为过。

但听到这样的事，丈夫只是问了她详情，等到她如实说出后，丈夫却没有什么特别的情绪，而是冷静地继续回到他的工作中去。没有再多说些什么，但也没有再特别帮她什么。

于是我这朋友回过头来思考那些自己年轻时因为气盛所得罪的人，因为不在意所留下的把柄，更重要的是，因为一时迷惑所留下的“爱情瑕疵”。

此刻再面对丈夫，朋友说：“我觉得他有很多情绪是在压抑。”一向都是那么幸福的她，第一次，让我从谈话里听到她的哽咽。

我告诉朋友，她现在心里一定充满紧张和焦虑，而且我想，这种紧张和焦虑在她和丈夫的关系中，一定不是第一次发生。因为心理学告诉我们，当人的内心有所焦虑的时候，就会产生某些紧张的张力，让人得要做一些事情，来缓解自己内在的紧张。

所以我认为，在她当年发生婚外情之前，其实她和丈夫之间的焦虑情结早就存在了；而那么短暂的一场婚外恋，只是为了缓冲她和丈夫之间的关系。

朋友听我这么说，原本哽咽的声音突然松开来，告诉我她的人生一直以来过得是多么疲惫。从小她就拥有这么多，她却因此得小心翼翼地保护这些拥有，每当发生什么新的挑战，她的心里其实有很多焦虑和担心：我的幸运，是否在这次就会用完了呢？

所以，这么长的时间以来，也许她早就在等待这一天的来临——等待她人生出现瑕疵的时刻。

“人家都等待幸福，你却要等待瑕疵。”听到这里，我深深感受到她坚强背后的脆弱。

“因为我想看看，当瑕疵出现的时候，老公是否还会在我身旁。”她说，终于带出心里隐藏许久的情绪。

朋友告诉我，她的丈夫天生同情弱者，所以像她这么强悍的女子，丈夫总是用“教导式”的对待方法，来帮她把人生推向更成功的境界。可是，她每次看到丈夫对自己公司的员工，不管男女，却似乎更有那温情关怀的一面——特别是当员工有困难的时候，丈夫这个老板，永远挺身在前。

可是回到家的时候，丈夫总是一副累坏了的样子。两人好不容易有相处的时间，朋友也不好老讲一些不愉快的事。于是，丈夫的成就愈高，朋友就愈“报喜不报忧”。殊不知两个人的成就都愈来愈高的时候，工作之复杂其实早已“隐忧多于狂喜”。

于是，在体谅彼此忙与累的状况下，竟然变成一对“只能同甘，不能共苦”的“恩爱夫妻”。由恩爱所产生的过度体谅，竟让他们失去了年轻相遇时，欣赏彼此洒脱而相爱的那一面。

其实，当公主并没有那么幸福，反而不如巫婆能够尽情地使坏。如果你已经发现自己心里有巫婆的那一面，千万不要害怕让你身边的那个王子看到，因为搞不好，他也正期待自己只是只青蛙。

09. 明白不能失去什么，生命的价值才在爱中出现

我们似乎太习惯以“思考自己想要什么”来定义人生的价值，直到经历“自己不能失去什么”，才回过头来发现人生真正重要的价值。

老朋友在外商公司上班，几个月前收到公司的调动令，要被派遣到日本进行半年的职训。

我去机场送机的时候，看到她那不多话的丈夫，默默地推着妻子的行李走在她身后。我和朋友热情地道别，心里却很想问这对夫妻：“你们要分开半年的心情是什么？”

我和这位朋友认识许久，她一向聪明、机灵，工作更是优秀，精通多国语言，努力考取各种证书，甚至常在工作之余参加各种心灵成长课程。她总把自己的人生规划得很圆满。她预计半年后从日本回来，也许就能

升上处长的职位。

只是，她和丈夫结婚也好多年了，想要生孩子却一直未能如愿。关于“不孕”这回事，她和丈夫寻访过许多名医。身体结构上看起来都很正常，最有可能的原因便是“精虫数不足”了。于是，他们尝试过几次人工受孕，却始终没有传出好消息。

她自己有个不甚美满的家庭，所以更希望能够养儿育女，完成幸福的家庭梦。因此，对于这样的结果，她其实偷偷埋怨着丈夫。

久而久之，不知道是因为丈夫感受到这股怨气，却不知道该如何解决，还是几次失败的人工受孕，让两个人之间的房事变得过于紧张，她的丈夫渐渐变成现在这种不多话的样子。

朋友到日本后，常常写 e-mail 给我，一方面问我台湾这边的状况，一方面会寄来她在日本拍摄的照片。我发现照片中的她，原本戴在左手无名指上的婚戒不翼而飞，向她问起，她说：“我想让自己用单身的心情，来面对新的生活。”

她去日本几个月后，我参加了一个心理成长的训练课程。在一个活动中，带领的老师发给我们几张纸，让我们写下生命中最重要的五项价值，并且将这五项价值排出优先级，然后要我们互相观摩，看看彼此写下的是什么。

我在团体中绕着圈子，欣赏别人写下的价值，其中包括：成就感、金钱、家庭认同、人际关系、竞争力、灵感、自我成长、自由等等。

回到座位上后，老师要我们向写着第五名价值的那张纸说再见，并且用力地把它揉掉，想象你从此以后的人生中，再也不会有这项东西。之后，再揉掉第四名的价值、第三名、第二名、第一名。

团体中传出一声声惊呼，有人摇头，有人叹气，有人大声喊不。

还好，在那之后，老师又让我们重新将揉掉的纸捡回来，打开、细细观看，然后重新排序。结果，大家的排序几乎都和原先不同。

这是多么奇妙的感觉，我们似乎都太习惯以“思考自己想要什么”来定义人生的价值，直到经历“自己不能失去什么”，才会回过头来发现人生真正重要的价值。

我把这段话和远在日本的老朋友分享。视频的那一端，她猛点头表示同意，但她也说：“可是，思考自己想要什么还是比较容易的。”

“那你想要什么？”我问她。

“我想要有一个幸福的家庭，我想要存够多的钱，我想要自己的人生有进步、有成长，我更想要我的老公能跟我一起进步、一起成长。”讲到这里，她开始有些生气，“可是他就是不肯。”

“当我对自己的内在了解得愈多，就愈感觉他似乎不能了解我；当我愈走愈远，却感觉他总是原地不动，然后我们的距离就愈来愈远。”她肩膀落寞地垂下来，脸上露出难得的无奈，“也许我不是不能失去什么，而是根本就没有拥有什么。”

剩下几周时间就要回台湾了，老朋友说，她有点不知道该如何回到婚姻关系中。

几天后的晚上，我接到她从日本打来的电话，电话中是我极少听到的慌乱语气：“怎么办？他出车祸了，我该怎么办？”

原来，她的丈夫骑车时在马路上和卡车擦撞。

“都是我不好，都是我不好，怎么办？他真的对我好重要。”在电话的另一边，她悔恨地觉得是自己摘下结婚戒指造的孽，还急忙寻找结婚戒指，“我明明记得放在这里，怎么找不到？我该怎么办？”

实在没办法再听她嚷着“怎么办”，我立刻拨电话到她家里询问状况，接电话的正是她的丈夫。

挂上电话，我实在觉得又好气又好笑，明明只是一点擦伤，电话里的她却哭得像丈夫已经进了加护病房似的。

日本的来电又响了。我拿起电话对她说：“你冷静一点好不好？他只是擦伤而已，药也上了，已经没事了。”

这次，电话中传来的是她喜极而泣的声音：“我是要跟你说，我找到我的结婚戒指了。”我这个女强人朋友，一边说、一边哭：“我以后不会再随便拿掉结婚戒指了。”

原来，那象征婚姻的戒指，并不只是一个外在形式的束缚，其实也代表自己已拥有一个想要终生厮守的人。

曾经，在爱情的绚烂回归生活的平淡后，我这个女强人朋友将自己放逐到日本，想要寻找生活中更多的热情。在这个寻找的过程中，我想，她最终一定体会到了自己早就拥有，而且不能失去的是什么。而明白自己不能失去什么，才能找到生命中真正的价值与幸福。

冬
Winter

冬 —— Winter

在爱情里每阵亡一次，你就重生一回

你心碎过吗？爱情的心碎就像阵亡一样，令人充满“输了”的悔恨。有人觉得输给别人，有人觉得输给自己，有人却觉得输给了命运。爱情的远去，一如秋末冬初的交替之际——昼间可能才感受到凉意，夜里的寒冷就很快来袭。有时我们可能准备了厚重的衣物，却觉得自己坚强得派不上用场；有时我们却又得拼命保暖，拯救那仿佛急切失温的自己——原来，不管是否准备好面对爱情的远离，当它终究来临，仍催化出内心的复杂感受。

于是，不论是努力在其中故作坚强，还是早已不堪打击的自己，总有一天会在自我的疗愈中，找到分离对生命的意义。

01. 当你的心绑架了大脑，究竟谁才是受害者?

人的心会欺骗大脑，甚至不惜为自己披上一件国王的新衣，也不愿意承认，爱情的寒风其实早已吹起。

这一年来，台湾的娱乐圈发生了几起著名的“三角恋”。其中一段“二女一男”之恋尤为让人注意。

男生和原本的女友交往多年，却被发现还有另一名新女友，但两个女人都说是看报纸才知道对方的存在。于是，在分分合合、到底谁是小三的话题中争议不断，网络上也分成好几派，各拥其主，“究竟谁才是受害者”被炒得沸沸扬扬。

这则新闻让我想起一个女孩和我说的故事。

这个女孩子用方言自称为“细姨阿仔”（小老婆的孩子），换句话说，她是爸爸和妈妈的非婚生子，但特别的是，这孩子的妈妈原本是爸爸的原配，后来被别的女人介入婚姻导致离婚；等到两人离婚后，这位妈妈又从原配变成第三者，接着就生下了这个女儿，变成前夫在外面偷养的家庭。

因为这样，这孩子心里对父母亲乱七八糟的关系很难接受，始终不愿意承认这个父亲，对母亲也有许多不谅解。她不明白妈妈为何要待在这样的关系中，让她在外面受到同学的歧视。

她总爱质问母亲对父亲的看法:“你不恨他吗?他把你搞成这个样子，偷偷摸摸又见不了人。”

母亲却总是回她说：“恨啊！就是因为恨所以要守在这里。”

她对母亲的这句话感到十分困惑。虽然俗话说爱恨交织，许多科学家也认为爱与恨是情感的价值两面，但她就是不懂，母亲脑子里的这些想法究竟是怎么来的。

于是，这样的不谅解，让她与父母僵持了许久。直到她读大学那年的某个深夜，电话大响。她接起电话，居然是父亲的大老婆，以前伤害自己家庭的那个小三。她不屑地将电话交给母亲，却见母亲匆匆地挂掉电话后急忙出门。

原来，父亲病了，病得很严重。

接下来的几个月，她看到母亲和父亲的现任太太同进同出的模样，还一起到医院去照顾父亲，让父亲连躺在病床上都享着齐人之福，但她根本无法接受这种离谱的情况。因此她仍然昂着头、斜着眼，怎么也不肯去医院看爸爸。

当她再看到父亲的时候，已经是在太平间的一具遗体。父亲出殡的那天，母亲和父亲的现任妻子并肩守在未亡人的位置，默默地掉着眼泪。

那天晚上，她陪着母亲入睡，母亲第一次和她提起外公外婆的故事。

外公原本是个很成功的生意人，但公司被几家厂商跳票后，因为周转不灵而宣布倒闭。从那之后，外公就天天喝酒，酒后狂打老婆，责骂孩子。

外婆是一个非常传统的女子，一切以夫为天，就连被丈夫打，也会笑笑地帮丈夫失控的行为找理由："他不是故意的""他也不想这样""都是我做不好才会惹他生气"。

后来，外公还和邻家的一位有夫之妇眉来眼去的，时常就在家门前勾肩搭背，丝毫不把外婆放在眼里。可是，外婆却还是笑笑地对母亲说：

“你不要想太多啦！他们只是一般朋友，你看我没什么学识，所以让他跟一些有头脑的女生聊聊，他心情会好一些。”

母亲对这样的外公不能谅解，于是，她长大离家后，也不曾和自己的父亲联络过，只会偶尔在父亲跑出去偷会其他女人的时候，悄悄地回家探望母亲。

后来，外公在一次酗酒后，失足跌落自家附近的田野中，意外身亡。而母亲连外公的最后一面也没见到。

在同样是生命中最亲近的男人过世的晚上，母亲躺在床上和孩子说：“我从小就看不起我母亲，恨死我父亲，但我没想到，这个‘恨’所带来的遗憾，居然让我在长大后，爱上一个和我父亲一样的男人。”

在心理学上，我们称这种状况为“相反而共存的情感”。当人在付出爱的时候，很多敏感的小事都会引发内心的脆弱与防备，因此，在爱情当中，很多人都感觉到有些不安。这种常常被忽略的不安，在某些人身上，会转化成一种自我保护的防卫机制，使得人会不自觉地去压抑这种感受，而愈压抑的结果，就愈要付出更多正向的爱来抵销。慢慢地，这种努力要抵销负面感受的爱，就被自我催眠成“爱一个人就要接受他的全部”。

英国伦敦大学一位教授的实验证明了这一点。他让一群实验对象观看他们最憎恨的人的照片（有趣的是，这些人憎恨的对象通常是以前的情人，其次才是死对头或上司），透过脑波扫描仪器发现，大脑中控制“恨”与“爱”的神经在同一个区域，只是“憎恨”所引起的大脑活跃程度，比“爱”来得更强大。

所以，当爱情中的“恨”开始萌生的时候，让大脑不要因过度活跃而失控的方法，常常是把它转换为“爱”。

“爱”与“恨”确实是一体两面，但硬把“恨”转化为“爱”，却等同是脱去衣服告诉自己：“我在寒冬中一点都不冷。”

这是我们的心在欺骗大脑的一种做法，就像是为自己披上一件国王的新衣，说服自己这爱情仍然美好，而不愿意承认，爱情里的寒风其实早已吹起。如果寒风已经吹起，那就请勇敢地喊“好冷”，并穿上真正保暖的衣物吧！

爱情到了冬天就容易让人生病，这并不是件可怕的事。最怕的是明知道自己会生病，却还是傻傻地站在风里。这不只是自欺欺人，更是把所有相关的人，都变成了受害者。

02. 全然体验爱情的幻灭，也是自我疗愈的过程

寻找爱情幻灭的理由，就像在寻找我们的父母没办法控制天气的理由——怎么找都只能找到一个“好像是这样”，但永远没办法确定“真的是这样”的答案。

我有一个学姐，大一的时候和同社团的一个男孩交往，恋爱一谈就是十年。等到两个人都各自有稳定的工作，父母亲就开始催促他们走入婚姻。

于是，学姐和男友一起去看了戒指、喜饼，但就在要拍婚纱照的前几天，那男人和她说：“对不起，我光想象就觉得自己真的没办法跟你过一辈子。”

那次莫名其妙的被甩，是学姐三十岁时发生的事情。一直到现在，八年过去了，我在一场喜宴里和学姐重逢，才发现她仍然在执着地寻找

当初分手的“真正原因”。

“我找这个理由找了八年，找不到，我真的没办法放下。”学姐说。

难怪很多人说，再怎么聪明能干的人，遇到失恋也没辙。

年轻一点的大学生，失恋时可能带着一张照片——里头是前情人现在喜欢的对象，然后逢人就问：“这个人好看吗？”如果得到肯定的答案，他就会垂头丧气，露出落寞的眼神；如果得到否定的答案，就会有下一个问题：“那么，为什么她会爱上他？”

年长一点的男女，一样被感情问题所困扰，表现方式却不太一样。他们通常比较压抑而内敛，把心思放在工作上，或者更疯狂地投入某一件事情，但心里仍然在问：“为什么他不爱我了？”

找出一个能够说明自己为何被抛弃的理由，似乎变成了每个人在爱情寒冬之中最重要的事。但女人想听的理由，其实根本不是“被抛弃的真正理由”，而是“能够说服自己的理由”。

女人在真正爱上一个人之前，心里往往筑着一道闸门。当有人想向她们的内心敲门时，女人会用或长或短的时间观察对方，看他是否值得自己开门；但当女人真正爱上一个人，她们可以完全打开心里的闸门，用整颗心、整个生命，来爱眼前的这个人，把爱情当作生命的动力源泉。为了自己心爱的人，女人似乎可以牺牲一切。因此，当打开的心门被背弃的时候，那种感受便是“幻灭”。

鲜少人知的是，这种“打开心门却幻灭”的经验，其实在我们年幼时期早就已经经历过。

心理学中有个很有趣的说法，认为每个人最早打开心门的对象，其实是我们的父母。因为年幼的时候，我们所知太少，父母的所知却似乎无穷，所以对孩子来说，父母仿佛是全能的。

但总有一天，我们会发现父母并非全能，而这种幻灭似的冲击感，却撞击出孩子内在属于自我的力量。

就像年幼的孩子期待周末要和父母亲出游，但到了要出门的那天，台风却来了，父母只好跟孩子说：“对不起，因为台风伯伯来了，所以我们今天不能出去玩了。”孩子生气地躺在地上哭啊闹的，双脚踢呀踢的，要父母亲把台风伯伯给赶走。但是对孩子而言一向无所不能的父母，却只能无奈地跟孩子说：“爸爸妈妈没办法叫台风不要来。”于是，孩子体会到：原来我的父母斗不过台风。

幻灭!

我和学姐分享这个说法时,学姐说她想起自己年幼时的第一次幻灭。

那大约是她四五岁的时候,父母亲送了她一只刚出生的博美狗当作生日礼物。那毛茸茸的狗儿是学姐生平第一次接触的“伴”,于是她每天积极地喂狗儿喝牛奶,摸摸狗儿刚长出的细毛,晚上把狗儿放在身边睡觉。

但是有一天早上,她起床的时候,却发现狗儿没有呼吸了。

兽医说,这只狗儿有先天的缺陷,所以无法好好活着长大。

那天,学姐一直哭啊、哭啊,她对妈妈说:“妈妈,你救救狗狗啊!”妈妈对她摇摇头。

她要求爸爸:“爸爸,你最会变魔法了,你救救我的狗狗啊!”爸爸也对她摇摇头。

学姐好难过、好生气啊!在难过和生气中,有对心爱的狗狗死去的失望,但更多的是对自己的父母居然无能为力且袖手旁观的失望。

从那之后,学姐就特别喜欢收集和动物有关的书籍,在她学会认字之后,她自己买的第一本注音的书便是《儿童动物百科》;她高中念的是自然组，后来也努力考上兽医系。

在她成长的过程中，一直不自觉地在寻找那个童年的疑问：为何出生后一切正常的狗狗，会无故夭折呢?

“我为这个理由寻找了那么多年，才发现理论上和实际上，可以解释的理由都太多了，我根本无法判断我的狗到底是怎么死的。”学姐说，“但是，我虽然花了那么多的时间在做白工，可是这些付出的心力却让我成为一个兽医师。”

学姐说到这儿，又突然顿悟似的叹了一口气：“所以，我想我可能永远也找不到，当初爱情幻灭的真正理由。”

也许我们的心里都清楚：寻找爱情为何幻灭的理由，怎么找都只能找到一个“好像是这样”，但永远没办法确定“真的是这样”的答案。不过，有时候我们却无法克制地去寻找，是因为寻找爱情为何幻灭的理由，其实是我们在处理内在失落的过程。

直到有一天，当我们发现一直在寻找的“真正理由”根本就不存在，那种“爱情幻灭不需要理由”的解脱，也许才让我们回过头来看见：原来在逝去的爱情中，我已渐渐成为一个不同的自己。

03. 你的伤痛不是因为失去某个人，而是失去了自己

有些无法走过的失恋，也许不只是因为失去恋情，而是因为那心底尚未被处理的过去的经历，已经转化成一种苦苦纠缠着现在记忆的幻影。

曾经，一家婚友社聘我当兼职的咨询顾问。

老板在办公空间里挪出了一个舒服的隔间，装上窗帘及隔音设备，让我当成咨询室使用。他们给我的工作非常有趣：每个星期，柜台小姐都会整理出一份名单，上面是在那个地方相亲超过一百次，却一次也没有成功的会员。我的任务就是负责开导这些会员，提高他们"销出去"的概率。

我在这些名单中认识了一个女子，她的相亲次数高达一百三十二次了，但表格里，却没有任何她和这些男人后续约会或交往的记录。妙的是，这位三十岁出头的女子，长相与条件俱优，实在没有道理被当成"滞销"

的会员。

于是，我仔细地看了她当初所钩选的择偶条件，赫然发现里头居然写着：年过四十，有婚姻或育儿经验的男子。

对这样一个未曾有过婚姻经验的轻熟女而言，竟然把这些定为自己的择偶条件，也实在是太奇特了。于是我和她聊起，在这条件背后的意义是什么。

这女人在加入婚友社之前，其实有一段刻骨铭心的爱情。那一年，她大学一年级，在一家高级餐厅打工，带领她的主管正是一位四十多岁、笑起来眼角会出现鱼尾纹的已婚男子。

女人说，第一眼看到这个男人的笑容，她就爱上那充满智慧的眼神和那充满魅力的纹路，不管男人的手指上已戴着闪亮的婚戒。

于是，她奋不顾身地黏上这个男人，而男人也抵挡不住她年轻貌美的诱惑，两个人背着男人的太太在外偷情，并假借员工旅游的名义相偕旅行。

直到那男人的太太怀孕了，中年得子的他狂喜，想要斩断婚外情，回到家庭。女人却大受打击，怎么样也不肯分手，甚至割腕想把男人留在身边。可是，男人最后还是为了新生命诞生的喜悦而回到自己的家庭。

失去这段感情后，女人开始躲在家里不出门，靠着天生的艺术细胞，天天在家里画画。一边画一边掉眼泪，吃不下，也睡不着，整整将近一年的时间，她体重掉了十多公斤。

心理学家说，这是一种“利用拟态的逃避”。就是当人在极度悲伤的时候，内在的能量会因为停滞而“定格不动”，演化的过程就是要在这种“假装死掉”的状态下，来欺骗悲伤过度的自己，以保护自己的生命。

就像是昆虫遇到危险的时候，会把自己整个瑟缩起来，装作自己已经死掉了，以欺骗周围虎视眈眈的猎物。虽然我们是万物之灵的人类，却仍然保有这种遇到危险时的本能。

只是，这种“定格不动”的状况，会让人不断地在许多根本想不通的问题当中打转。这种没有出路的感觉，好比“求生不得、求死不能”，而内在“死中求生”的感受，甚至常让人误解，得要把自己的生命真正扼杀才能重生。

然而，要脱离悲伤的状态，其实应当充分体验与认识悲伤，而不是用这种逃避的方式来“置之死地”。

于是，女人的好友看不下去了，强逼着女人到婚友社来寻找下一段恋情。谁知加入婚友社的一年来，女人在那一百三十二次失败的相亲中，仍然不断地寻找一双充满智慧的眼神与充满魅力的鱼尾纹。

“鱼尾纹让你想到什么吗？你提了好多次。”当女人说到这里时，我忍不住开口询问。

在心理学中，有一种“自由联想法”，就是让人先想一件事，再接着去联想其他事物。心理学家认为，这种关键的联想，能帮助人们觉察自己的潜意识。

女人思考了许久，从生活中的朋友，想到工作中的同事主管，再想到从前教过她的男老师们……最后，她想到她几年才见一次面的父亲。

原来，女人一出生，母亲就过世了。母亲在怀她的时候，因为交通意外被送到医院，当时的医疗环境还不是那么发达，在危急的状况下，医生把早产的她给救活了，母亲却与世长辞。

父亲虽然嘴上不说，却把刚出生的她带到南部老家，交由祖父母带大，自己则独自一人在台北工作，几乎从不回南部与女儿相聚。

于是，她从小只能看着在祖父母的抽屉中的父母结婚的照片。照片中的父亲，便是带着微弯眼角的笑容，双眼在眼尾带出优雅的纹路。后来，在她成长的过程中，只要看到和父亲类似的眼神，她就会忍不住多看一眼。

听到这里，我突然可以体会女人悲伤到几乎死去的心情。她已经将父亲放逐自己的理由，归因于“自己害死了母亲”。对她而言，父亲的远离代表对自己的拒绝，并且时时刻刻提醒她，要带着害死母亲的罪恶感生活。而这“克死母亲”的潜意识，更让她老是觉得自己的生命带着原罪，无论怎么努力都无法填满内心的空洞。

朋友们都以为女人是为了那段失败的恋情而伤心欲绝，其实，她在爱情当中，只是在寻找一个父亲的幻影。而那段失败的恋爱，只是让她再次体验被父亲拒绝的感受。更令她沮丧的是，那男人的老婆居然顺利地生下孩子，赢过当初为了生产而送命的母亲。

爱情的寒冬之所以如此萧瑟，也许并非纯粹因为失去爱情，而是那心底尚未被处理的过去的经历，已经转化成一种令人无法感到满足的幻影，纠缠着那些苦苦守在爱情寒冬记忆里的人们。

直到这个幻影能透过重新体验过去的经验，而浮现为现在意识中的真实记忆，人们才得以走出那冰天雪地的冬季。

04. 爱情的难题是：
一个人变了，另一个人却不愿意改变

在爱情中，那个变心的人似乎总能洒脱地离去，

留下那个心没变的人，

却想将过去的一切通通忘记。

在我的工作中，常常会遇到一些失恋的人，来找我谈他们在分手后的幻想、被抛弃的恨，谈他们有多么想要报复。有些没有勇气报复的，把愤怒转向自己，在手上、身上划下一道道刻痕，而那些让他们失恋的人看到，却只是"噢"一声就过去了，心痛的则是那些真正爱他们的人。

还有些人，因为感情放得深，内心太痛了，或者因为无法克制想要报复的冲动，干脆眼睛一闭结束生命。就像我们在电视新闻上看到的，某某某因为谁为自己跳楼而愧疚，但转身，他还是娶了别人。

我认识的一位女孩，因为无法承受分手后的痛苦，她选择上吊自杀。

谁知脖子一伸，那用来上吊的绳子却断了，她摔到地上头痛不已，被听到巨响的同住室友给救回了性命。

于是，室友带她来找我谈话。头几次的谈话中，女孩的话很少，几乎都在掉眼泪。只是她一边擦眼泪，一边却默默地抽起茶几上的卫生纸，折成一只只的纸鹤、花朵……每当她要离去的时候，茶几上就会遗留下许多用卫生纸折成的艺术品。

随着她说话的频率变高，她折卫生纸的速度也渐缓。一次，她折了一枚戒指形状的作品放在茶几上。茶几上方是空调，谁知我们谈着谈着，那空调居然漏起水来了。

等我们回过头来发现茶几上的水渍时，那枚卫生纸戒指，已经变成软塌塌而不成形的一团纸浆。

女孩却用手去捞那堆化掉的纸，嘴里直念着："不要，不要……"然后哭得仿佛丢失了贵重物品一般。

我因此知道，女孩的分手对象，原来不只是男朋友而已，而是一位已经与她办过订婚仪式的"未婚夫"。

未婚夫和她相识许多年，是位对未来有远大抱负的优秀青年；女孩个性内向，平常不大喜欢参与户外的活动，最大的兴趣是在家里看连续剧。

两个人大学毕业后，女孩为了跟上未婚夫的理想生活，放弃她最爱的连续剧，认真准备报考公职考试。

只是，准备考试的疲累，常常让女孩睡到忘了上班时间，醒来时就会看到手机里有十几个未婚夫打来的未接来电。回拨后通常听到的，是未婚夫这样的一段话：“你是不是又没去上班？你到底在干吗呀！”

两人的冲突渐生，还没等得及女孩考上公职，未婚夫就先爱上办公室里那充满干劲的女同事。

谈到这个经验，女孩努力地要把茶几上的戒指拯救回来。“为什么世界上所有的事情都会改变？”女孩说。

“除了爱情改变，还有什么改变了？”我问。

于是女孩又告诉我，改变的还有她的姐姐，和她的家。

原来，女孩的艺术细胞是有来源的。她的妈妈以及年长她十岁的姐姐，都是极有天分的艺术家。姐姐是女孩的偶像，她从小就喜欢跟在姐姐身边和姐姐学画画，谁知等到姐姐上了大学没多久，却开始出现精神疾病的症状。

女孩眼睁睁看着姐姐发狂与吼叫，原本仙女般的姐姐，开始变得凌乱而憔悴。后来，姐姐因为病得太严重，被送进了疗养院。女孩无法面对这样的姐姐，也未曾去探望过她。而两人的父母亲却从姐姐生病开始，就相互指责对方家族的不良遗传。母亲因为过度打击，患了严重的忧郁症，也进了疗养院；父亲则转身离去，娶了另一个女人。

女孩差点逃不过这诅咒般的家族命运，直到未婚夫出现，她的生命才像是出现救星。谁知未婚夫竟和女孩的父亲一样，抛下了正陷于水深火热的她，转身也投向别人的怀抱。这真好比在未融化的冬雪上，又结下新降的霜。

伴侣在相处的过程当中，最难以克服的差异在于，当其中一方觉得自己总是积极地往前迈进时，另一方却原地踏步甚或向后倒退。这不同调的经验，让他们对生命产生不同的体会，使其中一方放开原本紧握的手。

这种分手最令人痛苦的地方在于：一个人变了，另一个人却没变。

就像女孩心里所想的：为何自己未曾改变，周围的人却不断改变？

而那没变的她被那改变的人们伤害得残破不堪，只留下无尽的丑恶与羞辱的回忆，这叫她该如何继续活下去？

只是，女孩没想到的是，当初的亲情和爱情还存在的时候，即使有些苦涩，也有过许多美好。那个诉说“永远爱你”的瞬间，是两颗真心的相遇。

“分手”与“分离”只是代表过了那个瞬间之后，人的心改变了而已，并不代表这些曾经发生的美好也有所改变。但是，心没变的那个人，却总期待自己能把过去通通忘记，因此强迫自己将过去的美好，扭曲成丑恶与不堪。然后期待将那些丑恶与不堪通通忘记……

女孩向我说出那些过往的回忆之后，她向公司请了一天假，独自坐公交车到疗养院看姐姐。

那天，姐姐由护工陪着，坐在树荫下的长凳上。女孩说，虽然她还没有走过去和姐姐说话的勇气，但让她印象深刻的是，姐姐脸上带着温柔而幸福的笑容——就像她儿时的记忆一样。

那些被刻意扭曲成丑恶与不堪的美好，终于在这些打开的记忆中，恢复它们该有的样子。

人的记忆有一个十分美丽的特点，它会随着人的心境而产生微妙的变化。于是，人们拥有一种珍贵的能力，能在那些不美满的结果中，抽取出美丽的元素，并且把它永远保存在心底。

05. 真正的痊愈，从处理过去的伤痛开始

那生命中突如其来的暴风雪，常给人致命的一击。

重新开启那暴风雪中的故事，不是为了要挖掘过去的伤痛，而是为了从伤痛中，找到继续前行的动力。

我的一位男性朋友要向他的女朋友求婚，他找来几个老同学帮忙，在海滩上为女主角摆上大型爱心形状的蜡烛灯海。同学们先遵照安排在海边等待，接到朋友的电话时，才忙着在关键时刻将蜡烛点燃。

朋友远远地牵着闭上眼睛的女友，到那心型灯海前，跪在沙滩上拿出鲜花和钻戒，唤她睁开眼睛。大家一起齐声喊：“你愿意嫁给我吗？”

女友一睁开眼睛，眼泪马上掉了下来。当大家以为她是惊喜不已的时候，只见这女孩甩了我朋友一巴掌，头也不回地飞奔离去。

留下海边一群错愕的同学们，面面相觑地问：“我们做错了什么吗？”

这件事情发生后，这位男性朋友跑来找我，请我和他女朋友聊一聊。他说，女朋友对他求婚这件事情非常不谅解，也非常生气。

原来，这是一位家境优渥的女孩，上头有两个哥哥，排行老幺，所以在大陆从商的父亲，从小就把女孩当成千金一般养大。

女孩认为，我的男性朋友和她交往未满一年，对她了解并不深，就这样贸然求婚，她认为朋友是为了贪图她的家产而来，所以她生气极了。

这乍听之下似乎很有道理，但一个女孩会在热恋就想到这么现实的问题，却非平常所见。更何况，在这女孩描述的口气中，充满生气和哀怨，仿佛背后有什么样的隐情和委屈。

“真的是因为家产的问题吗？你知不知道，你把他说成了一个贪图财富的小人呢！”我说。

女孩叹了口气，坦白告诉我，她其实曾经有过一段婚姻。

原来，女孩大学毕业之后，就留学读硕士，拿到学位后没多久，就嫁给了一同留学读书的青梅竹马。女孩当年的婚宴席开了上百桌，红毯前方还用花海堆出两个人的姓名。

结婚后，女孩和丈夫过了几年恩爱的日子。女孩顺利地在家族的期待下怀了男丁，这两代世交的长辈们自然喜上眉梢。

某一个寒冬的夜晚，他们在外游宿。临睡前，男人照例亲吻老婆的肚皮，向腹中未出生的儿子道晚安。谁知，这一合眼，男人却再也没有醒来过。

那年，男人才二十九岁。

女孩被突然在睡梦中死去的老公给吓傻了，肚里的胎儿没多久后也流产了。她整天以泪洗面，怎么样也挥不去老公突然死亡的画面。之后她被男方的家族偷偷传称为“克夫女”。女孩从极度幸福的春天美景，一夜之间坠入黑暗的暴风雪中。

“我再也不要爱了。”她曾经在心里告诉自己。

许多年后，女孩在一个心灵成长的课程中，遇到了我这位男性朋友。朋友的热情、真诚，让她冰封已久的心开始有些松动，可是当初那悲惨的画面在夜深人静时，仍然深深占据她的梦境。

带着对前夫的亏欠以及自己“克夫”的宿命，女孩十分害怕我朋友有一天会提起结婚这件事情。

海边求婚的那一天，女孩以为我朋友只是要替她庆生，谁知突然出现的那枚代表永恒的戒指，却唤醒她对前一段婚礼的记忆。她本能地伸出手打了我朋友，其实透露的是来自内心的惊慌与冲击。

那天之后，她原想就这样避不见面，这不只是心理上的防卫，更是担心那“克夫之命”再度发生。她觉察到自己已经爱上我的朋友，却因为克制不了害怕失去爱人的心，而用拒绝来疏远两人之间的关系。

“因为我不想再经历一次生命中最冷，也最孤单的时刻。”女孩说。

经过研究统计，丧偶是社会压力事件中排行第一的压力来源。可见，面临伴侣的死亡，在人的生命中，是一个极难调适的心理历程。

丧偶多半发生在老年时期，但是这女孩却年纪轻轻就遭逢此变故。她的父母和家人都没有这样的心理准备，在那原本该是互相支持、调适心情的时光里，将这件事压抑成家人之间的家庭秘密。

过了许多年，女孩虽然看来似乎是撑过了那段悲惨的回忆，生活也逐渐恢复正常。但其实内在的压力和对事件的恐惧、复杂的感受，却从没有人能和她相谈，所以她心里的暴风雪其实不曾远去。

我朋友的出现，虽然温暖了女孩内心的某个角落，但那尚未进行“哀悼”的历程，终究还是影响了他们的关系。

我鼓励女孩把这件事情告诉我的朋友，让他自己做选择，看这段感情还要不要继续下去。谁知，我那朋友知道这件事情之后，竟然当场把女孩拦腰扛起，狠狠地打了女孩一下。

“这是惩罚你没有把这么重要的事情告诉我。”朋友说，“也惩罚你连信任都不愿意给我。”

于是，我的朋友陪着女孩，去经历那段未曾哀悼的过程。他陪着女孩回到当初前夫过世的地方，也陪着她到前夫的灵位祭拜，和前夫的父母会面。那是前夫死后，所有的人第一次聚集在一起，痛哭失声地哀悼他英年早逝的灵魂。

有些已经过去的事件，既不可逆，也找不到原因，但重要的是那些事件中的人们，能否在沉痛中勇于分享彼此的心情。

有些事情不说，它将永远留在心底；有些事情说出来，也许你会突然发现，原来希望与出路，居然就隐藏在那生命故事的回忆中。

06. 爱情往往暗藏着求生的本能

当我一无是处时，

我才真正成为一个人。

—— 索福克勒斯（Sophocles 前 496—前 406）

之前有新闻报道，一位曾经唱红电影主题曲的歌手，欠了债又与男友分手，发短信向人求救："给我理由活下去。"

新闻用"背债又情变"来形容她。斗大的标题，似乎把"爱情和面包"当作生命能否延续的意义。

我想起一个旧识。她的父亲在当年六合彩风行的时候，欠下不少赌债，在她还没念小学的时候，就离家逃亡去了。母亲一个人带着我这位朋友，搬到一个偏僻的小地方住了下来，在工厂做女工，抚养她长大。

在她念小学那一年，有一回，她陪母亲工作到半夜，回家路上两个人行经黑暗的小巷，一个高大的男子突然蹿了出来，从背后袭击了她的母亲，抢走母亲的皮包后逃逸。

由于事情发生得太快，她还没来得及意识到发生什么事，母亲已卧倒在血泊当中。等到她去求得救援，将母亲送医时，母亲早已不治身亡。

事发之后，她被外婆带回去养大，而那恐怖的经验却让我这位旧识一直都害怕男人。可是似乎她愈怕男人，那些男人就愈想要来骚扰她，就像外婆家隔壁住着的叔叔，老爱拿一些糖给她，然后突然出手拥抱她的身体。

这些不愉快的经验，导致她看到男人就立刻逃之夭夭，更别说是谈恋爱、交男朋友了。

考上大学之后，她有空就勤跑图书馆，结识了在那里打工的一位文艺男孩。男孩是管理影片的工读生，总是默默地坐在柜台，读张大春的小说。两人因为几乎天天接触，很自然地就走在一起，文艺男孩成为她生平第一位男朋友。

男友的梦想是要当小说家。她大学毕业后，为了支持在家写作的男友，一个人赚钱支付两个人的生活费用。同学都笑她在养小白脸，她却看着那鲜少出门的男友而感到安心。

从母亲过世后，十多年的光阴过去，现在她又重新有了“家”的感觉。所以，当男友过腻了终日写作而不事生产的日子，打算放弃难产的作品到外面工作时，她和男友吵了好大一架。她是没有和人吵过架的，可是听到男友要踏出门去找工作，却用不知哪来的力量吼了出来。没过几天，男友就带着她辛辛苦苦攒下的结婚基金，留下一封简单的书信，不告而别。

“如果有一天我成功了，我再回来接你。”信末这么写着。

而她就这么眼巴巴地等着，一边工作，一边存钱、等候，等到男友也许找到落脚处了，就会给她来电。一直等到有一回，听大学同学说，在台北街头看到男友搂着一个女子，而那是他的未婚妻。

“不会吧！都这么久了，她该不会真的在等我吧？”据说，男友和大学同学这么说。

她心碎了，人生最后一盏希望的灯也灭了。那大学同学看她木然的模样，怕她想不开，硬是找来从前的同学轮番守护着她。在那期间，几位朋友都陆续收到她的信息，上头写着：告诉我活下去的理由！

人生最极端的“有”与“无”，来自对“生”与“死”的意识。所以，在心理学的概念里，“求生”与“求死”是生命的两大动力。

所谓的生之动力，指的是生命的延续，也就是人的爱与性；但更隐晦不被人所见的，则是死之动力所带来的黑暗与破坏欲。

我朋友所处的“一无所有”的心境，正是接通那深层的黑暗与破坏欲。有心理学家用“牺牲”来形容，就如同我们在向上天的祈求有所获得之前，必先付出所有。

我曾经在自己低潮的时候体验过这种心境，那正是不论外在如何喧闹，内在却感到空虚、孤单不已。

许多人在经历这种椎心的空虚感时，内在的痛苦会令人非常想要干脆走向肉体的死亡。但在心理学中，这种状态真正的用意，却是要我们超越那死之呼唤，克服“无”所引发的焦虑，成为一个真正的人。而人之所以能办得到，是因为这原本就存于内在的本能——求生。

于是，我们活着，被那些置之死地的事物淬炼得更坚强。

“所以你发信息给我，就是你活下去的理由。”我回复给她的信息中是这么写的。因为对我来说，这就是她内在本能的呼救。

几年后，她活得很好。考上了研究生，继续深造，用如同她当初存结婚基金的坚毅，取得博士学位。

后来，她嫁给了她的大学同学，班上最不起眼的那个，也就是当初她发出“告诉我活下去的理由”的信息后，第一个冲到她住的地方去陪伴她的人。

生命中，难免有突如其来的“一无所有”的失落感，却可能是推动我们求生本能的最佳动力，如同那最美丽的花朵总暗藏在深谷中。

也许生命要我们攀爬过“一无所有”的低潮，是为了让我们拥有更多的毅力去“创造拥有”。

07. 失恋，也是一种力量

人其实拥有自我爱怜的能力，

因为这是生命为爱情寒冬所孕育的太阳。

我认识三位朋友，一男两女，他们从大学毕业之后就在同一家企业工作。

七年来，三个人各自谈各自的恋爱，每当遇到感情不顺遂的时候，一定会找彼此倾吐心事。

大约一年前，三个人先后和交往的对象分手。某个夜里，他们一起买了啤酒到海边聊天。没想到过了那个夜晚，三个人的关系却开始产生微妙的变化。

先是三个人里，那位长发的女孩 A，对那夜酒醉后大家畅谈过去的画面感到念念不忘，她突然发现自己似乎在不知不觉中，爱上这位七年来一直守在身边的男性死党。

谁知，当她将这个发现告诉另一位短发的女孩 B 后，B 却脸色大变，面色凝重地告诉 A："可是我早就对他日久生情了。"

接下来的一年，三个人的关系发生剧烈的改变。两个女孩虽然表面还是和平地相处，心里却已经满是疙瘩；虽然两个人都想过要相让，却又同时决定不想在这发现真爱之际，放弃一辈子的幸福。

只是这个男人其实也心仪 A 许久，对这份迟来的爱当然格外珍惜，于是，两个人携手婉拒短发 B 的错爱。

这残忍的选择，重重地伤了 B 的心。

三人间的故事很快地在公司里传了开来。主管为了避免三个人碰面尴尬，将他们各自调往不同的部门；没多久后，男人离开这家公司另外谋职。就在前阵子，B 收到人事部发给所有员工的这两位死党的结婚喜帖。

一下子，B 不但失去自己心爱的人，也同时失去两位最好的朋友，B 形同失去生命的动力。

失恋的时候，许多人一开始会感到相当震惊，不敢相信这种事情会发生在自己身上。而那种意识到这段爱情是真的失去的女人，则容易陷入低落的情绪中，比起那些失恋后怨恨对方的女人，更没办法好好过生活。

这段情伤的日子，短发的B将头发慢慢地蓄长。原本就清秀又有能力的她，离开三个人的圈子后，开始有不少男同事对她献起殷勤。没想到，B也一改过去独来独往的风格，对身边的男性同事和主管都媚笑不已。

于是，某部门的已婚主管沦陷在她的温柔乡中，接着另一部门的新婚主管也被攻陷了，再后来又是其他的已婚主管……

B居然同时周旋在好几位已婚男子之间，成了他们的地下情人。同事们看在眼里，表面上不敢说（B可是有好几个主管罩着呢），暗地里却都骂B是用性来玩弄男人的烂人。

失恋的低落情绪发生在B的身上，非但不是哭泣和叹息，而是用这种“假装热闹”的方式来度过孤单的寒冬。许多人认为，她为了报复而转变成一个野女人，但我知道，她是用这样的方式来进行自我伤害，让自己过得不好。

我这位失恋的朋友B，很小的时候就失去了母亲，留下靠推三轮车卖冰淇淋的父亲和她相依为命。那时，当父亲要出门工作，就会把瘦小的她放在三轮车上同行。她总是躲在父亲的身后，看着父亲努力工作，为两个人的生活打拼的模样。

失去母亲并不让她觉得遗憾，因为在父亲的身上，她获得了充分的爱；但她也学习到，生活和爱，都是需要努力耕耘的。

B 告诉我，当她发现自己爱上这个男人时，她爱他的方式，是一种默默地等待。她总是贴心地关注男人的生活、男人的健康，记得男人生活里的每一件琐事，提醒男人每一件该做的事。

她以为，男人终究会发现她这样的努力，即便没有，她也能用“最好朋友”的身份守在他身边。

没料到，好友 A 的爱却降临得又急又快，一下就掠夺了她最重要的三个位置：男人的情人、男人的妻子、男人最好的朋友。

她活了三十多年，这才惊觉：原来，努力是没有用的。

生理心理学家认为，“筑巢”是女人天生的本能，因此恋爱满足了女人内在“建立一个家”的梦想。女人对家的梦想，是温暖、是陪伴，但是一旦失去爱情，就等于两者都失去了。

对我这好友 B 来说，她失去的却不只是温暖与陪伴，更失去了自己赖以维生的价值观，促使她把内在“家庭梦想的破碎”“努力无用的破碎”，转化为一种自卑的思维：“因为我不够好，所以他离我而去！”“因为我不够好，所以我没有能力守住一段关系、守住一个家！”

出于这样的自卑，她开始侵入别人的家庭，却也放弃了建筑家庭的梦想。

“因为我不配。”她说。我却注意到她说话时，不断以手轻抚渐长的秀发的动作。

如果你曾经注意观察，你会发现很多女人在失恋后，会无意识地去触摸自己的头发，或者坐卧的时候，会不自觉地抓着一个抱枕，用交叉十字的方式环抱在自己的胸前。

心理学上说，这是一种“希望他人抚摸或拥抱自己的转移作用”，但我觉得这背后更深的意义是：人其实拥有自我爱怜的能力。这自我爱怜的能力，才是能够温暖爱情寒冬的太阳。

“所以你的心没有放弃，你的心不觉得你不配。”指着好友 B 那无意识的动作，我说。

那两位死党结婚的时候，我去参加了他们的婚礼；在签名的红色喜单上，我看到B的名字。娟秀的字迹写着：祝福。只是她签了名后就离去，没有进到礼堂内参加婚礼。

婚礼后，B办理了离职手续。她告诉我，一方面是为了让自己先离开这个充满故事和回忆的地方，但更重要的是，为了远离那些她所侵入的男性主管以及他们的家庭。

“因为我还有自我爱怜的能力，而我对爱情也真的还没有放弃。”她说。

我深深感受到，也许好友B的伤还没复原，但那总是躲在她心里默默努力的孩子，却逐渐在长大。因为，她终于学会了自我关爱，并且从中发现：原来，失恋其实是用一种充满历练的方式，来让自己获得活得更好的力量。

08. 悲伤是身体的一套自我保护机制

我们常常活在挫败中，

尤其是爱情，

特别容易加深内在的挫败感。

在一场演讲中，一个女孩和我分享她失恋的心情。

这个女孩因为喜爱运动，皮肤黝黑、身材瘦瘦的。不过，俗话说“一白遮三丑”，对于这个女孩而言，原本对自己的长相已经没什么自信了，“黑皮肤”的外表，更像是暴露了自己许多缺点。因为这样的自卑心理，女孩总以为，这天底下可能没什么男人会喜欢她这种女人。

当她心仪已久的男人来向她表明爱意的时候，她简直不敢相信，自己居然会有这种福分和运气。

“错过这一次，我这一辈子可能就没有机会了。”和男孩交往时，女孩总是这么告诉自己。

男孩是体育用品店的员工，皮肤也很黝黑。不公平的是，男人的黑总被称为阳光男孩，女人的黑，却常让她觉得受到朋友的讥笑。

即使交往过了几年的时间，每当听到新认识的朋友问这些话，女孩仍然感觉到，心里有被重击的挫败感。

这对同样喜爱运动的情侣，在彼此的努力下，总算有能力开一家小小的体育用品店，女孩从此以老板娘自居。每每看着男友在招呼客人，心里就有一种幸福感。所以，当男人以“个性不合”的理由和女孩提分手时，她简直不敢相信。

“个性不合？我们怎么可能个性不合。”

“我一直以为你是个傻大姐，但你其实很敏感，跟你在一起让我觉得很累。”男友说。

来参加我的讲座时，女孩才刚和前男友分手一个月。她告诉我：“分手已经快一个月了，感觉自己的心还是在鬼打墙的状态。有时候以为自己可以抛开过去、振作起来，又突然出现很多悲观的想法；明明知道都已经过去了，却觉得自己快过不去了。”

这种鬼打墙的感觉非常熟悉，似乎谈到分手的失落，好多人都在这种矛盾里打转。我一直认为，让自己脱离这种鬼打墙的感觉，让自己过得去的方法，是不要勉强安慰自己“那已经过去”。走出失恋的方法，是允许自己痛苦、面对内在的挫败。

只是，女孩的家人和好友却不这么想。这段恋情当初因为整天吵吵闹闹，亲友们原本就不看好，女孩和男友分手后，亲友们更不能理解，为何这件事会严重到让她失魂落魄，老是以无关紧要的口气在她耳边说：“干吗为了这种变心的男人这么想不开！”“下一个男人会更好。”“振作起来吧！”

要如何振作起来呢？忘了这个人？也许是的，所以很多人祈求一种药，能把不愉快通通忘记。

不知道是不是因为我们的文化习惯安慰别人，当我们遇到失恋的朋友，总忍不住要和他说：“不会啊！这不是你的问题。”“不要难过。”“节哀。”

但是我发现，在失恋后最痛苦的人，总是那些没有办法接受、不允许自己悲伤的人。

在心理学中，悲伤是一种身体的保护机制，让我们遇到低潮的时候，能透过眼泪、透过沮丧，来排除内在的负面能量。因此，当你不允许这些机制发生的时候，那些负面能量就会存在于身体里的某一个角落，并没有消失。

允许自己痛苦，等于是接受这些负面能量的存在。人心最奇妙的地方，就是当你接受了某些不讨喜的感受，就能慢慢地与之相处，甚至发现那背后的道理是什么。

当然，我也了解，当我们允许自己因为失恋而痛苦的时候，我们最害怕的是，一旦面对痛苦之后，这些折磨人的感受会那么活生生地存在着，好像一辈子都不会散去。

只是，如果你曾经减肥过，就知道体重下降到一个数字后，会面临“卡住”的瓶颈。失恋的痛苦就像这些难以甩掉的肥肉一样，有时可以快速甩掉，有时又会被卡住。这是因为，人的情绪调节机制原本就是一个上下起伏的过程，只是随着时间，这些起伏的震荡会愈来愈小。

在心理复原的历程中，一个重大事件的冲击，通常在前三个月到六个月最为剧烈，之后会慢慢递减。因此，在这种痛苦的考验中，我们总要怀抱希望：只要保存自己的性命，一切都有重新开始的机会。

09. 允许爱情进入冬眠，让它走往该去的方向

有一种爱情，还未走到结束就先陷入冬眠，

但这也许只是一个偶然的机会，

来淬炼出关系中，

那些不怕火炼的信任与珍惜。

前些日子，我收到一个网友的来信。

一年前，她的丈夫突然病了，住院治疗的过程中，她在家帮丈夫收拾东西。无意间，在丈夫衣橱的底板下发现了一本记事本，她好奇地打开来看，却从此掀开结婚二十多年来所未知的过往。

原来，丈夫有位青梅竹马的前女友，两个人在年少时有一段懵懂单

纯的爱恋，后来两个人分别离乡去念书、当兵，虽然有许久的时间不曾见面，但始终保持着联系。

丈夫退伍之后认识了写信给我的这位网友，两个人开始相恋并走入婚姻。丈夫青梅竹马的前女友，也在师范学校毕业后嫁为人妻。但不知是否出于对这段纯纯爱恋的保护，丈夫和前女友都不曾将对方介绍给彼此的伴侣认识，也未曾透露过在自己的生命里有这样的一号人物。只是，他们各自婚嫁后，仍然在心里为彼此保留了一个特别的位置，两个人时常见面、出游、共享心事。

他们的相处是那么理所当然又不容破坏，似乎只要不跨越那条道德的防线，这就只是一段红粉知己的好友关系。

当这位网友无意间翻开了那本记载丈夫和前女友出游的心事笔记时，她忍不住被丈夫那陌生的文采给吸引，更发现原来平时看来木讷忠厚、老实辞拙的丈夫，会有如此主动的一面，而丈夫与前女友的默契，似乎远胜和他结发二十多年的自己。

她心里五味杂陈，想起与丈夫互相珍惜的情感，相信那不是丈夫装出来的，但是在这本日记中，她却觉得丈夫是均匀地将爱分配在两个女人身上。

想想，如果这样的事情发生在自己身上，你会做何反应?

照心理学来看，这种状态势必严重引发人的“认知失调”。也就是说，那些原本认定是怎么样的事情，却发现和自己所想象的根本不一样。刹那间，所有的喜怒哀乐都有混合发作的可能性，人们必然得要调整自己的认知。而对她来说，这调整认知的过程，便是寻找“那个女人是谁”的开始。

她先找来了征信社，用尽各种方法要去打探丈夫笔下的女子，以及他们两人的关系，但所有的调查都无法让她释怀。

于是，在丈夫逐渐康复的过程中，她终于问了他这件事。丈夫的反应先是愣住，一副没料到这件事会被太太发现的模样，接着认真地告诉她:“没有告诉你，是怕你受伤，是为了保护你。”

这种“善意的谎言”让她顿时不知该如何回应。丈夫面对有这样的一个红粉知己，说了怕老婆吃醋，不说，又好像有刺卡在喉咙里。这说也不是、不说也不是的状况，他干脆一肩扛起，一过就是二十多年。

有这样“体贴”的老公，她再问下去好像就成了小题大做了。但多年来，面对自己生命中出现的示好的男性友人，她却总是严于律己，这两相比

冬

Winter

较之下，老公的所作所为让她真的难以释怀。

于是，她的心渐渐冷了。在丈夫如实说出这几十年来的过往后，她的心却像被禁锢起来，打入冰天雪地的地窖中。她告诉丈夫，感觉丈夫和青梅竹马的女友更为般配，她想退出，成全他们两个人的旧时感情。

没想到，丈夫的青梅竹马却反过头来劝她："你有个幸福美满的家庭，要好好维护。"但又不肯与她的丈夫保持距离。甚至她的丈夫和那个女人都认为，维持现况是最好的选择！

面对丈夫放不掉老伴与红粉知己的状况下，她似乎就得逼自己放弃要求丈夫做出"老伴就是唯一"的决定。

"所以，你打算怎么拯救那颗被禁锢的心呢？"我问她。

"我的心沉睡了许久。可是这几天，我突然也想去闹闹那女人的婚姻。"她问我，"你觉得呢？"

在刹那间，我突然感受到她调皮的冲动。面对这样"霸占"别人老公，还说自己"霸占有理"的女人，搞得她觉得自己吃了亏又无从反击，所以，她现在正打算踏出去为自己讨回公道。

至于公道是否真为公道，说真的，谁也说不清。

只是当人遇上某些难解的习题，若不想办法去做点什么，恐怕也只会把心冻坏了而已。

心冻坏了，感觉就死了，婚姻也跟着失去热情和信任了。即使仍然留在关系中，也要花上加倍的努力，才能取得过去的平衡。

我唯一能给她的提醒，是请她在打算开始任何游戏前，都先问清楚自己："这段婚姻，我究竟还要不要？"

如果还要这段婚姻，就千万记得别用伤害自己、伤害婚姻的方式，来和婚外的女人玩游戏。如果决定不要这段婚姻，那就轻松地放手去玩玩。只要不违背自己的良心，就是在进行努力让自己心情复活的事情。

在这段婚姻关系中，她的心虽然"失望"，却还不致"绝望"。她的婚姻只是"冬眠"，而不至于"长眠"。这时，总要靠夫妻携手，共同走过这一关。

也许，到头来会发现，那冬眠的爱情，只是为了让我们更了解关系中的彼此，并带着更懂珍惜的心，在缺憾中重建更长远的关系。

10. 等待，也得设个停损点

设一个停损点，

清楚自己在婚姻中无法忍受的界限在哪里。

因为，唯有“努力不成，只得放手”的心情，

才能让夫妻毫无畏惧地面对及处理彼此的问题。

在闹区的一条小巷子里，有一家小巧温馨的服饰店，老板娘总是穿着淡雅的和服，脸上带着温柔的微笑。某天，我急着要张罗一些新的衣物，一早就奔到这小店碰运气，当时店门才刚开，里头的灯还没完全打亮，我匆匆地进门，却正好遇上老板娘和一位男子争执。

正当尴尬的我准备转身离去时，老板娘却阻止了我：“没关系，你

坐着等我一下。”原来，这个男人是老板娘的丈夫，夫妻俩从婚后就各自做起小生意——老板娘开了这家服饰店，丈夫则经营一家养生馆，服务筋骨酸痛的顾客。

几年下来，因为老板娘总会采购台湾不常见的服饰，用独到的眼光以及对每个客人身形的了解，打造出相当不错的业绩；丈夫的养生馆却没有这么幸运，由于是以高价位疗程做卖点，在上班族薪资不见起色的状况下，会花大钱注重经络按摩的客人就愈来愈少了。

直到前些日子，这养生馆的生意实在是惨赔到经营不下去了，只好关店了事，丈夫也就闲着在家，逗弄两个未满五岁的孩子。

这样的景况看在老板娘父母的眼里，简直像女儿在养小白脸，一天到晚忙着和女儿说女婿的坏话。丈夫在岳父母的合力夹攻下，内心自然是充满怒气，而这些气就在老板娘关店回家后爆发。

一开始，丈夫只是喝喝酒解闷，但每每看到老板娘回家时那柔美的样子，非但不懂得怜香惜玉，反而不停质问老板娘在外是否有别的男人，然后失控地大吼大叫，将东西摔得满地都是，甚至动手打老板娘。

老板娘对这样的丈夫自然是伤心欲绝，只是每当丈夫酒醒之后，就会后悔地抱着老板娘忏悔，然后带着两个孩子下跪请求老板娘的原谅。老板娘看着一双孩子稚嫩的脸，看着自己过去用生命爱着的男人，心里虽然萌生过许多次出走的想法，却始终没有勇气甩掉这“爱的包袱”。

这天早上我在服饰店里目睹的场景，便是他们夫妻俩每隔一两天就会上演的戏码。

我看着老板娘在丈夫负气离去后，瘫坐着伤心的模样，忽然觉得这场争执似乎又让她老了许多。在心理学中，除了吃饱喝足等生理需求外，对“安全感”的需要，是人们之所以能够向外寻求更高层次生活（包含身、心、灵）的基础——这是一种渴求稳定的感受、渴望远离恐惧混乱的感受、渴望能掌控自己生活的感受。

有趣的是，虽然安全的需要如此重要，但是许多在这种类似情境中的女人，却不会为了追求稳定、远离恐惧和掌控自我，而离开婚姻。更特别的是，即使她们不离开婚姻，却仍选择忍耐，继续过着这种周而复始、负向循环的生活。因为，在不知不觉中，这种负向循环的生活，居然也变成她们心里一种“习惯性的稳定感”，仿佛离开了这种情况，自己似乎也不知该何去何从了。

我见过许多这样的女人，在离不开又改变不了现状的情形下，把自己的心封在冰天雪地里，早早就熄灭了对人生的热情，只想等孩子长大。

这让我想起几年前，有三兄妹一同来找我，他们之中最大的已经二十六岁了，其余的两位则都是将近成家的年纪。而这三兄妹找我的主要目的，居然是希望我能帮他们的父母离婚。

原来，这三兄妹从小便看着父母从争执不断到大打出手，接着，两个人的脸上都失去了笑容，却紧抓着“为了孩子不可以离婚”的想法。因此，三兄妹希望在这年父母的结婚纪念日里，送给他们一个最好的礼物——代表自由的离婚证书。

这三兄妹说：“如果没有这么做，我们都觉得自己是害父母不快乐的凶手。”我把这三兄妹的故事告诉老板娘。当然，我的目的并不是要鼓动她离婚，只是让她想想，也许她选择过怎么样的婚姻生活，将会影响她两个孩子未来的人生与方向。

老板娘听了这个故事，感叹地告诉我，这么多年来的“吵”里头，其实隐藏着一个“等”——等待不吵的那天自己来临，等待命运之轮自己转动，甚至是等待这个男人自己改变。

在台湾的婚姻研究中，发现了一个和西方夫妻最大的不同之处，就是在我们华人夫妻关系中，有一个重要的维系因素，叫作“恩情”，这特别容易发生在年长的夫妻身上，因此人们在年老后常常对自己的另一半特别感念。

老板娘的忍耐与等待，正是在累积婚姻中她对丈夫的“恩情”。但我更想让她知道的是，这婚姻中的等待，其实得要设一个停损点，并努力形成一个“双向的等待”。

设一个停损点，是要让自己清楚地知道，在婚姻中你所无法忍受的界限在哪里。如果你已经知道，就不需要在这些无法忍受的事情出现时，说服自己这只是一次偶然。

至于形成一个双向的等待，则是我们需要认真地让对方了解，夫妻间的恩情是需要互相建构的，而不只是单方的等待与给予。

在我们这行，流传着一句话：一个能从破碎慢慢走向修复甚至朝向美满的婚姻，背后都有一位不怕面对离婚的丈夫或太太。因为，唯有“努力不成，只得放手”的心情，才能让夫妻毫不畏惧地面对及处理彼此的问题。

< 全文完 >